日常の保育を基盤とした

子育て支援

― 子どもの最善の利益を護るために

長島和代　石丸るみ　前原寛
鈴木彬子　山内陽子

萌文書林
Houbunshorin

ii

はじめに

　本書の成り立ちは、著者である保育士・幼稚園教諭養成校の先生たちとの「保育所等での保護者の相談対応や子育て支援は、新人の保育者には本当に難しいことですよね」という会話がきっかけでした。そして、「保育そのものが保護者支援であり、保育の相談支援は保護者支援なのであるから、いい保育をしていれば、それで保護者支援ができていると考えられるのではないでしょうか」という意見に賛成した先生方が、子どもの最善の利益を護ることを中心に日常の保育を通して、保護者支援を考えてみようということになり、本書の骨子ができました。執筆者5名はそれぞれ保育現場で働いた経験の上に今、教職に就いている者ばかりです。

　折しも、保育所保育指針、幼保連携型認定こども園教育・保育要領、幼稚園教育要領の改訂（定）がなされ、その後、保育士養成課程や教員養成課程の変更などが行われ、平成31年度より、「保育相談支援」という科目は「子育て支援」になりました。本書はこの新科目の構成に即しています。そして丁度、この厚生労働省・文部科学省が指針・要領を検討し養成課程を検討している4年間が、私たち著者陣にとっても子育て支援とは何かを基本からゆっくり検討することができる研究時間でもありました。保育の実践現場と保育士・幼稚園教諭養成課程での教育をどのように繋げるのかも検討した課題の一つでした。

　本書は、子どもの最善の利益を護るために、保育者として、子どもと保護者をどのように支援していったらよいかを著者全員でいろいろ討議してまとめたものです。

　子どもと生活を共にしている保育者は、いかなるときにも、子どもを護ることが使命です。その心構えをもって、「子どもが現在を最も良く生き、望ましい未来をつくり出す力の基礎を培う」ために、日々の生活の中で大きいことから小さいことまで、子どもの最善の利益が護られているかを常に考えて、保育を行います。この心構えは、保護者に対する支援についても通じます。援助や支援の最終的な目標は、保護者自身が自ら気づいたり、主体的に取り組んだりしながら、自分で答えを見つけられるようになることです。

　本書では、保護者支援に必要な子育て知識や虐待の予防、保護者の子育て上の心配や悩みの解決への支援の仕方、保護者支援のために必要な保育技術や制度・政策、保育者として知っておくべきことを、学べるよう配慮しています。編集にあたっては、広く子どもの保育（保育所、幼保連携型認定こども園、幼稚園、児童福祉施設等）に関わる学生さんに読んでもらいたい、という熱い思いを込めています。

2018年9月　長島和代　石丸るみ　前原寛　鈴木彬子　山内陽子

目　次

はじめに……………………………………………………………………… iii

本書の構成について………………………………………………………… viii

第1章　子育て支援・保護者支援とは

1．子育て支援とは ……………………………………………………… 1

　（1）社会や家族形態の変化と「子育て支援」……………………… 1

　（2）人としての育ちの基礎を支える「子育て支援」……………… 2

　（3）広義の「子育て支援」…………………………………………… 3

2．保護者支援とは ……………………………………………………… 4

3．保育の特性―「養護」と「教育」について ……………………… 6

第2章　子どもの最善の利益と福祉の重視
―子育て支援の基本

1．子どもの最善の利益とはなにか ………………………………… 8

2．自分らしく生きる力を育てる …………………………………… 15

3．保護者との関係をつくる ………………………………………… 18

　（1）子どもの成長の喜びの共有 …………………………………… 19

　（2）保護者の養育力の向上に資する支援 ………………………… 21

4．相談援助の基本 …………………………………………………… 26

　（1）信頼関係を基本とした受容的関わりと自己決定の尊重 …… 26

　（2）秘密保持の厳守および保育者の倫理的責任 ………………… 31

第3章　保育者の行う子育て支援の特性

1．子どもの保育とともに行う保護者の支援……………………… 42

　（1）子育て支援の方法と技術―保育独自の方法と技術 ………… 42

　（2）保育者の専門性とは …………………………………………… 50

　（3）保護者と子育てを共感、共有し、連携して共に行う子育て支援とは … 61

2．日常的・継続的な関わりを通じた保護者との相互理解と

　　信頼関係の形成 ………………………………………………… 64

　（1）事例検討 ………………………………………………………… 64

（２）「日常的・継続的な関わりを通じた保護者との相互理解と信頼関係の形成」

について考える ──────────────────────────────── 67

3．子育て家庭の抱える支援ニーズへの気づきと多面的な理解 ──────── 70

4．子ども・保護者が多様な他者と関わる機会や場の提供 ─────────── 71

　（１）他者との関わりの希薄化 ──────────────────── 71

　（２）母子密室化状況 ─────────────────────── 72

　（３）眼差しの向き ──────────────────────── 73

　（４）多様な関わりの生じる場 ─────────────────── 75

第4章　保育者の行う子育て支援の展開

1．子どもおよび保護者の状況・状態の把握 ────────────── 77

　（１）子育て支援とソーシャルワークの関係 ──────────── 77

　（２）ソーシャルワーク ───────────────────── 79

　（３）ソーシャルワークで事例を考える ─────────────── 85

　（４）事例の考察 ──────────────────────── 88

2．支援の計画と環境の構成 ─────────────────── 91

　（１）あらかじめ相談内容が予測されるもの ──────────── 92

　（２）日常の中で不意に始まる相談 ──────────────── 93

3．支援の実践・記録・評価・カンファレンス ─────────── 98

　（１）記録 ──────────────────────────── 98

　（２）評価・カンファレンス ─────────────────── 104

4．職員間の連携・協働 ──────────────────── 106

　（１）保育者は子どもの"みかた" ──────────────── 106

　（２）子ども理解を中心とした情報共有の大切さ ──────────── 109

5.社会資源の活用と自治体・関係機関や専門職との連携・協働 ──── 110

　（１）関係機関との連携・協力 ────────────────── 111

　（２）社会資源とは ─────────────────────── 111

6．地域に開かれた子育て支援 ───────────────── 120

　（１）地域における子育て支援の活動 ────────────── 120

　（２）支援を担う専門職 ───────────────────── 121

目次

第5章 保育者の行う子育て支援とその実際 （内容・方法・技術）

1．園における支援……………………………………………………………… 128
　（1）保育による保護者支援・子育て支援とは ……………………………… 129
　（2）保育による支援の始まりは、入園前から …………………………… 130
　（3）安心を届けたい入園式の在り方 ……………………………………… 132
　（4）環境の変化をつなぐ 「春　4、5月の保育」………………………… 133
　（5）気温差の激しい生活になる 「梅雨、初夏、夏　6〜8月の保育」…… 137
　（6）充実期 「秋　9〜11月の保育」……………………………………… 141
　（7）多くの保護者にとって最も忙しい 「冬　12、1月の保育」………… 143
　（8）進級、卒園、小学校入学へ向けて 「早春　2、3月の保育」……… 145
　（9）子どもの傍らに在る保育者の保育による子育て支援 ……………… 148
2．地域の子育て家庭に対する支援 ………………………………………… 149
　（1）ゆりグループの事例 …………………………………………………… 149
　（2）事例からの学び内容 …………………………………………………… 162
3．障害のある子どもおよびその家庭に対する支援 ……………………… 164
　（1）子どもの生活リズムを整える ………………………………………… 164
　（2）子どもの情緒の安定を保護者と連絡をとり合い協働して図る …… 165
　（3）専門機関との連携 ……………………………………………………… 166
　（4）障害のある子どもの保護者への対応 ………………………………… 168
4．特別な配慮を要する子どもおよびその家族に対する支援 …………… 170
　（1）アレルギーのある子ども ……………………………………………… 171
　（2）言葉がわからない文字が読めない外国籍の子どもの保育と
　　　保護者への子育て支援 ……………………………………………… 172
　（3）経済的な問題を抱えている家庭の例 ………………………………… 175
　（4）母親や家族が課題を抱えている場合 ………………………………… 176
5　子ども虐待の予防と対応 ………………………………………………… 178
　（1）虐待とは ………………………………………………………………… 178
　（2）保育現場における、虐待兆候への気づき …………………………… 181
　（3）ＤＶの親の場合 ………………………………………………………… 185
　（4）ミュンヒハウゼン症候群 ……………………………………………… 190
6　多様な支援ニーズを抱える子育て家庭の理解 ………………………… 192
　（1）障害がある保護者の場合 ……………………………………………… 192

（2）難病（色素性乾皮症）の子どもの保育 ……………………………………… 195

（3）保護者の突然の喪失 …………………………………………………………… 197

7. 要保護児童等の家庭に対する支援 …………………………………………… 198

（1）要保護児童の状況（社会的養護の現状） ………………………………… 198

（2）社会的養護における保護者支援（子育て支援・保育相談支援） ………… 200

（3）親子関係再構築への支援 …………………………………………………… 202

（4）連携する専門職 ……………………………………………………………… 206

（5）社会的養護の現場 …………………………………………………………… 210

引用・参考文献 ………………………………………………………………………… 216

法資料 …………………………………………………………………………………… 220

　児童の権利条約（児童の権利に関する条約）（抄） ……………………………… 220

　児童福祉法（抄） …………………………………………………………………… 224

　児童福祉施設の設備及び運営に関する基準（抄） ……………………………… 230

　子ども・子育て支援法（抄） ……………………………………………………… 230

　子ども・子育て支援法施行規則（抄） …………………………………………… 232

　教育基本法（抄） …………………………………………………………………… 233

　学校教育法（抄） …………………………………………………………………… 233

　学校保健安全法（抄） ……………………………………………………………… 233

　就学前の子どもに関する教育、保育等の総合的な提供の推進に関する法律（抄） …… 234

　幼保連携型認定こども園の学級の編制、職員、設備及び運営に関する基準（抄） …… 235

　保育所保育指針（抄） ……………………………………………………………… 236

　幼保連携型認定こども園教育・保育要領（抄） ………………………………… 238

　幼稚園教育要領（抄） ……………………………………………………………… 241

　保育所保育指針解説（抄） ………………………………………………………… 243

　幼保連携型認定こども園教育・保育要領解説（抄） …………………………… 250

　幼稚園教育要領解説（抄） ………………………………………………………… 256

索引 ……………………………………………………………………………………… 258

おわりに ………………………………………………………………………………… 261

本書の構成について

　本書は、保育士養成課程の「子育て支援」の教授内容（厚生労働省：子発0427第3号）に即して構成しています。その教授内容の「目標」には次のようにあります。

1. 保育士の行う保育の専門性を背景とした保護者に対する相談、助言、情報提供、行動見本の提示等の支援（保育相談支援）について、その特性と展開を具体的に理解する。
2. 保育士の行う子育て支援について、様々な場や対象に即した支援の内容と方法及び技術を、実践事例等を通して具体的に理解する。

　いかに、子育て支援についての具体的な学びが求められているかがわかります。そこで本書では、この「具体的な学び」にアプローチする際に以下の点に留意しています。

　1つ目は、始めに子どもの最善の利益とそれを護る専門家としての倫理を取り上げています。子育ての専門家として拠って立つ根本の原理、理念を押さえてください。

　2つ目は、日常の保育と子育て支援は一体となって行われるものであるということです。子どもの健やかな育ちを真ん中において、日々の保育を質高く実践していくことが基盤となって、適切な保護者支援が可能になる。あるいは、質の高い保育がそのまま保護者支援になる、という視点です。

　3つ目は、実践の根拠となる理論について、保育独自の方法・技術とソーシャルワークをあげています。保護者との日常の会話の中で「相談する」という構えなしに、何気なくなされる相談と、あらかじめ相談内容がある程度保護者と意識化されている場合とがあると思います。それぞれ、保育者（本書では保育士、幼稚園教諭、保育教諭等を「保育者」と表記しています）が身につけておく必要のある方法と技術を学んでください。

　4つ目は、実践事例を豊富にかつ丁寧に取り上げています。長いものもありますが、実践の中で、上述の視点や理論がどのように生かされ、展開されているのかがわかると思います。実際にあった出来事ですので、自分ならどうするかを考えながら読んでください。

　5つ目は演習科目という科目特性を踏まえ、学びのポイントとなる所に演習課題があります。事例に関するものであれば、立場を入れ替えながら取り組んでください。また自分の考えや気づいたことを周囲の人たちとも話し合って、深めてください。

　6つ目に、法資料を充実して巻末に掲載しています。本文と参照しながら活用してください。

第1章	子育て支援・保護者支援とは

この章では、子育て支援とは何か、保護者支援とは何かの枠組みについて、児童福祉法（平成 29 年 6 月 23 日公布）、保育所保育指針および幼保連携型認定こども園教育・保育要領、幼稚園教育要領（平成 29 年 3 月 31 日告示）に準拠して考えています（なお、幼稚園教育要領、幼保連携型認定こども園教育・保育要領では「子育ての支援」と表記されていますが、本書では、児童福祉法、子ども・子育て支援法等の表記の観点から「子育て支援」と統一表記しています）。

子育て支援、保護者支援は、保育者の行う日常の保育を基盤として、保育を通して子どもの最善の利益を護ることが目的です。子どものよりよい育ちを保障するために、少子化・核家族化・都市化・ＩＴ化社会の中で、保育者はどのように子育てを支援していけばよいのか、その視点について述べています。

1．子育て支援とは

（1）社会や家族形態の変化と「子育て支援」

国連の推計によると、2007 年以降に日本で生まれた子どもの半分は 107 年以上生きると予想されています。また別の情報では、今生まれた子どもたちの 3 人に 2 人は 100 歳まで生きるといわれています。戦後すぐは、人生わずか 50 年であったところが何と倍の人生を生きることになります。子育てのポイントは何なのでしょう。一人ひとりの人が、人間として自分らしく生きていける社会とはどのような社会なのでしょうか。子どもはどのような力を身につけていけば、長い人生をよりよく生きていかれるのでしょうか。

現代の子育てを概観すると、子育てに関する知識については情報があふれ、どれがよいのかよくないのかの判断が難しい状況があります。また少子化や核家族化、都市化などの社会状況の中で、子育ての形態が変化してきています。家族は多様化し、核家族やひとり親家族の増加、老老介護の高齢者家族の増加だけでなく、未成年同士の家族や同性同士の結婚による家族など、様々な形の家族が認められるようになってきています。人間の生活が、社会の変化とともに変わるということは、いつの時代にもあることです。少子化や核家族化、都市化などの子育てを取り巻く変化の中で、その時代にあった子育てのあり方を模索しながら人々は、子育てをしています。

確かに、育児ノイローゼや虐待はありますし、子どもが心身の被害に遭っている現実はありますが、これは今に始まったことでなく、以前からあったことであり、一つの社会病理現象といえます。社会病理現象なのですから、社会が対応することが必要となります。国はそのことに気づき、さまざまな子育て支援に関する制度・政策がつくられてきました。子育て子育ちを社会的に支援することといえます。一例をあげれば、子ども・子育て支援法や育児休業、介護休業等育児又は家族介護を行う労働者の福祉に関する法律等があげられます。子ども・子育て支援新制度もその一つですし、認定こども園の新設や保育所保育指針の改定、幼稚園教育要領および幼保連携型認定こども園教育・保育要領の改訂 (平成 30 年 4 月 1 日施行) も保育、幼児教育、子育て支援の新しい方向を模索しての対策の一つです。

（2）人としての育ちの基礎を支える「子育て支援」

　平成 30 年 4 月 1 日施行の保育所保育指針には、子育て支援について、「保育所における保護者に対する子育て支援は、全ての子どもの健やかな育ちを実現することができるよう、（中略）子どもの育ちを家庭と連携して支援していくとともに、保護者及び地域が有する子育てを自ら実践する力の向上に資するよう、次の事項に留意するものとする」とあります（本書法資料 p.243 参照）。また、幼保連携型認定こども園教育・保育要領では「幼保連携型認定こども園における保護者に対する子育ての支援は、子どもの利益を最優先して行うものとし、第 1 章及び第 2 章等の関連する事項を踏まえ、子どもの育ちを家庭と連携して支援していくとともに、保護者及び地域が有する子育てを自ら実践する力の向上に資するよう、次の事項に留意するものとする」とあります（本書法資料 p.250 参照）。

　子育ては楽しさとともに、知識や労力を要する営みでもあります。人は見たり聞いたりの経験の中から学ぶことが多いので、子育てのお手本として見るべき子どもの数が少ないということは、少子化の中で生じる問題の一つではありますし、そのような視点からみれば、少子化は子どもを見る機会が少ないだけ、子育てを難しくする一面をもっているといえます。

　人は、社会的な動物といわれるように、社会から離れて生活していくことは、多くの困難と多くの努力を要します。孤島で、一人で暮らすことを想像すればわかると思います。人が人らしく生きていくには、有形無形の人との絆が大切です。子育てのための絆が、家族・地域でまとまっていくことが必要です。

　子育て支援は、保育所保育指針で示されているように、子育ての困難を軽減するための支援とともに、保護者の子どもを育てる力を育てていく役割もあります。保育者は基本的には小学校入学前までの教育・養護に関わりますが、保護者はその子どもが成人（現在は 20 歳ですが 2022 年からは 18 歳になります）するまで責任を

負います。つまり長い期間、子育てを行っていくためには、保護者が子育て能力を育てなければならないといえます。

　そのような視点で、保育所、認定こども園、幼稚園では、子どもの最善の利益を重視し、人としての育ちの基礎（発達の様子や子ども時代に育てておく必要のある事項）や食育・健康などに関する必要事項を、お便りや連絡帳の中で、また日々の子どもの保育や保護者との関わりの中で、行動見本の提示なども含め、保護者に伝えています。保護者は新しい知識を得つつ、保育者に支えられながら、子どもとともに成長していきます。つまり、保育所保育指針にある「保護者及び地域が有する子育てを自ら実践する力の向上に資する、子育て支援が必要」であり、保育所はそれを実践しているということです。

（3）広義の「子育て支援」

　本書では保育所、幼保連携型認定こども園、幼稚園における子育て支援を中心に考えていますが、子育て支援そのものはもう少し広い概念です。本書で主に取り扱っている内容のほかに、たとえば人口5万人以上の市町村で、援助を受けたい人（利用会員）と援助をしたい人（提供会員）が互いに助け合うファミリー・サポート・センター事業のほか、さまざまな活動領域があります。ファミリー・サポート・センター事業は、保育所利用が措置制度から利用契約制度となった中で情報提供の一つの形として行われており、子育て支援の一部を担っています。また、児童養護施設でも、子育てに悩む近隣家庭からの相談に応じる都市家庭在宅支援事業（アドボケーター事業）、子育て短期支援事業（ショートステイ、トワイライトステイ事業）、一時保育事業の実施など、さまざまな実践が子育て支援として展開されています。

　子育て支援を考える場合、家族と地域をどのように考えるかということと、それに対する、社会の新しい関わり方が問われています。上述のような新しい家族形態の中で、変化した家族や変化した地域の中だけでは支えられないわけですから、社会が支えることが必要になってきています。社会は、その社会を構成している人間全員が構成メンバーです。少子化社会対策基本法第6条では「国民の責務として、国民は、家庭や子育てに夢を持ち、かつ、安心して子どもを生み育てることができる社会の実現に資するよう努めるものとする」とされています。つまり、国民全部に努力義務が求められているのです。これは社会の変化に対応した新しい視点です。子育て支援とは、保護者と子どものために、保育者の知識と技術をはじめとする社会全体の力で、子どもの最善の利益を護るため、保護者の子育ての支援をすること、といえるでしょう。

第1章　子育て支援・保護者支援とは

2．保護者支援とは

　子育て支援における保護者支援とは、子育てを行っている保護者の本来もっている子育て能力を支え伸ばしていくことや、今抱えている子育てについての困難を支援していくことをいいます。そのような意味では、1（3）広義の「子育て支援」で述べた視点も含みながら直接的には、1（2）人としての育ちの基礎を支える「子育て支援」の意味に焦点を当てた言葉といえます。つまり、子育て支援に保護者支援は含まれる概念といえるでしょう。その意味で、子育て支援は保護者支援を目的にするものと考えられます。

　前述したように、新しい保育所保育指針および幼保連携型認定こども園教育・保育要領、幼稚園教育要領では、子育て支援を重要な項目として扱っています。その中で、すべての子どもの健やかな育ちを実現することができるよう、子どもの育ちを家庭と連携して支援していくとともに、保護者および地域が有する子育てを自ら実践する力の向上を支援していくことが保護者に対する子育て支援の目的だと述べています。

　では、子育て支援の対象である保護者とはだれのことを指すのでしょうか。子どもにとっての保護者について、少し考えてみます。保護者とは、未成年者を保護する義務のある者で、父母・親権者・後見人等で、第一義的には子どもの親が保護者として、あげられます。しかし、保育所や幼保連携型認定こども園、幼稚園で現実に子どもの送り迎えをするのは、祖父母であったり、おじさん、おばさんであったりする場合も多いものです。担任保育者が実父母と会うのは年に数回であったりすることもあります。当然のことながら、子どもについての情報や相談は祖父母やおじさん、おばさんから受けることも多くなります。ですから、本書では書類上の保護者に限定せず、保護者の役割を果たしている立場の人まで含めて保護者として扱っています。（事例5−18では、祖母の相談支援をしています。）

　それぞれの問題を保護者が、自分の力でできるだけ解決していくよう横から支えていく（支援していく）のが子育て支援です。それは、制度・政策であったり、保育そのものであったり、経済的支援であったり、保護者の抱える福祉問題の解決であったりします。保護者は、自分の抱える子育てに関する問題について、いろいろな保護者支援を使いながら解決しつつ、子育てを行い、あわせて保護者としての子育てを自ら実践する力を育てていきます。保育者が、それを支えるのが保護者支援といえます。

2．保護者支援とは

> コラム　支援と援助
>
> 　支援と援助はどう違うのでしょう。講義をしていると、よく学生さんから「支援と援助はどのように違うのですか」という質問を受けます。みなさんはどのように考えますか。言葉だけでいえば、援助は助けるという側面が強く、本人の代りにやってあげることも含めます。
>
> 　そして、支援は、横からそっと支えることです。保育の中での支援では、直接助けるよりも横からそっと支え、本人が自分の力で問題を解決できるように、環境を整えるようにしています（環境による保育といわれます）。また、後ろからそっと背中を押してあげることもあります。
>
> 　具体的には、たとえば保育所で、子どもの衣服の着脱について考えてみましょう。0歳児は保育者が、ほとんどの着脱を行います。子どもが自分で着替えることはありませんので「着脱の援助」をしたことになります。では、3歳児はどうでしょう。ほとんどの着脱は、子どもの力でできますが、ちょっと難しい場合には、保育者が声かけをして、着脱のポイントをアドバイスしたり、少しだけ手を貸したり、少しできたらほめたりしながら、横から支えます。つまり「着脱の支援」をしたことになります。支援をしながら、着脱の技術を子どもが自分のものとして身につけていくようにします。つまり、横から支え、子どもの着脱能力を育てていくわけです。子どもが自分でできるようになるのがねらいで、服を着ることのみが、ねらいではありません。たんに服を着るのがねらいの場合には、援助でよいわけです。

不適切な援助の事例

　エツコは、父母・祖父母にとって初めての子ども・孫でした。家族の喜びは大変なものでした。みんなで話したことは「こんなにかわいい子どもに、いやなことはなるべくさせないようにしよう」ということでした。人生を楽しく、楽に過ごさせたいというのが家族の気持ちでした。

　エツコは3歳で保育所に入所してきました。まだ、哺乳瓶でミルクを飲み、食事も食べさせてもらっています。ところが、エツコは、保育者のやっていることを見て、隣で給食を食べている小さな友達にスプーンでとても上手にご飯を食べさせるのです。また、自分では靴も履けないのですが、小さい子どもに靴を履かせてあげています。家族がすべてをやってあげてしまったので（援助）、自分でやる意欲が育たず食事も着脱も靴を履くことも自分ではしませんでした。しかし、小さい子には家族

第1章　子育て支援・保護者支援とは

が自分にやってくれたことをやってあげるのです。その後、担任保育者が少しずつ、自分でやるように支援した結果、食べたり、着たり、靴を履いたりすることを自分でできるようになりました。

　　この事例でもわかるように、ずっと援助（やってあげる）していると、人は自分に備わっている能力も使わなくなる（依存してしまう）のです。ですから、保育者は子どもの発達の状況に合わせて援助（やってあげる）と支援（横から支えて自分でできるようにする）を使い分けています。
　　子育て支援は、保護者を横からそっと支え、保護者が自分の力で問題の解決を行えるような支援を中心に行います。保護者が問題解決能力を育てることが大切です。援助と支援の違いを考えながら保護者を支えてください。
　　子育て支援に関する問題をいつでも援助で解決すると、保護者が自分の力で問題を解決する力が育たなくなりがちです。子どもが成人するまでともに生活するのは、保育者ではなく保護者です。保護者の子育てに関する問題解決能力を育てることは、子どもの最善の利益を護るためには、大切なことであることを理解してください。

3．保育の特性―「養護」と「教育」について

　『保育』という言葉には、養護と教育という複合的な意味合いが含まれています。新保育所保育指針（平成29年告示）で確認してみましょう。

保育所保育指針，第1章 総則 1 保育所保育に関する基本原則（1）
保育所の役割　イ
　　保育所は、その目的を達成するために、保育に関する専門性を有する職員が、家庭との緊密な連携の下に、子どもの状況や発達過程を踏まえ、保育所における環境を通して、養護及び教育を一体的に行うことを特性としている。
保育所保育指針，2 養護に関する基本的事項（1）養護の理念
　　保育における養護とは、子どもの生命の保持及び情緒の安定を図るために保育士等が行う援助や関わりであり、保育所における保育は、養護及び教育を一体的に行うことをその特性とするものである。保育所における保育全体を通じて、養護に関するねらい及び内容を踏まえた保育が展開されなければならない。

保育所保育指針解説書には、保育における養護とは、子どもの生命を保持し、その情緒の安定を図るための保育士等による細やかな配慮の下での援助や関わりを総称するものであると説明しています。養護と教育を一体的に展開するためには、一人ひとりの子どもを愛する保育者がその子どものその日の体調など身体の状況を踏まえるのは、もちろんのこと、子どもの気持ちや思いを尊重する関わりの中で子どもの自己発揮を重視し、主体的に物事に向かっていく力を大切にします。このことは子どもの情緒を安定させます。

そして、保育者が準備した子どもの育ちを見通し設定した環境や、子ども同士または保育者との主体的なやりとりの中で創造される環境の中で、乳幼児期にふさわしい遊びを通した学びの経験を積み重ねていくことが可能になるのです。

保育を通して、子どもの育ちを見通し援助していく保育者はこの養護と教育が決して切り離すことができないことを基本原則としています。これは家庭での生活時間を内包する子どもの実態に即するため、保育者には一層"子育て支援"においてその専門性を発揮した養護と教育を一体的に行う保育が求められています。

> **演 習**　平成 30 年 4 月 1 日施行の幼稚園教育要領、保育所保育指針、幼保連携型認定こども園教育・保育要領を読み（法資料 p.236 以降参照）、子育て支援とは何かを話し合ってみましょう。

<＜話し合いの持ち方＞
①6人のグループを作る。
②その中から進行役（司会者）、書記（報告者）を決める。
③進行役が議事を進め、書記が記録をつける。
④1クラスでいくつかのグループができると思うので、最後に書記が、それぞれのグループの話し合いの結果を発表し、ほかのグループの意見を知ることにより、さらなる広がりが得られる。

　グループメンバー数は、6名が理想といわれています。理由は6名という人数が、メンバー全員が発言しやすいこと、最低6つの意見が出ることになり、内容の広がりも期待できるためです。保育者になって、母親たちの話し合いをもつときも、6名ぐらいのグループを作って話し合ってもらいましょう。

第2章	# 子どもの最善の利益と福祉の重視 ―― 子育て支援の基本

　子育て支援の最重要概念の一つが、「子どもの最善の利益」です。用語としては聞いたことがあると思います。では「子どもの最善の利益って何？」と問われると、きちんと答えられるでしょうか。その出典は、「児童の権利に関する条約」ですが、なぜそれが子育て支援と関係するのでしょうか。このように問うと、「？」マークがいっぱい浮かんでしまうかもしれません。

　ですので、本章では、「児童の権利に関する条約」という国際条約についての理解、そこに示されている「子どもの最善の利益」という概念についての理解を深めていきます。その上で、子育て支援とはどのようなものなのか、保育者が担う子育て支援の役割とはどのようなものか、という子育て支援の基本について、順を追って考えていきます。

1. 子どもの最善の利益とはなにか

　保護者に対する子育て支援は、保育者の重要な役割の一つです。では保護者の子育てを支援するということは、保護者に対してだけ意識を向ければいいかというとそうではありません。子育て支援は何よりも子どもの育ちを原点に置かなければなりません。このことについて、保育所保育指針、幼保連携型認定こども園教育・保育要領には、次のように示されています。

保育所保育指針　第4章　子育て支援

　保育所における保護者に対する子育て支援は、全ての子どもの健やかな育ちを実現することができるよう、第1章及び第2章等の関連する事項を踏まえ、子どもの育ちを家庭と連携して支援していくとともに、保護者及び地域が有する子育てを自ら実践する力の向上に資するよう、次の事項に留意するものとする。

幼保連携型認定こども園教育・保育要領　第4章　子育ての支援

　幼保連携型認定こども園における保護者に対する子育ての支援は、子どもの利益を最優先して行うものとし、第1章及び第2章等の関連する事項を踏まえ、子どもの育ちを家庭と連携して支援していくとともに、保護者及び地域が有する子育てを自ら実践する力の向上に資するよう、次の事項に留意するものとする。

1．子どもの最善の利益とはなにか

　ここにあるように、保育所保育指針では、「全ての子どもの健やかな育ちを実現する」とあり、幼保連携型認定こども園教育・保育要領では、「子どもの利益を最優先して行う」と明記されています。

　また、子どもの福祉について規定している児童福祉法においては、次の条文があります（本書法資料 p.224 参照）。

　第1条　全て児童は、児童の権利に関する条約の精神にのつとり、適切に養育されること、その生活を保障されること、愛され、保護されること、その心身の健やかな成長及び発達並びにその自立が図られることその他の福祉を等しく保障される権利を有する。
　第2条　全て国民は、児童が良好な環境において生まれ、かつ、社会のあらゆる分野において、児童の年齢及び発達の程度に応じて、その意見が尊重され、その最善の利益が優先して考慮され、心身ともに健やかに育成されるよう努めなければならない。

　児童福祉法の第1条は、「全ての子どもの健やかな育ちを実現する」という保育所保育指針の文言と対応していますし、第2条は、幼保連携型認定こども園教育・保育要領の「子どもの利益を最優先して行う」に対応する「最善の利益が優先して考慮され」ることを求めています。

　つまり、保護者に対する子育て支援を児童福祉法の条文と重ね合わせると、保護者を支援することを通して全ての子どもの健やかな育ちを実現することが第一義であることが分かります。子どもがまずあって、子育て支援があるのです。そして、その最重要概念が、児童福祉法に示された「子どもの最善の利益」です。ここではこの概念について考えていきます。

　最善の利益という言葉は何に由来しているかというと、児童福祉法の第1条にある「児童の権利に関する条約」です（本書法資料 p.220 参照）。これは一般には、「子どもの権利条約」と呼ばれています。

　この条約は、1989年に国連の総会において採択された国際条約です。人権に関する規約はそれまでもありましたが、子どもという存在における固有の権利を定めた国際条約はこれが最初です。日本は、1994年に子どもの権利条約を批准し、子どもの権利を擁護する国家であることを、国際的に約束しました。ですので、子どもにかかわる事柄の核には必ずこの条約があることになります。

　この条約は国連で定められたものですから、日本語で書かれているわけではありません。では何語で書かれているかというと、アラビア語、中国語、英語、フラン

9

ス語、ロシア語、スペイン語の6つです。これらが国連の公用語です。日本語はありませんので、翻訳しなければなりません。

　ここで条約の題名を英語で見てみましょう。英語は国連の公用語ですので、正式名称になります。それは、"Convention on the Rights of the Child" です。先ほど、「児童の権利に関する条約」、「子どもの権利条約」と二つの名称を示しました。これは、「児童の権利に関する条約」が正式の日本政府訳、「子どもの権利条約」が通称の訳です。「子どもの権利条約」という言い方は正式ではありませんが、間違っているかというとそうでもありません。なぜなら、原題に対する翻訳の違いだからです。ただ、日本は批准をするに当たって、正式の日本語訳を決めなければなりませんでしたので、「児童の権利に関する条約」としたのです。

　ですから、子どもの権利条約については、単に日本語のみで理解するのではなく、翻訳されたニュアンスまで含めて理解することが大切になります。英語や他の国連公用語を使用できるのであれば別ですが、日本語については、それはどこまでも翻訳されたものだということに留意しなければなりません。というのは、英語のニュアンスと日本語のニュアンスはイコールとは限らないからです。

　例えば、子どもの権利条約では、"right" を「権利」と訳しています。その訳は正しいのですが、ニュアンスはだいぶ違います。「権利」というとどのようなニュアンスを感じるでしょうか。辞書によると、「自己のために一定の利益を主張したり、これを受けたりすることのできる法律上の力」(『日本国語大辞典』)とあります。このように、何かを主張したり要求するという意味合いが強く出てきて、何らかの力やパワーをもっているような感じがあります。

　それに対して、"right" を英語の授業では、「右、右側」という意味だけでなく、「正しい，正当な，当然の」(『ランダムハウス英和大辞典』)という意味があると教えられます。この「正しい，正当な，当然の」という形容詞が名詞になると「正しさ，公正さ，正当性」という意味になります。それを含めて日本語で「権利」と訳します。

　日本語の「権利」は、何かを要求できるような資格、能力、パワーというニュアンスが強く出ていますが、英語の "right" は、当たり前のことだから資格・能力とは無関係に正しく要求されるというニュアンスになります。その背景には、自然権という概念があり、「人間が国法その他に先立ち，自然法によりあるいは生まれながら人間として有している権利をいう」(『世界大百科事典』)と説明されるように、要求したり与えられたりするものではなく、生まれながら人間として有しているものとして、権利を規定しているからです。

　ここで「子どもの権利」としているのは、"right" のことですから、子どもが資格・能力とは無関係に有しているものということであり、子どもとしての当然のこ

とです。つまり、子どもが子どもであるだけで当然備わっているものであり、脅かされてはならないものを「子どもの権利」としているのです。

　では子どもの権利条約には、何が記されているのでしょうか。この条約は全部で54条からなっています。ここに全ては記しませんが、ぜひ1度は最初から最後まで見てください。保育者という子どもに関わる職に就く者としては大事なことです。

　一般に条約は、全般的なことから始めて細かいところに至るようになっています。

> **コラム　日本語と英語のニュアンスの違い**
>
> 　夏目漱石の『吾輩は猫である』という小説は有名なので、みんな知っていると思います。その英訳は、"I am a cat"です。「えっ」と思うのではないでしょうか。"I am a cat"は、とても簡単な英語です。でもこれを和訳しなさいとなったら、「私は猫です」とする人が多いでしょう。「吾輩は猫である」と「私は猫です」とでは、意味は同じですが、ニュアンスは全く違います。何より、「私は猫です」では、夏目漱石の小説だとは誰も思わないでしょう。
>
> 　また、"Pride and Prejudice"という英語の小説があります。ジェーン・オースティンという作家の傑作ですが、これは、『高慢と偏見』と『自負と偏見』という2種類の翻訳があります。prideを高慢と訳すか自負と訳すかの違いですが、意味合いがだいぶ違います。なお、2005年の映画化では、『プライドと偏見』と訳されました。印象がだいぶ変わりますね。
>
> 　さらに例を上げましょう。コナン・ドイルの創造した名探偵シャーロック・ホームズは有名ですが、その第一作が、『緋色の研究』"A Study in Scarlet"です。この緋色って何でしょうか。緋色は、「濃く明るい赤色」（『デジタル大辞泉』）ですが、赤色を研究するというのも意味がよく分かりません。しかし、英語のscarletには、緋色という意味もありますが、「極悪非道の；罪深い」（『ランダムハウス英和大辞典』）という意味もあります。ですから原題は、犯罪についての研究、犯罪を解きほぐして白日の下にさらすことを意味しています。
>
> 　このように、英語と日本語とでは、単に意味が同じでも、そのニュアンスまで含めると、微妙で複雑な違いがあるのです。

どれも大事ですが、特に大事なものほど最初の方に出てきます。

第1条には次のようにあります。

第1条

この条約の適用上、児童とは、18歳未満のすべての者をいう。ただし、当該児童で、その者に適用される法律によりより早く成年に達したものを除く。

第1条は児童の定義です。国際条約として児童は「18歳未満のすべての者」となっています。第2条は、

第2条

1 締約国は、その管轄の下にある児童に対し、児童又はその父母若しくは法定保護者の人種、皮膚の色、性、言語、宗教、政治的意見その他の意見、国民的、種族的若しくは社会的出身、財産、心身障害、出生又は他の地位にかかわらず、いかなる差別もなしにこの条約に定める権利を尊重し、及び確保する。

となっています。これはあらゆる差別の撤廃ということで「国際人権規約」に通ずるもので、子どもに限らず全ての人を対象にしています。そして第3条です。

第3条

1 児童に関するすべての措置をとるに当たっては、公的若しくは私的な社会福祉施設、裁判所、行政当局又は立法機関のいずれによって行われるものであっても、児童の最善の利益が主として考慮されるものとする。

ここに最善の利益が登場します。子ども固有の権利として最初に示されたのが第3条ですから、この概念が、子どもの権利の核となるものであることがわかります。

では、「最善の利益」とは何でしょうか。原語の英語表記を見ると、"the best interests of the child" となっています。"interests" が「利益」と訳されているのです。

ですから、「子どもにとって一番良いことはどのようなことか、そのためにおとなはどうすればいいのか」ということを指しているといえます。でもどうでしょう、これでは漠然としすぎていて、よくわからないと感じるのではないでしょうか。

また、利益というと「事業などによって得る、金銭上のもうけ」という意味もありますから、子どもにお金を与えたり欲しいものを買い与えたりすればいいんだ、と勘違いされる恐れもあります。もちろんこの理解は間違っていますが、ではどの

ように理解すればいいでしょうか。

実は、子どもの最善の利益という概念について、共通認識された定義はありません。各研究者がそれぞれに説明を試みていますが、すっきりしたものはないのが実情です。ここでは、網野が行った定義を引用しておきます。網野の定義は、「子どもの生存、発達を最大限の範囲において確保するために必要なニーズが最優先されて充足されること」というものです（網野武博『児童福祉学』中央法規、2002、p.80）。

少しわかりづらいかもしれませんが、平たくいえば、「子どもが発達することを最優先で保障すること」と言えるでしょうか。子どもにとって育つことがそのまま生きることという意味を強く感じる定義ですが、それでもわかりにくいと思います。もう少し説明を加えてみましょう。

子どもの最善の利益を考える場合でも、日本語の「利益」ではなく、英語の"interests"から考えてみましょう。"interests"を辞書で引くと、最初に「興味、関心」という意味が載っています。その先を見ると、「利益」という意味もあります（『ランダムハウス英和大辞典』）。この二つはずいぶん違う言葉のように感じられますが、英語では同じ単語なのです。

なぜこうなるのでしょうか。それは"interests"という単語の由来によります。この単語は、"inter"と"est"を組み合わせたものです。日本語で言えば、漢字を二つ組み合わせた二字熟語です。"inter"は、日本語でも「インターナショナル」「インターカレッジ」「インターチェンジ」というように、「～の間に」という意味です。"est"は、元はラテン語ですが、英語のbe動詞と同じもので、「存在する」という意味です。

この二つを組み合わせたのですから、"interests"の元々の意味は、「人と事象の間にあるもの」となります（『日本大百科全書（ニッポニカ）』）。これが「利益」となるのは、たとえば100万円で事業を始めて110万円にしたら、事業の開始と終わりとの間で10万円のもうけ、すなわち「利益」がでたということになるからです。

しかし本論での"interests"とは、子どもの権利に関することですから、子どもを置いて考える必要があります。子どもと事象の間に存在するもの、と考えれば、子どもが周りに現していくもの、ですから「興味、関心」という意味になります。それが本来ですが、もう少し砕いて考えてみると、子どもが自分の内側から外側の環境に向けて現れ出していくもの、と捉えることができます。

つまり、「子どもの最善の利益」とは、子どもが自発的に外側へ向けて自分らしさを最もいい形で現すことができること、ということであり、それが子どもにとって奪われてはならない当然の権利であるということなのです。

第2章　子どもの最善の利益と福祉の重視 —子育て支援の基本

コラム　児童の権利に関する条約

　ここでは、条文の見出しのみを抜粋して挙げます。どのような権利が規定されているのか、自分でも深めてください（本書法資料 p.220 参照）。

第1条（児童の定義）

第2条（差別の禁止）

第3条（児童に対する措置の原則）

第4条（締約国の義務）

第5条（父母等の責任、権利及び義務の尊重）

第6条（生命に対する固有の権利）

第7条（登録、氏名及び国籍等に関する権利）

第8条（国籍等身元関係事項を保持する権利）

第12条（意見を表明する権利）

第13条（表現の自由）

第14条（思想、良心及び宗教の自由）

第15条（結社及び集会の自由）

第16条（私生活等に対する不法な干渉からの保護）

第17条（多様な情報源からの情報及び資料の利用）

第18条（児童の養育及び発達についての父母の責任と国の援助）

第19条（監護を受けている間における虐待からの保護）

第20条（家庭環境を奪われた児童等に対する保護及び援助）

第23条（心身障害を有する児童に対する特別の養護及び援助）

第24条（健康を享受すること等についての権利）

第28条（教育についての権利）

第29条（教育の目的）

第31条（休息、余暇及び文化的生活に関する権利）

第34条（性的搾取、虐待からの保護）

第35条（児童の誘拐、売買等からの保護）

> ### 演　習　児童の権利に関する条約について
>
> ・「子どもの最善の利益」を自分の言葉で説明してみましょう。
>
> _____
>
> _____
>
> _____
>
> ・条文の中から子どもの権利を一つ選び、それがどのようなものであるか
> 説明してみましょう。
>
> _____
>
> _____

2．自分らしく生きる力を育てる

　子どもの最善の利益を尊重することは、子どもが自分らしさを最もよい形で表現できること、つまりどの子も自分らしく生きることを意味しています。ではその力は、どのように育てられるのでしょうか。

　このことについては、長年にわたる子ども研究を通していろいろなことがわかっていますが、それを端的に言い表すならば、遊びを通してその力は育っていく、ということです。

　遊びは子どもの自発性によって成り立つ活動であり、遊びを通して得られる体験の積み重ねが、子どもの生きる力となります。言いかえれば、子どもの最善の利益は、子どもの遊びという形で実現されるということです。

　子どもが子どもらしく遊べる日々を送る、というと簡単そうですが、世界を見渡すとそうでもないことがわかります。貧困地域や紛争地域で暮らしている子どもたちは、日々生き延びることに精一杯で自分らしく遊ぶことが困難です。命があるということはもちろん最優先事項ですが、しかし生き延びるだけの毎日は子どもにふさわしい日々とはいえず、最善の利益が保障されているとはいえません。子どもにとって生きる権利とは、遊ぶ権利だからです。

　では経済的に豊かな国や地域ではどうでしょうか。日本においても、幼児期から習い事や知的な早期教育が行われていることがあります。それは、その時期の遊びを犠牲にしてなされています。経済的には恵まれていても、子どもらしい日々を送

第2章　子どもの最善の利益と福祉の重視 ―子育て支援の基本

ることに恵まれているとはいえない状況は、最善の利益が実現しているとはいえません。このように考えると、たんに物質的な環境によって子どもの権利を考えることの危うさがみえてきます。

　ここで気をつけたいことは、子どもは遊ぶことによって発達するのですが、発達するために遊ぶわけではないということです。遊びに没頭する日常が、生きる力を育てていくのです。

　このことを言い表したのが、「現在を最も良く生き、望ましい未来をつくり出す力の基礎を培う」という保育所保育指針の文言です（第1章 総則、本書法資料 p.236 参照）。「現在を最も良く生きる」、これは子どもが自分らしさを最大限に発揮して充実した遊びを行う日々を送ることにつながります。そしてその積み重ねが、「望ましい未来をつくり出す力の基礎を培」っていきます。現在を最も良く生きることが、望ましい未来をつくり出す力の基礎を培うという順番になっています。将来のために今何かをするという発想ではないということです。

　しかし、ともするとおとなは、子どもの将来を先に決めて、そのために今何かをさせようとします。このような考え方は、受験勉強などに典型的です。例えば、大学入試から逆算して、高校3年生ではこれを勉強し、2年生のときはこうと、逆算していきます。

　このような目標を、到達目標といいます。その地点まで到達することが目標となります。受験でいえば、入試合格が到達で、不合格は到達しないということになります。

　しかし、保育の目標は、到達目標ではありません。方向目標です。その方向を目指すことが重要なのであり、それは決して到達地点ではありません。「現在を最も良く生きる」というのは、ここまで到達すればよいというものではなく、そのような充実感を日々どれほど感じることができるか、ということです。その充実感は、到達した、到達していない、という区分はできません。子ども一人ひとり違います。その具体的な現れが、遊びなのです。遊びを、子どもの最も良い自己表現と捉えれば、それが最善の利益の実現です。

　このように考えれば、方向目標という意味がわかると思います。今を良く生きる、その積み重ねが生きる力を育てる、そう考えるととてもシンプルですが、それを一人ひとり異なる個性をもっているどの子にも実現することは、たやすいことではありません。

　方向目標ということで留意しなければならないのが、保育所保育指針や幼保連携型認定こども園教育・保育要領などの第1章に「幼児期の終わりまでに育ってほしい姿」として示されている事項です。ここには、次のような10項目が挙げられています。

2．自分らしく生きる力を育てる

ア	健康な心と体	カ	思考力の芽生え
イ	自立心	キ	自然との関わり・生命尊重
ウ	協同性	ク	数量や図形、標識や文字などへの関心・感覚
エ	道徳性・規範意識の芽生え	ケ	言葉による伝え合い
オ	社会生活との関わり	コ	豊かな感性と表現

　それぞれに具体的な説明が示されていますが、これらの事項は方向目標の性質を
もっています。でもうっかりすると到達目標と誤解しかねません。そのことには注
意が必要です。たとえば、「イ　自立心」には、

　　　身近な環境に主体的に関わり様々な活動を楽しむ中で、しなければならないこと
　　を自覚し、自分の力で行うために考えたり、工夫したりしながら、諦めずにやり
　　遂げることで達成感を味わい、自信をもって行動するようになる。

という説明があります。
　これを到達目標と勘違いしてしまうと、諦めずにやり遂げさせようと、子どもに
頑張れを強制することになります。そうすると、達成感どころか、挫折感を強く感
じさせる結果になりかねません。
　そもそもこのように説明されている自立心を、おとなでもきちんと持っているで
しょうか。「しなければならないことを自覚し、……諦めずにやり遂げる」とい
うことは、できるときもあるでしょうが、人生のあらゆる局面でそれを成し遂げて
いくことは、無理があります。ですからこれを到達目標にすると、ほとんどのおと
なが失格、つまり自立心がない、ということになります。
　そう考えると、この項目を達成目標として、そこまで到達しなければならないと
考えることがおかしいことがわかります。そうではなく、「幼児期の終わりまでに

演習　「幼児期の終わりまでに育ってほしい姿」の各項目に
ついて、方向目標としてどう理解すればいいか考えてみましょう。

第2章　子どもの最善の利益と福祉の重視 —子育て支援の基本

育ってほしい姿」に示された事項は、方向性を示すものとして理解しなければなりませんし、そのことの根本に、「現在を最も良く生きる」ことがあるのです。

3. 保護者との関係をつくる

　ここまで、保護者に対する子育て支援には、何よりも子どもの最善の利益を尊重することが重要であることを述べてきました。しかし、保護者を支援するのに、なぜ子どもの最善の利益が前提になるのでしょうか。

　その理由は、子どもは、孤立した存在ではないからです。

　一般に、子どもは一個の人格をもつ独立した存在であるといわれます。これは大事なことです。子どもを、何かの従属物のように扱ったり虐げたりすることは、決して許されるべきではありません。たとえ親であっても、子どもを自分の所有物のように扱ってはいけないことはいうまでもありません。

　しかし、子どもが親とは別個の人格であるということは、親と無関係に存在できるという意味ではありません。

　もし、ショッピングセンターの一角にベビーカーに乗った赤ちゃんを見かけたらどう思うでしょうか。赤ちゃんが一人で買い物に来たんだな、と思うでしょうか。そうではなく、赤ちゃんのベビーカーを押してきたおとなはどこにいるのだろうか、お母さんはいないのだろうか、と慌てるのではないでしょうか。

　このことは、小さな子どもが一人でいる存在ではないことを意味しています。人格としては別個の存在であっても、生活することにおいて子どもには身近なおとなの存在が欠かせません。そのようなおとなの典型が保護者であり親です。ですから、子どもの日常生活の質は、保護者の在り方と切り離せません。子どもの最善の利益を保障するには、子どもとともにいるおとなの在り方が大きく関わってきます。子どもが自分で自分の最善の利益を確実に保障できるわけではありませんから。

　しかし、保護者も完璧ではありません。子育てに悩みや不安はつきものです。それらを保護者が一人で抱え込むことにはつらいものがあります。それが子どもとの生活に影響が及び、子どものよりよい育ちに陰りが生じることもあります。

　そのことを考えると、保育者の子育て支援は、保護者個人への支援ではなく、保護者の子育てを支援することを通して子どもの育ちを支えることになります。ですから、保護者支援において、子どもの最善の利益が重視されるのです。

3．保護者との関係をつくる

> **コラム** **幼児の道路通行について**
>
> 　道路交通法という法律があります。運転免許を取得した人はその一部を学習したと思いますが、道路を交通すること全般について定めた法律です。その第14条に次のような条文があります。
>
> 　　3　児童（六歳以上十三歳未満の者をいう。以下同じ。）若しくは幼児（六歳未満の者をいう。以下同じ。）を保護する責任のある者は、交通のひんぱんな道路又は踏切若しくはその附近の道路において、児童若しくは幼児に遊戯をさせ、又は自ら若しくはこれに代わる監護者が付き添わないで幼児を歩行させてはならない。
>
> 　わかりづらい文章ですが、この最後の方に、保護者または責任者が付き添わないで、6歳未満の幼児を一人歩きさせてはいけない、とあります。つまり、幼児には責任あるおとなが同行するというのが、法律的に明記されています。自宅を出たら通常は道路を歩きますから、幼児は戸外では一人で放置されてはいけないということになります。それを象徴するのが、「迷子」という言葉であり、状態です。小さな子どもが保護者とはぐれて困った状態になっているのが迷子ですが、それは小さな子どもが一人きりでいるという状態が不自然だからです。

（1）子どもの成長の喜びの共有

　保護者に対する子育て支援は、保護者個人に向けられるものではなく、保護者を通して子どもの育ちにつながるものであると述べてきましたが、そのことをもう少し具体的に考えてみましょう。

　保護者にとって子育ての喜びとは何でしょうか。一言で言えば、我が子の成長に対する喜びでしょう。保護者にとって自分の子どもの健やかな成長は、そのまま喜びとなるものです。ですから、保護者にとって子育てが喜びとなることが、保護者支援の眼目になります。そこでは、保護者の思いが子育ての方向性に大きく影響します。

　しかし、保護者の思う方向に育つことが全ていいとは言い切れないのも事実です。いい子に育つ、そのことが子どもではなく保護者にとってのいい子である場合、注意が必要です。つまり、一見すると子どものためのようでありながら、その実、保護者自身にとってのいい子を求めていたりすることがあります。それは、保護者が

第2章　子どもの最善の利益と福祉の重視 —子育て支援の基本

子どもの健やかな成長を願っていないのではありません。そうではなく、子どもの育ちと保護者自身の思いとの調整がうまくいかない場合があるのです。そこで思うようにならないという、いらだちなどが出てきます。それが高じると、虐待につながりかねません。

　保育者という道を選ぶ人は、子ども好きです。子どもに虐待をするというと、信じられないという気持ちをもつと思います。そして虐待している親を見ると、まるで鬼のように思ったりします。そうではないのです。虐待しようとして虐待するケースはそんなにありません。虐待は、日常の中で思うようにならないことが重なり、気がつくといつの間にか子どもに手を上げていた、子どもを無視してしまったというようなことが多いのです。

　言いかえれば、子どもの健やかな成長に出会えると、そこには自然の感情として喜びがわき上がります。そして、その喜びを保育者が保護者と共有することによって、信頼関係も深まっていきます。つまり他人事のように接するのではなく、自分のことのように喜んでもらえると、喜びはさらに深まります。子どもへの愛情もひとしおです。

　ここでは、保育者の共感性が重要になります。他者の気持ちを 慮 る、そのことが保護者との関係をつくることに重要な意味をもちます。

　なぜ共感性が大事なのでしょうか。それは、人間は「人と人の間」で生きる者だからです。たとえば、夕方に美しい夕焼けに出会ったとしましょう。それを一人で見ていても美しいものですが、同じように美しさを感じる人と一緒だったら、その感動は倍増します。美しいと思っているのが自分だけではないのだということは、感情を増幅してくれます。でも、一緒にいる人が、「夕焼けなんか見てもお金は増えないよ」と言ったらどうでしょうか。とてもがっかりするのではないでしょうか。夕焼けの美しさも半減します。

演習　　　　保育者は共感性が大事です。あなたが他者に共感するという場面について想像してみてください。それを共感と思った理由についても考えてみましょう。

3．保護者との関係をつくる

　子育ての喜びも同じです。保護者にとって、子どもの健やかな育ちは、それが容易なことではないだけに、純粋に喜びになります。その気持ちに共感してくれる保育者がいると、その気持ちはさらに大きくなります。そして自分の子育てに向かう気持ちがしっかり支えられているという実感ももてます。ですから、子どもの成長の喜びを保護者と共有することが大切なのです。

（2）保護者の養育力の向上に資する支援

　子どもの喜びを共有することが保護者支援のポイントになりますが、そのために保護者の養育力の向上を図ることが必要になります。

　ここで勘違いしてはいけないのは、養育力というのは、保護者個人に限定される能力ではないということです。子育ては、家庭や親だけで完結するものではありません。アフリカの諺に、「子どもは村中みんなで育てるもの」というものがあります。言葉通りの意味で、子どもを育てるのは、地域全体での営みだということです。子育ては、直接の基盤は家族家庭にあるが、その子どものよりよい育ちは、家族家庭を含む地域社会の在り方が大きくか関わっています。その意味で気をつけなければいけないのは、「親の養育力の低下」というフレーズです。たとえば、次のようにいわれます。

　　・親が過保護で甘やかしすぎて子どもをダメにする。
　　・親がしつけや子育てに無関心なため子どもがダメになる。
　　・保育所、幼稚園、小学校にしつけを依存して、家庭での子育てが成立していない。
　　・親が、子育ての仕方がわからなくなっている。
　　・親が情報に振り回されて子育てに迷っている。

　「最近はだらしのない親が増えていて、子育てができなくなっている。昔の親はちゃんとしていたのに」こんな言い方が、マスメディアやインターネットのサイトでしばしば見受けられます。それを真に受けて、この頃の親はダメになっている、だからちゃんと子育ての仕方について親に教えなければならない、という言い方になりがちです。

　このような考え方は、保育者の子育て支援ではありません。本節の保護者の養育力の向上とは、低下しているからそれを昔の良かった頃のような状態に回復させようというものではありません。子どものよりよい育ちのために、少しでも養育力が向上するために保育者ができることをしていこうということです。

　そもそも、昔の子育てが良かった、昔の親は養育力が高かったというのは、いつの時代のどういう状態を指しているのでしょうか。

第2章　子どもの最善の利益と福祉の重視 —子育て支援の基本

　第二次大戦後の頃は、子どもが生き生きとしていたし、地域の共同体も井戸端会議などが機能していて良かったといいます。しかし、その頃は、子育てそのものは、貧困状態が厳しく、栄養失調の子どもも多かったし、少年犯罪の件数が最も多かった時期です。毎年のように経済的な成長を実感できた時代ではありますが、子どもみんなが健やかに育っていたとはいえません。地方によっては、障がいのある子どもを家の中に閉じ込めて育てていることもありました。

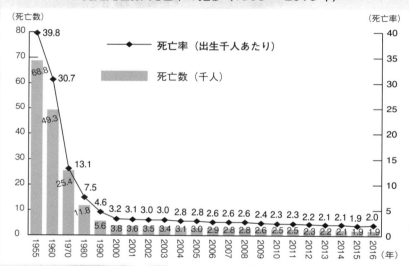

コラム　乳児の死亡率について

乳児死亡数・死亡率の推移（1955〜2016年）

国際社会保障・人口問題研究書「人口統計資料集　2018年版　Ⅴ．死亡・寿命　表5-2　性別乳児死亡数, 新生児死亡数, 率および性比：1955〜2016年」より
http://www.ipss.go.jp/syoushika/tohkei/Popular/Popular2018.asp?shap=0 (2018/08/09)

　これは、1955年から2016年までの60年間の乳児死亡数・死亡率の推移です。一目瞭然ですが、数十年前は乳児の死亡率が高かったことが分かります。なお、これは1000人当たりで示してありますので、2015年の死亡率が1.9というのは、1000人生まれたうち、約2人が死亡するということです。一般的なパーセンテージに直したら0.19％ということになります。
　これを国際的に見たらどうなのかと示したのが、次のグラフです。

3．保護者との関係をつくる

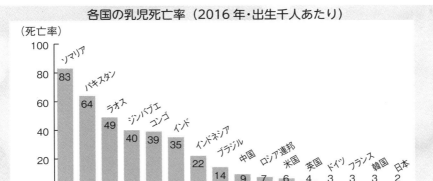

日本ユニセフ協会「世界子供白書2017　統計データ　表1：基本統計」より
http://www.unicef.or.jp/sowc/data.html (2018/08/09)

　これを見ると、日本の乳児の死亡率は先進国の中でも低いことがわかります。でも60年前の1955年の日本の死亡率は39.8で、これは現在のコンゴやジンバブエなどの発展途上国の数字に近いものです。

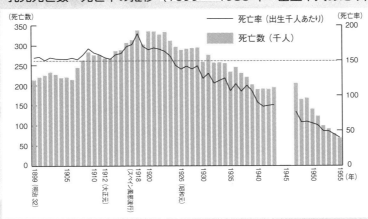

厚生労働省「平成10年　人口動態統計月報　年計（概数）の概況　統計表　第1表　人口動態総覧の年次推移」より
http://www.mhlw.go.jp/www1/toukei/10nengai_8/1_hyo.html (2018/08/09)

　乳児の死亡率をさらにさかのぼってグラフにしたのが、上のものです。これをみると、1899（明治32）年から1925（大正14）年ごろは、150を超えています。中でもスペイン風邪というインフルエンザが猛威を振るった年は、188.6です。これをさきほどの1000人当たりに直すと約189になります。2015年の死亡率が1.9ですから、約100倍の赤ちゃんが亡くなっています。つまり、明治から大正の頃までは、10人生まれても1人か2人は亡くなっていたということです。ですからその頃は、赤ちゃんが無事に生きながらえることだけでも大変なことだったことがわかります。

コラム　少年犯罪について

子どもの犯罪について見てみましょう。近年の報道では少年の凶悪犯罪についてなされるものが多く、少年法の改正などで厳粛に対応すべきだという意見が聞かれたりします。なんとなく少年犯罪が増えているように思われますが、下のグラフを見てください。

少年の検挙人員の推移
(刑法犯・危険運転致死傷・過失運転致死傷等)

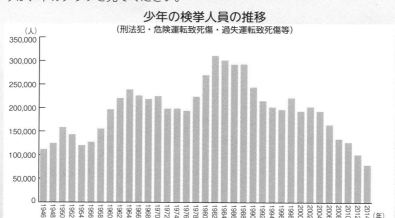

法務省「平成29年版　犯罪白書　第3編　第1章　第1節　1　検挙人員　資料3-1」より
http://hakusyo.moj.go.jp/jp/64/nfm/n64_2_3_1_1_1.html (2018/08/09)

このグラフを見ると、1960年代、1980年代に少年犯罪のピークがあることがわかります。とくに多いのが1980年代の前半です。その当時は、校内暴力という言葉もあったように、学校が荒れていた時期です。

少年による刑法犯検挙人員の推移
(殺人・強盗・放火の合計)

法務省「平成29年版　犯罪白書　第3編　第1章　第1節　3　罪名別動向　資料3-1」より
http://hakusyo.moj.go.jp/jp/64/nfm/n64_2_3_1_1_3.html (2018/08/09)

でも上のグラフを見てください。殺人、強盗、放火という凶悪犯罪に限定すると、1960年前後に大きなピークがあり、その後は減少しています。つまり、1980年代の犯罪は、軽犯罪つまり万引きや自転車泥棒などが多かったということです。

そしてこれらの犯罪が現在では全体的に減少しています。つまり、今の子どもたちは、凶悪犯罪や軽犯罪の加害者や被害者になる率が、昔と比べると小さくなっているということです。

乳児の死亡率や少年犯罪の動向をみると、昔から現在にかけて減少傾向にあります。このようにみると、昔の子育てがよかったとは単純にいえないことがわかります。数十年前の犯罪の多かった時代の子育てや、100年前の赤ちゃんが次々に亡くなるような時代の子育ては、今と違う大変さがあったでしょう。さらにさかのぼって、江戸時代の頃は、平安時代の頃はどうだったろうかと想像してみれば、子育てに困ることがなかった時代はないということに思い至ります。
　翻（ひるがえ）って現在をみても、子育ての困難さはいろいろあります。一例をあげれば、虐待の増加です。次のグラフをみればそのことは明白です。

児童虐待相談対応件数の推移

厚生労働省「平成29年度　児童相談所での児童虐待相談対応件数（速報値）」より
http://www.mhlw.go.jp/content/11901000/000348313.pdf　(2018/09/21)

　つまり現在の状況をいえば、赤ちゃんが亡くなることはあまりなく、犯罪の加害者や被害者になる率も小さいですが、虐待に関連する要因は大きいということです。
　このようにみると、いつの時代の子育てがいいかという見方はあまり意味がありません。つまり、いつの時代であっても、いい子育てをしている家庭はありましたし、困難な状態での子育てを余儀なくされている家庭もありました。その困難さが、時代によって違うということはありますが、しかしみんながいい子育てをしていた時代があったというのは、過去を美化する幻想に過ぎません。
　現在においても、子育ての困難さはありますし、いい子育てをしている家庭もあります。では現代の子育ての困難さはどこにあるのでしょうか。その典型的なものは、子どもは家庭だけで親が責任をもって育てるべきである、ということによる困難さです。つまり、保護者とくに母親が子育ての全てを担わなければならないという風潮が、現在の困難な状況の根底にあります。そのことが、虐待の増加と関連しています。

第2章　子どもの最善の利益と福祉の重視 ─子育て支援の基本

　このような困難な状況を支えるのに必要なのが、地域という存在です。本来、子どもの養育力というのは、その地域の次世代を育成する力です。家庭家族だけに限定されるものではありません。その地域自体のもつ支える力が十分機能することが困難になっています。そのため、保護者個人の力を伸ばすという発想をしても、保護者だけで子育ては完結しませんから、個人の力に頼るだけでは逆に保護者個人への重圧が大きくなります。

　とすれば、保護者に対する子育て支援とは、単に保護者の力を伸ばすということではなく、本来地域が支える部分を、保育者が関わることによって機能させることが重要です。つまり、保護者の子育てを、子どもと保護者を含めて支えるような関わり方が求められます。

演 習　江戸時代や明治時代の子育て状況について調べてみましょう。そしてそこでの子育ての困難さについて考えてみましょう。

>
>
>
>

現代社会における子育ての困難さを、虐待以外に考えてみましょう。そしてそのことについて、ディスカッションしてみましょう。

>
>
>
>

4．相談援助の基本

（1）信頼関係を基本とした受容的関わりと自己決定の尊重

　保護者支援とは、保護者の子育てを子どもの存在ごと支えるような営みであるといいました。しかしそれは保育者から保護者への一方通行ではありません。支えるというのは、一方通行ではないのです。お互いの信頼が大切ですが、同時に、「信頼しているぞ」と力みのあるときは、信頼関係ができていません。

4．相談援助の基本

　たとえば、自分の友達との関係を思い浮かべてみましょう。友達になったきっかけは様々でしょう。同じクラスで出席番号が近い、サークルが一緒、登下校が同じ道、などいろいろだと思います。そこから少しずつ仲良くなって、お互いを知るようになり、友達と呼べる関係になると思います。

　友達との関係は、通常は、この人とは友達だろうか、仲がいいといえるだろうか、と心配したり不安になったりすることはありません。仲のいいのが当たり前で、それをことさら意識しないものです。

　信頼関係というのも、同様です。この人が信頼できるだろうか、信頼してもらっているだろうかと探っているときは、まだ信頼関係が成立しているとはいえません。信頼しているという感覚を意識せずともいいようなところまで繋がりが深まって、はじめて信頼関係があるといえます。

　このような信頼関係を保護者と築くのは、大上段に振りかぶってさあこれから信頼関係をつくりますよ、と宣言して行うようなものではありません。むしろ、日常のやりとりの中で、信頼される態度や行動を重ねることによって得ていくものです。

　保育者が保護者とのやりとりを日常的に重ねるとしたら、一番のポイントは、子どもの送迎のときです。とくに保育所や認定こども園の2号認定、3号認定の子どもの場合、保護者が働いていることが多いので、1号認定の保護者より関わる時間が少なくなりがちです。その場合でも、子どもの送迎は保護者自身がすることが多いので、そこで関わりをもつことが重要になります。

　まず朝は、保護者も職場に向かう途中であることが多いので気ぜわしくなっています。そんなとき、気持ちよく子どもの受け入れがなされると、保護者の保育者への信頼につながります。ゆっくり話す時間はとりにくいですが、気持ちのいい挨拶と受け入れは、信頼関係の形成に欠かせません。

事例2-1　登園時の受け入れ

　保護者の送り迎えは、徒歩、自転車、自家用車、公共交通機関と様々である。地域によってその傾向は異なるが、地方や郡部ほど、自家用車での送迎が主流になる。そこでの登園風景は、次のようなものが一般的である。保護者は駐車場に車を止め、子どもと一緒に保育室まで行き、それから職場に向かう。時間帯によっては登園の車が混み合うので、駐車場の狭い園では、その時間帯だけ園庭を駐車場として開放しているところもある。

　朝は気ぜわしい。出勤途中の保護者にとって駐車場から保育室まで子どもを連れて行くというのは、非常に慌ただしい行動になる。朝からせわしなく追い立てられ

第2章　子どもの最善の利益と福祉の重視 ―子育て支援の基本

> たあげく保育室に置き去りにされたように感じ、気持ちが不安定になることもある。泣いたりむずがったりする我が子に関わりたいと思っても、仕事に遅れるわけにはいかない。後ろ髪を引かれる思いで保育園を出て行く保護者、その後追いをして泣く子どもという風景が、そこでは見られる。
>
> 　Y保育園では、それを避けるために、子どもを率先して出迎えるという取り組みをしている。
>
> 　具体的にいうと、登園の車が門前の駐車場に入ってくると、すぐに保育者が駆け寄り、朝のあいさつをしながら子どもを受け入れる。そのとき、保護者と必要な情報のやりとりも行う。そして、子どもは保育者と一緒に門に入り、保育園の一日が始まる。
>
> 　子どもは、朝の忙しさに追われつつ来るのだが、保育園に着くとその場に待ち受けている保育者に安心して車から降りてくる。保護者もすぐに子どもを受け入れてもらえるので、必要以上に焦ることがない。一台の車が駐車場にいる時間も短くてすむ。駐車場の混み合いも解消され、事故の危険性も軽減される。
>
> 　子どもの受け入れは、すぐ対応できる保育者が行う。担任が出迎えるわけではない。保育者は、自分のクラスの子でなくても、保護者とやりとりを交わし、子どもを十分に受け入れられるように、常日頃から把握している。担任一人でクラスの子に対応するのではなく、保育者集団で子どもを受け入れるという体制がそこでは取られている。

　この事例のように、登園時の受け入れを工夫するのは、保護者の信頼感を増す役割を果たしています。そのことが保護者からの相談をしやすくすることにもつながります。

　登園時と違って降園時は、保護者も時間的に余裕のあるときがあります。そんなときに日常的な話題を少しするだけでも、お互いの距離が近くなります。そのときの話題には、子どもの姿や行動が適切です。その日の様子がどうだったか、ここしばらくの間でどのような成長がみられているか、そのような話題は、保護者も知りたいことですので、関係を進めやすくなります。

　そのときに気をつけることは、子どものプラス面について取り上げることです。保護者にとって子どものいい面を取り上げてもらえることは素朴に喜びになります。わざわざマイナス面を先に取り上げる必要はありません。マイナス面については、保護者の方から触れてきたら、それに応じて非難めいた言い方にならないように気をつけながら話すことが必要です。基本的には子どもの日常や成長面においてプラス面を取り上げましょう。プラス面が見当たらない、そんな子どもはいません。どの子にもたくさんのプラス面があります。それが見えないとしたら、自分の眼差

しを鍛えることが先決です。

　信頼関係は相互のものですが、決まった濃度があるわけではありません。信頼関係は深まるというように、時間をかけてお互いが信頼を深めていきます。そのためには時間がかかります。わずかな関わりで信頼関係ができました、というお手軽なものではありません。しかし、信頼を失うのは簡単です。一度の失敗でそうなります。しかも一度失われた信頼は、取り戻すのが容易ではありません。ですから、信頼を築くのには時間をかけてゆっくりと取り組みますが、同時に信頼を失わないように、自分の言動に責任をもつ姿勢も必要です。信頼してもらえないことには保護者に対する支援も成立しません。そのことは十分に肝に銘じなければなりません。

　信頼関係を前提として、保護者からの相談がもちかけられることがあります。その際、最初から相談がありますともちかけられることもありますが、保育現場においては、降園時のお迎えで子どもについての話題を交わしているときに、不意にもちかけられることもよくあります。

　そのときにまず大事なことは、保護者の話を聞くことです。相談において何が大事といって、よく聞くという傾聴の原則ほど大事なことはありません。いつものような会話のつもりでいると、つい保護者の言い分を聞き終える前に、保育者から返答をしてしまい、始まりかけた相談を打ち切ってしまうことになりかねません。通常の会話であれば、やりとりが自然ですが、何か相談をもちかけようとしているときは、それをまず聞いていくことが重要です。相手の話を、その音声だけでなく、表情や身振りまで含めて全身で語ろうとしていることを受けとめていくことが必要です。

　相談の内容は、些細なことから大きなことまで多彩ですが、どのような相談であれ、保護者からすると、自分の話を真剣に理解しようとしてくれているという実感がもてることが何より大事です。自分のことを受け入れてもらっているという感覚、それが受容と呼ばれる在り方につながります。心の奥深いところで他者と自分がつながり合っているという感覚がそこにはあります。

　そのように受容感を伴う関係が形成されると、保護者は自分でどうしたらいいか考えることができます。そのときに保育者からの示唆があったり、保護者の知らない情報などについての提示があることは大事です。しかしそれはあくまでも提案に留まることであり、保護者に対して決定を要求することではありません。どこまでも保護者の自己決定が尊重されるべきです。

　相談においては最初の機会が重要です。このときに、聞いてもらえなかったとか、相談しただけなのに勝手に解決策を指導された、などと保護者が感じるようではいけません。そのときに信頼関係が失われます。正論であっても頭ごなしに言われた

第2章　子どもの最善の利益と福祉の重視 ―子育て支援の基本

と思われるようでは相談は成立しません。その一方で、保育者の方は、間違いのない解決策を示したから万事オーケーと思い込んではいけません。そのような行き違いがあると、相談しても意味がない、保護者の悩みをきちんと聞いてくれない、などと、むしろ鬱憤が積もり、大きな苦情につながることがあります。

　よくモンスターペアレントという存在が話題になります。確かに、苦情というより理不尽な要求を突きつけてくるような保護者が世の中にはいます。しかしそれは少数です。モンスターペアレントといわれるものをよくみてみると、最初の行き違いが結果として大きな苦情につながっているというケースが少なくありません。つまり、相談対応のまずさがモンスターペアレントを生みだしていることが多いのです。

事例 2-2　大荒れの保護者会

　ある保育園で、新年度から縦割り異年齢交流の実践に取り組むことにした。そのことについて保護者には、文書で簡単に説明しただけだったので、何人かの保護者が不安に思い、保育者に尋ねに来た。それを受けた保育者が、これはもう決定したことで子どもにとっていいことであるから進めていきます、と保護者の声に耳をあまり傾けず、異年齢交流のよさを前面に押し出して対応した。その対応にむしろ不信感を抱いた保護者たちは、それ以上保育園に相談することなく、自分たちで情報を共有し対抗策を考え始めた。

　5月に開催された保護者会において、保育園側は例年通り進行しようとしたが、保護者の側から新しい取り組みについての異議が強く申し立てられ、大荒れの状態になった。結果、保育園側は、異年齢交流を取り止めて前年度までと同じ状態にすることを余儀なくされたが、保護者との関係はぎくしゃくしたままで、関係が修復するのに2、3年かかった。

　保護者から相談されたときに、きちんと聞いてくれなかった、なおざりにされた、「後で」と言われて放っておかれた、勝手に正論を押しつけられたなど、保育者からするとそんなささいなことでと言いたくなるようなことが、大きな問題に発展したりします。

　実践において異年齢交流は、多くの保育所で取り入れられており、とくに問題をはらむような実践ではありません。子どもにとってもいい点がたくさんあります。しかし、この事例のように、新しく取り入れようとするとき、保育者はその良さを自明のものに思っていても、保護者にとってはこれまで慣れ親しんでいた保育が変更されることへの戸惑いが大きく感じられることは当然です。そこで保育者に相談

してくるわけですが、その際大事なのは、異年齢交流の良さを主張することではなく、保護者の不安や戸惑いをきちんと受けとめ、その気持ちに添いながら子どものよりよい育ちのために一緒に連携していくという思いが共有されることです。

そのように丁寧に対応していたら、保護者は保育所の新しい取り組みに対して信頼するという自己決定をもてたと思います。それが不十分であったために、先の事例では、何年かにわたる紛糾した事態が継起してしまいました。

保護者を受容し、保護者の自己決定を尊重するという対応は、確かに面倒くさく思うかもしれませんし、もっと手っ取り早く処置してしまいたいという気持ちになるかもしれません。そのことが、先の事例のような混乱状態を引き起こしてしまい、その対応に追われ、信頼回復に膨大なエネルギーを費やさざるをえないことを考えると、その重要性がよくわかると思います。

そして、もし保育者に対応の難しい内容の相談になった場合、たとえば関係機関にどのようなものがあるか、地域の社会資源などについての情報を示すことも、保育者の役割です。そして、その相談を他の専門機関につなげる役割はできるとしても、それを実行するかどうかは、保護者に任せられます。

このように、保育相談支援においては、どこまでも保護者の自己決定が優先されるべきですし、それを保育者は常に認識しておかなければなりません。

演 習　　　子どものプラス面の取り上げ方を考えてみましょう。
例えば、引っ込み思案でおとなしい子どもの場合、いつも動き回っていて落ちつきのない子どもの場合など、具体的な姿を思い浮かべながら、その子のプラス面をどのように表現するか、考えてみましょう。

（2）秘密保持の厳守および保育者の倫理的責任

保護者支援において重要なことは、守秘義務です。というより、保育者にとってどの場面であっても、秘密保持を厳守するのは、最優先事項です。保育現場には、個人の秘密が満ち満ちています。それも他愛もないやりとりの中で露わになったりします。たとえば、3歳児が保育者に対して、「昨夜お母さんが離婚するって言ってた」と、その内容の深刻さをわからぬまま話しかけてくることもありえます。他

第2章　子どもの最善の利益と福祉の重視 ―子育て支援の基本

愛のないおしゃべりだからとって、保育者が子どもから聞いた話を別な場所でおしゃべりの話題にしてはならないのは当然のことです。

このように、どこで個人の秘密にふれるかわかりませんが、やはり多いのは保護者から相談を受けた場合です。相談事というのは、他人から見たら軽そうに見えるものでも本人にとっては重いものです。ですから、立ち話から始まった相談であっても、その内容については秘密保持が原則です。

しかし、保育者が一人で全ての秘密を抱えていられるわけではありません。内容によっては、上司や他の保育者と相談する必要が出てきます。場合によっては他の専門機関と連携する必要もありますが、その場合は秘密保持の内容を他者に伝えることが求められます。保育者個人で全ての相談を完結できるとは限りません。むしろ他者と連携して対応するために、相談内容を他者と共有することが求められますが、そのときの原則を心得ておくことが必要になります。このようなときの羅針盤になるのが、「倫理綱領」です。

倫理綱領は、マニュアルではありません。守秘義務などの原則をどのように運用するかというときに、進むべき道を指し示すものです。倫理綱領は、専門職に求められるものです。保育者は専門職であるといわれますが、では専門職とはどのようなものでしょうか。

『保育学入門』では、次のような特徴を持ったものを専門職として位置づけています。

1．そのメンバーになるのに長いトレーニングを必要とする。
2．メンバー全員が、専門化した知識の集合体を分かちもっている。
3．ミッション、公益への強い責任感、一連の共有された価値観
4．形式化された倫理綱領に同意された基準があり、それが社会に対するメンバーの道徳的責務を展開し、公益に奉仕することを確信させてくれる。
5．自律性と自己規制

（ステファニー・フィーニィ／ドリス・クリステンセン／エヴァ・モラヴィック 著 Who am I 研究会（代表　大場幸夫／前原寛）訳『保育学入門』ミネルヴァ書房、2010、p.15）

この項目全てについて自分が当てはまるというのは容易なことではありませんが、保育者という専門職として心がけなければならないことです。その中で4番目に倫理綱領があげられています。これをみるとわかりますが、専門職が自分勝手な言動をとらないように示すのが、倫理綱領です。というのは、専門職はその技能の用い方を誤ると好ましくない結果をもたらすことがあるからです。

たとえば、保育者は子どもの保育を成立させるための技能をもっていますが、それは一歩間違うと子どもを思い通りに操る技能にもなりかねません。保育者が、自分の都合のいいように子どもを操ることはあってはならないことです。しかし、すぐれた保育者であればあるほど、そうすることが可能になります。人間の心の揺れ動きとして、子どもを都合よく操ったらどんなに仕事が楽だろうと、魔が差さないとも限りません。そのような方向に至らないように戒めとしてあるのが、倫理綱領なのです。

保育における倫理綱領としては、「全国保育士会倫理綱領」がよく知られています。次に掲載していますが、この中で子どもの最善の利益が筆頭に上がっているのがわかります。保育者は、子どもの最善の利益を最優先して職務に勤しむことを求められているのです。

全国保育士会倫理綱領

すべての子どもは、豊かな愛情のなかで心身ともに健やかに育てられ、自ら伸びていく無限の可能性を持っています。

私たちは、子どもが現在(いま)を幸せに生活し、未来(あす)を生きる力を育てる保育の仕事に誇りと責任をもって、自らの人間性と専門性の向上に努め、一人ひとりの子どもを心から尊重し、次のことを行います。

　　私たちは、子どもの育ちを支えます。

　　私たちは、保護者の子育てを支えます。

　　私たちは、子どもと子育てにやさしい社会をつくります。

(子どもの最善の利益の尊重)

1. 私たちは、一人ひとりの子どもの最善の利益を第一に考え、保育を通してその福祉を積極的に増進するよう努めます。

(子どもの発達保障)

2. 私たちは、養護と教育が一体となった保育を通して、一人ひとりの子どもが心身ともに健康、安全で情緒の安定した生活ができる環境を用意し、生きる喜びと力を育むことを基本として、その健やかな育ちを支えます。

(保護者との協力)

3. 私たちは、子どもと保護者のおかれた状況や意向を受け止め、保護者とより良い協力関係を築きながら、子どもの育ちや子育てを支えます。

（プライバシーの保護）

4．私たちは、一人ひとりのプライバシーを保護するため、保育を通して
　知り得た個人の情報や秘密を守ります。

（チームワークと自己評価）

5．私たちは、職場におけるチームワークや、関係する他の専門機関との
　連携を大切にします。

　　また、自らの行う保育について、常に子どもの視点に立って自己評価
　を行い、保育の質の向上を図ります。

（利用者の代弁）

6．私たちは、日々の保育や子育て支援の活動を通して子どものニーズを
　受けとめ、子どもの立場に立ってそれを代弁します。

　　また、子育てをしているすべての保護者のニーズを受けとめ、それを
　代弁していくことも重要な役割と考え、行動します。

（地域の子育て支援）

7．私たちは、地域の人々や関係機関とともに子育てを支援し、そのネッ
　トワークにより、地域で子どもを育てる環境づくりに努めます。

（専門職としての責務）

8．私たちは、研修や自己研鑽を通して、常に自らの人間性と専門性の向
　上に努め、専門職としての責務を果たします。

　　　　　　　　　　　　　　　社会福祉法人 全国社会福祉協議会
　　　　　　　　　　　　　　　　　　　　　　全国保育協議会
　　　　　　　　　　　　　　　　　　　　　　全国保育士会

　しかし、全国保育士会の倫理綱領では、具体的にどのように行動すべきかを考え
る手がかりに乏しいように思われます。その点で、アメリカの NAEYC（全米乳幼
児教育協会）の倫理綱領が参考になります。『保育学入門』（pp.575-582）にその訳
文が掲載されています。NAEYC とは、アメリカの乳幼児の保育に携わる実践者や
研究者で構成されている団体で、国際的にみて非常に活発に活動しています。その
活動の一環として、倫理綱領を定めています。

　これをみるとわかるように、倫理綱領の項目が「規範原理」と「行動原則」に分
けられています。規範原理とは、「実践者の志望を反映」し、行動原則とは、「実践
者に身の処し方を教えたり援助することを意図」しています。

そして、倫理とは個人の内部のものではありません。他者があるからこそ倫理性が問われます。保育者にとっての他者を、子ども、親、同僚、地域と示しています。確かに保育者が専門性を生かして関わるのは、この4カテゴリーです。このそれぞれについてどのように対処したらいいかを、規範原理と行動原則の両面から示しています。

　その一つをみてみましょう。保育者の行動原則の最優先事項は、「P-1.1.　なによりも第1に、われわれは絶対に子どもたちを傷つけない」とあります。

　次のような相談を保護者から受けた場合、どうでしょう。

事例2-3　子どもへのいらだちについての相談

　ある保護者から降園時に次のように言われた。「最近自分の気持ちが不安定で、その矛先が子どもに向かってしまう。いらいらが高じるとついつい子どもをたたいたりつねったりしてしまう。世間体があるから、優しいお母さんでいたいと思っているので、誰にも話せないでいる。ここだけの話だから、誰にも言わないでください」。

　そういわれて保育者は、最近マコトの腕や足に傷があることを思い出し、それがどうやらお母さんから受けたものらしいことに気づいた。

　このような相談があったら、対応に困るでしょう。子どもに危害が加わえられているかもしれない、しかし保護者からは秘密にしてほしいと念を押されて相談された、という状況です。ここには倫理的ジレンマがあります。子どもに対する倫理からすると、すぐにでも虐待の疑いとして通告することが求められます。一方、保護者に対する守秘義務を優先すると、通告することがためらわれます。

　このように、保育者は保護者支援の過程でジレンマに陥ることがあります。これは保育者として避けることのできないものです。なぜなら、保育者の対応する他者は多様であり、その全てに対して一義的に倫理性が定まるとは限らないからです。このようなジレンマに陥るとき、どう対処したらいいかを示してくれるのが倫理綱領です。

　NAEYC倫理綱領の「P-1.1.　なによりも第1に、われわれは絶対に子どもたちを傷つけない」という行動原則の最優先事項を援用すれば、子どもに対する虐待の疑いに対して対応するという方向性が現れます。子どもと保護者の板挟みの中で、進むべき方向が見えてきます。しかし、マニュアルではないと述べたように、直接の行動を教えてくれるわけではありません。虐待の疑いを優先するという方向性が

第2章　子どもの最善の利益と福祉の重視 ―子育て支援の基本

示されたからといって、それは即電話で児童相談所に通告しなさい、ということではありません。そうではなく、保護者のやるせない気持ちに思い及びながら、子どもを護るためにまずは主任や園長という現場の責任者に報告し、どのような対応が可能かを考えていくという筋道が見えてきます。そして、保育所全体として、保護者との相談を継続するか、即座に通告するかなど、具体的な行動が現れてきます。誰にも秘密を漏らさないでほしいという保護者との倫理性は成り立っていませんが、子どもを最優先で護るという倫理性が、そこには大きく出てきます。

　このように、保育者にとっての羅針盤として示されているのが倫理綱領なのです。

NAEYC(全米乳幼児教育協会)倫理綱領

まえおき

　NAEYC(全米乳幼児教育協会)は、子どもたちにかかわる保育者にとって、道徳的とも倫理的とも言えるような判断を、日々頻繁に求められるということを承知しています。NAEYC倫理綱領は、保育者の責任ある行動を取るために必要なガイドラインを提供し、養護と教育の一体となった取り組みのなかで必ず遭遇する重要な倫理的ジレンマの解決を図ろうとするものであります。……（略）……

この綱領の中核となる価値

　保育における倫理的な行為の基準は、私たちの専門分野の歴史に深くかかわる根本に基づくものです。私たちは以下のように配慮してかかわってきました。

・子ども期が、人としてのライフサイクルにおいて、ユニークでかけがえのないステージである、と認めること
・子どもの発達についての知識をもって子どもと共に勤しむための基礎とすること
・私たちと「子どもと家庭」との間の緊密な絆を重んじて支援すること
・子どもたちが家庭、文化、コミュニティー、社会と切り離されずに最善の理解と支援を受けるべき存在であると認めること
・１人ひとり（子ども、家族、同僚）それぞれの、人としての尊厳、価値、独自性を尊重すること
・子どもや成人が自らのもっている可能性を実現できるように、信頼と尊敬と好意をもって援助すること

綱領の基本構想

　この綱領は、私たちの専門的な責任の考え方について、その専門的にかかわる領域なりの取り組みによって、（1）子どもたちに対し、（2）多くの家族に対し、（3）同僚たちに対し、そして（4）地域と社会に対し、という4つの柱で構成します。······（略）······規範原理 (ideals) は実践者の志望を反映しています。行動原則（principles）は、その領域で遭遇する倫理的ジレンマの解決に臨んで、実践者に身の処し方を教えたり援助することを意図しています。······（略）······

・いつでも倫理的なジレンマはある

　"これぞ正解"と言えるような、最も倫理的な行動があるか？というと、大概は、断言できません。一つ事に対処するために、直ちに明白で疑う余地のないやり方などないと言っていいでしょう。一つ大事な価値とみれば、必ず別の大事な価値がそれを否定するでしょう。私たちが"苦しい選択を迫られる"とき、その取るべき最も倫理的な行為のポイントが何かを探すために、関連する当事者たちと相談をすることは、私たちの専門的な責任であります。

第1部：子どもたちに対する倫理的責任

　子ども期は、人のライフ・サイクルのなかにおいて、ユニークで価値ある時期です。私たちの最も重要な責任とは、その子どもたちのために安全、健康、養育、受け容れ体制などの備えをなすことです。私たちは、子どもたちの発達を支援し、個人差を尊重し、子どもたちが共に生き共に取り組む手助けをし、健康、自己理解、有能感（competence）、自尊心、しなやかさ（resiliency）を促進するなどを、社会から負託されているのです。

規範原理 (Ideals)

I-1.1. 乳幼児の保育（養護と教育）の基本的知識を熟知すること、そして生涯教育や現職教育（in-service training）によってレベルを保つこと。

I-1.2. 保育プログラムの実践は、子どもの発達の領域や関連する分野における新しい知識と、1人ひとりの子どもに関する個別の知見に基礎をおくこと。

I-1.3. 子ども1人ひとりに独自性や潜在能力のあることを容認し、それらを尊重すること。

I-1.4. 子どもたち特有の脆弱性を正しく理解すること。

I-1.5. 子どもたちの社会的、情緒的、知的、身体的発達を助長し、子どもたちの地位と役割を重んじ、安全で健康な生活の場を創造し保持すること。

第2章　子どもの最善の利益と福祉の重視 —子育て支援の基本

　　　……（略）……

行動原則 (Principles)

P-1.1.　なによりも第1に、われわれは絶対に子どもたちを傷つけない。子どもたちに対して、軽んじたり、蔑んだり、危険に晒したり、不公平に処したり、萎縮させたり、気持ちを傷つけたり、体に害を及ぼしたりするような実践に与しない。この行動原則を、この綱領の他のすべてのことのなかで、最優先事項とする。

P-1.2.　最善の利益を否認したり、えこひいきをしたり、人種、民族、宗教、性、出自、言語、能力、あるいは身分、立ち居振る舞い、さらにその両親の思想信条に基づいてプログラムや諸活動から子どもを除外したりするなどにより、子どもを差別するような実践に参与しない。（この行動原則で禁ずるようなことを、特定の子どもたちの集団に対するサービスを提供するために、法的な指令に適用してはならない。）

P-1.3.　われわれは、子どもにかかわる意思決定には、（スタッフや両親たちも含めて）関連する知識のすべてを動員して実践に携わる。

　　　……（略）……

第2部：家族に対する倫理的責任

　家族は、子どもたちの発達上、基本的に重要であります。（家族という術語は、両親の他に、子どもと親身にかかわる人たちを含めています。）家族と保育実践者が、子どもの福祉に共通の関心を抱いているのですから、子どもの発達を促進するために家庭と保育現場がコラボレーションを行うために基本的な責任をもっていることを認めます。

規範原理 (I)

I-2.1.　われわれは力を尽くし、家族との相互信頼の関係を育むこと。

I-2.2.　われわれ自らが子どもたちの養育を担う家族を支えるという決意を表明し、支援の力量を増進すること。

I-2.3.　個々の家族とその文化、言語、慣習、信条を貴重なこととして尊重すること。

I-2.4.　それぞれの家族の子育て観と、子どもたちのために家族が下す結論の正当性を重んずること。

I-2.5.　成長するにつれて1人ひとりの子どもが親たちとの関係を変容させるということを理解すること。その上で、各家族が発達的に適切な乳幼児の子育てについての考え方を理解し、その価値を認められるように援助す

ること。

I-2.6.　家族の人たちが子どもたちの理解を深められるように援助すること
と。また、親たちが自らの養育のスキルを高められるようにすること。

I-2.7.　多くの家族が、保育実践のスタッフ、他の家族、地域の関係者、専
門職者などとの相互交流ができるような機会を計画し、家族を支援する
ネットワークづくりに参画すること。

行動原則 (P)

P-2.1.　われわれは、家族の人たちによる自分の子どものクラスルームや日
課への参入を拒まない。

P-2.2.　われわれは、家族に対し、保育実践の哲学、保育方針、職員の免許
資格などの情報を伝えることにする。そしてなぜそのように保育をしてい
るか説明する。これらは、子どもたちに対するわれわれの倫理的な責任に
従ってなされる行動であるべきである。

P-2.3.　われわれは、家族に保育方針にかかわる決定事項を伝えるようにす
る。そして適当と判断できるなら、一緒に参加できるようにする。

P-2.4.　われわれは、任意の子どもに関する重要な判断をする際には、それ
をその家族と一緒に行うこととする。

P-2.5.　われわれは、子どもが不慮の事故に巻き込まれることや、感染症の
疑いがあるような移りやすい疾患が子どもたちに広がる恐れがあること、
あるいは情緒的なストレスを生ずるようなできごとなど、いずれの場合も
いち早く家族に報告する。

P-2.6.　保育の質を高めるために、われわれは有能な発達研究者と協力する。
家族は、その子どもたちが研究対象となるいかなる研究プロジェクトから
の提案も、できる限り情報として子細を知らされるべきである。また、研
究協力への何らの負担を課されることなく、その研究協力への賛否を表明
する機会を得るべきである。われわれは、どのような形ででも子どもたち
の教育、発達、福祉の妨げになるような研究活動を許可しないし、参画し
ない。

P-2.7.　われわれは、家族を搾取しないし、また、搾取のために便宜を図ら
ない。われわれは、家族との関係を、私的な利便性や個人的な利益などに
利用しない。あるいはまた、子どもたちと共に勤しむ保育者としての働き
を損ないかねないような家族関係者との関係をもとうとしない。

P-2.8.　われわれは、子どもたちの諸記録について、一方では秘密の保護の
問題、他方ではその開示の問題に対し、既存の保育方針をさらに発展させ

ることとする。それらの保育方針に関する文書（policy documents）は、関係職員と家族のすべてに活用できるように作成する。家族の関係者、関係職員あるいは秘密保護の義務のあるコンサルタント以外に対する子どもたちの記録開示は、（心身の虐待やネグレクトの事例は別として）、家族の同意を必要とすることとする。

P-2.9. われわれは秘密を守るし、家族のプライバシーの権利を尊重する。そうすることで、家族の秘密の情報を開示したり家族生活へ土足で踏み込むようなことを慎む。けれども、もしもわれわれが子どもの福祉が危険に晒されていると判断できるなら、子どもの利権に絡む問題に介入することのできる機関や個人と秘密情報を共有することは許されることとする。

P-2.10. 家族の関係者間がコンフリクトの状態にあるような事例の場合は、われわれは該当する子どもの観察を一緒に行うなどにより、家族の誰もが得られた情報から解決の糸口を見いだせるように、オープンに保育実践に取り組むこととする。われわれは、家族の一部の関係者だけを弁護するようなことを慎む。

P-2.11. われわれは、家族を支援する地域の社会資源や専門的なサービスに精通し、それらを適切に活用する。もしもそれらに照会し繋がりができたなら、その後のサービスが適切に提供されているかどうかを確認するために、そのフォローを忘れないこととする。

第3部：同僚に対する責任

　福祉の協同的な現場では、人間の価値は尊ばれ、専門的な充足感は高められ、そして建設的な人間関係が形作られます。この綱領の中核的な価値に則り、この領域における私たちの基本的な責任とは、有効な働きを支え専門的なニーズを満たす場や関係を築いて保持することにあります。私たちが子どもたちに適用していた理念が、同様に成人に対する私たちの責任にも求められているのです。
……（略）……

第4部：地域社会に対する責任

　保育のプログラムは、実際に、子どもたちの福祉にかかわり深い家庭や関連施設で成り立つ身近なコミュニティーとの繋がりの中で展開します。そこで、私たちのコミュニティーに対する責任は、地域の子どもたちに対する責任を共有する機関や専門職と協働し、地域のニーズに応えるプログラムを用

意することにあります。そしてさらにまた、今日的なニーズに十分に応えきれていないプログラムを改善し発展させることもあります。

······（略）······

＊1保育者としての誓い

　子どもたちと共にあって勤しむ者の1人として、私はNAEYCの倫理綱領を反映する保育実践の価値を一層高めるように参与します。私の最善を尽くすために、私は、

・子どもたちへのプログラムが子どもの発達と保育に関する最新の知識に基づいていることを保証します。

・育児の課題に取り組む家族に敬意を表し支援します。

・保育実践の同僚たちに敬意を表しNAEYCの倫理綱領に則って彼らを支援します。

・地域社会の子どもたちとその家族や保育者たちの代弁者として最善を尽くします。

・質の高い専門的な行動を維持します。

・個人的な価値観や意見また偏見がどれほど専門的な判断に影響するかを認めます。

・新しいアイディアには広い心で受け入れるように、また他者からの示唆からは進んで学ぶようにします。

・プロフェッショナルとして、引き続き学び成長し貢献するようにします。

・NAEYCの倫理綱領の規範原理と行動原則をすすんで履行します。

ステファニー・フィーニィ／ドリス・クリステンセン／エヴァ・モラヴィック 著 Who am I 研究会（代表　大場幸夫／前原寛）訳『保育学入門』ミネルヴァ書房、2010、pp.575-582

| 第3章 | 保育者の行う子育て支援の特性 |

第3章では、保育者の行う子育て支援の特性について理解し、日常の保育にすでに溶け込み含まれている保育者が行う子育て支援を明確にし、説明しています。

保育の専門性を背景として、保育者が行う保護者に対する支援には、毎日の保育の営みの、その中核を占める「保育する」という働きにこそ、その支援の特性があります。本章で「保育者の身体に内在化する技術」と述べているように、日常の保育での子育て支援には予測を越えるような出来事にも対峙することが求められます。このようなとき、保育者はその場で自身がもつ方法と技術全てを使って瞬時に判断し、行動する必要があります。子どもへの保育とともに展開される子育て支援の具体的な方法と技術、保護者との信頼形成についても学び、予測不可能なことにも備えられるよう学びを深めましょう。

1．子どもの保育とともに行う保護者の支援

（1）子育て支援の方法と技術—保育独自の方法と技術

① 保育現場における相談とは

前章では、子育て支援の基本について述べてきました。ここでは、子育て支援の技術が保育現場においてどのように展開されるのかという方法について考えていきます。

技術を展開するというと、どのようなイメージが思い浮かぶでしょうか。保護者に対する子育て支援の技術ですから、保護者に上手に対応できるようになること、保護者の相談にてきぱきと応えられるようになることなど、そのような「できないことができるようになる」というイメージが強いのではないでしょうか。

しかしながら、そのような意味での技術は、保育相談の技術とは少し違います。というのは、保育現場というものがもつ特性が、保育者の技術と分かちがたく結びついているからです。

保育現場という言い方がありますが、保育実践という言い方もあります。「現場」と「実践」、この二つはあまり意識して使い分けられてはいませんが、微妙にその意味は違います。

たとえば、これから子どもと関わろうとするときに、保育実践を行うとはいいますが、保育現場を行うとはいいません。それに対して、実習生としてある保育所で実習をしているとき、「私は今保育現場にいるんだ」とは言いますが、「私は今保育

実践にいるんだ」とは言いません。

この使い分けでわかるように、実践は行うものであり、そこには意識が強く働きますし、意図的な指向性があります。ですから、実習生として実習保育を行うのは、実践ということになります。

それに対して現場とは、するものではなくそこにあるものであり、人はその直中にすっぽり埋もれるものです。埋もれてしまいますから、現場を行うということはできませんし、現場にいる、現場にあるという言い方になります。ですから、保育現場というとき、保育者にとって子どもとの毎日の生活を送るものであり、それは日常性によって彩られています。そして、日常性というのは意識に上りにくいものです。

そのことは、自分を振り返ってみてもわかります。毎日の繰り返しの中で、何をしてきたかということは、トピック的なことは思い出せても、ありふれた日常の場面は、よほどでないと想起することは困難です。

そして、保育者という役割の特徴は、この意識化し難い日常性の中にどっぷりと浸かって子どもとの生活をつくり上げていくことです。日常的ですから、慣れてくると毎日を惰性で過ごしても成立します。しかしその場合、生活の質は、子どもにとってふさわしい水準を備えているとは言い難くなります。ですから、保育者は、埋もれてしまいがちな日常において、子どもにふさわしい生活の質を保ち向上させるために、よほど明確な自覚をもって過ごすことが求められます。

保育者にとっての技術とは、そのような自覚化し難い日常において発揮されるものという特徴があります。それは、子どもの保育に関することだけでなく子育て支援に関することでも同様です。

保護者との関わりは、現場という日常性を豊穣にもつ状況の中に発生します。最も典型的な保護者からの相談は、立ち話から始まります。たとえば、降園のとき迎えに来た保護者との立ち話です。

事例 3-1　友達と遊ばないという相談

・・・・・・・・・・・・・・・・・・・・・・・・・・・・・・・・・・・・・

　2歳児のマコの母親がお迎えに来たので、担任の保育者が「今日はままごとをしてとても楽しそうでしたよ」と伝えたところ、母親は「いつも一人で遊んでるようだけど、少しは友達と一緒に遊ぶことを覚えた方がいいのではないだろうか」と少し不安げです。そこで担任が「今は一人で遊ぶ世界をつくる時期だと思います。もう少ししたら友達に意識が向くと思いますよ」と対応して、母親の不安な気持ちを和らげた。

第3章　保育者の行う子育て支援の特性

あるいはこんな場面もあるかもしれません。

> ### 事例3-2　文字を教えてほしい
>
> 　年度当初の4月、5歳児のユウの母親が迎えに来て、保育者に尋ねました。「うちの子は、もう5歳になったのに、家で教えようとしても字の読み書きなどに見向きもしません。このままでは遅れてしまうので、保育園でもひらがなぐらいは教えてもらえませんか」。そう言われた保育者は、「ユウくんはとってもよく遊んでいます。そして遊んでばかりいるといっても、友達と順番を数えたり、持ち物の名前を見て誰ちゃんのだとわかったりと、遊びの中で文字や数に自然に触れていますので、心配はいりませんよ」というと、少し落ち着いた様子であった。

　このように実際に相談の起きる状況は、降園時にお迎えに来た保護者と立ち話をしながらというのが、よくあります。その際、立ち話の延長上でなおかつ保護者の相談内容に適切な受け答えを求められることになります。つまり、相談だと構えて対応できるのではなく、日常の状況の中で対応することが求められます。

　一般に相談というのは、時間と空間を区切った、日常と異なる状況の中で行われます。たとえば、週1回1時間と、場所と日時を設定して行うのが、カウンセリングなどでは一般的です。時間と場所が日常から切り離され、相談に集中できるように非日常的な枠組みが設定されています。そこでは、相談する方も、相談を受ける方も、日常と異なる場であることを意識し、構えて取り組むことになります。

　このような設定の枠組みは、先ほどの実践と現場との対比になぞらえると、実践的な特徴を強くもっていて、意図的な指向性が強く現れます。

　しかし、先の事例のように、保育者による保護者への対応は、日常性の強い現場的な時空においてなされることが多いものです。相談している状況は、他の状況と地続きになっています。そのような現場においては、意識的な取り組みが難しくなりますが、その中で相談を進行することが求められます。

② 保育者の身体に内在化する方法と技術

　現場において生じる相談は、不意に現れます。それに対して即応できる構えが保育者には求められます。先の事例では降園時でしたが、実際は降園時だけに限定されるものではありません。登園時の場合もあれば、全く違う時間帯の場合もあるかもしれません。

　不意に生じるということは、それに対する構えをもっていなければなりませんが、

しかし相談に対して常に身構えて待っているというのでは、子どもの保育に差し障りが出てくることになります。従って、前もって身構えておくのではなく、即応できるような構えを自然体としてもっていることが必要です。

　保護者対応には技術が必要です。その技術は、このように不意に生じる相談に対して予め用意できるものではありませんので、即応できるために保育者自身が常にもっていなければなりません。つまり、保育者の身体に内在化していることが必要なのです。それが、保育技術の大きな特徴です。内在化しているためには、自分の内部に取り込まれているものでなければなりません。その意味で、一般に想定されている技術とは違います。

　一般に技術と思われているものは、テクノロジーという言葉に代表されるように、科学技術がその代表でしょう。それは人と自然を対立するものとして捉え、対象を操作するものとして位置づけています。たとえばヨーロッパを旅行すると、庭園の幾何学的な美しさに目を奪われます。その典型が、ヴェルサイユ宮殿です。左右対称で直線を主体としたシンメトリックな美しさです。

　自然には直線はないといわれます。本当に直線がないかどうかは断言できませんが、確かに自然を見渡すと直線に見えるものも微妙な曲線を描いていますし、きれいな対称型にもなっていません。そのような自然を直線的にきちんと整えるためには、人間がかなり意識的に手を入れていることになります。

　技術が、人と自然を対立するものと捉え、対象を操作するように働きかけるものであるというのは、そのような意味です。その意味での技術は、私たちの日常生活の隅々にまで行き渡っています。

　対象を操作するというのは、一見人間の優位性を現しているようですが、逆にみると、対象を操作するようにしか技術を働かせることができないということでもあります。技術の展開の仕方が方法ですから、人間の操作の仕方すなわち方法が対象によって決まってしまうということです。その典型が、スマートフォン（スマホ）です。スマホにより、時間や空間に縛られることなく情報を操作できるようになり、他者とコンタクトをとれるようになっています。それも、信じられないほどの情報量が、信じられないほどのコンタクト数が、地球上のどこであっても、電波の届くところであれば可能になるのです。

　その代わりに、スマホには厳然としたマニュアルがあります。直観的に操作できるようにはなっていますが、それでも手順が違うと操作できません。人間は、スマホという機器によって、行動を制限されてしまいます。いわば、スマホが人間を操作するという逆転の現象が生じます。技術が方法を規定してしまうのです。

　このような科学技術は、保育の技術とは対照的です。保育の技術とは、子どもと

ともに日々の生活をつくることに使われるものであり、子どもを操作するものではありません。保育者が自分の中に蓄積した知識を巡らせながら、子どもの生活を豊かなものにすることに使われるものです。そこでは方法は技術と分かち難く結びついています。このことは、保護者支援においても同様です。

　保護者からの相談を保育者が担当することについて、次のような言われ方をすることがあります。昔は井戸端会議で子育てのことを年長者や経験者に尋ねたりすることで、子育ての不安が解消されていたが、現在はそのような場がなくなったために、子育てがしにくくなっている、というような言説です。井戸端会議とは、共同の水場に女性たちが集まることによって生じる世間話のことです。その際、子育て中の母親も混じりますので子育てにまつわるおしゃべりも生じることから、先のような言い方になるのです。これでわかるように、井戸端会議は日常の風景の中に存在していました。子育てについての悩みや相談も、日常のおしゃべりの中でなされています。

　現在の保護者からの相談も、基本的な構図は変わりません。登園や降園のとき、親子広場に参加したときなど、日常の風景の中でさりげなく保護者からの相談はなされます。相談しますという前振りもなく、おしゃべりしていたら実は子育ての相談だった、というパターンになります。もちろん、相談をするという構えから始まる明確な意思表示としての相談もありますが、それは少数です。保育相談は、日常のさりげないやりとりから始まるのが普通です。

　それに対応するのが保育相談支援ですから、日常の中で保育者は対応することになります。日常だからといっていい加減でいいというわけではありません。むしろ、日常の中に生じるからこそ、十分な配慮が必要ですし、その配慮が保護者に対して押しつけがましくならないように留意することも求められます。保育の方法と技術はそのように発揮されます。

　その技術は、近代技術のようなものではありません。もし近代技術のようになった場合、保護者を操作する対象にしてしまいます。そこでは、保護者の話を聞き、解決策を明示し、今後の行動方針に則って行動するように指示するような相談対応になるでしょう。でもそれが保護者の求める相談でしょうか。

事例 3-3　夜泣きの相談に対する近代技術的対応

　生後10か月の乳児のいる母親、毎晩のように夜泣きで起こされ、それに対応することによって疲れている。そのことを、降園時の迎えのとき、愚痴るともなく保育

者におしゃべりしている。

　それに対して保育者は、「夜泣きはその年齢の子どもには当然生じるものです。何も心配することはありません。赤ちゃんは、目覚めたときにお母さんを求めているのですから、安心させるようにあやしてください。それで大丈夫ですよ」と応えたが、母親は納得した様子ではなかった。

　この保育者の受け応えは、確かに相談内容に対しての答案としては及第点でしょうが、でも母親が求めているのはこれでしょうか。おそらく違います。

　母親としては、毎晩毎晩夜中に起こされている状態について、まず共感してほしいのです。おそらく夜泣きに対応することの大切さは、母親もわかっています。わかっていても、昼の仕事で疲れて眠っているとき、いつも夜中に起こされ睡眠不足で気が休まらないことを誰かにわかってもらいたくて、保育者に話しかけたのです。

　そうだとすれば、先の保育者の対応は的外れです。まずなすべきことは、保護者が子育てに伴って感じている気持ちや感情を汲み、そのことを理解し共感している存在があることを、伝えていくことです。平たく言えば、「お母さんは一人じゃないよ。よく頑張ってるのをわかっていますよ」という共感が求められています。

　たったそれだけでいいのか、と思われるかもしれません。しかし、わかってもらえる人がいない毎日の中で孤独感が募り、子育てに閉塞感を感じ、それが高じていつのまにか子どもを虐待してしまう、というケースは数多くあります。共感してくれる存在があったなら、虐待にならずにすんだかもしれません。そう考えると、保護者の気持ちに寄り添い支えるということは、大切な保護者支援となるのです。

③ 保育技術を含めた保育者の発達

　保育技術は生活技術であり、近代技術とはその質を異にします。そういうと、保育技術はとくに習得しなくてもいいのではないかと思われるかもしれませんが、そうではありません。自分の中にもち合わせのものがないと対応はできません。そのためには経験を積み重ねることが必要です。

　その際気をつけなければならないことは、経験年数を経るだけでは技術の習得には結びつかないということです。これまで述べてきたように、保育技術は、保育者の身体の中に入れ込まれていくものです。そのためには、これまでの蓄積が必要ですが、同時にそれを「いま・ここ」というところで適切に発揮できるような判断力を必要とします。いくら身体に入れ込んでいても、適切に発揮されなければ意味がありません。しかも日常の中に不意に現れますから、瞬時の判断を必要とします。ゆっくり時間をかけて考えている余裕はないのです。

47

第3章　保育者の行う子育て支援の特性

　そして、経験によって蓄積されていくものは、多くが無自覚なままになっていきます。また、瞬時の判断は、瞬時であるだけに記憶にとどめおくことを困難にします。この二つの性質から、保育技術は意識の外にこぼれていきます。それをとどめおくために必要なことが振り返りです。反省的実践者という言葉があるように、実践者にとって必要なことが、「反省＝振り返り」です。自分の中に蓄積される経験を自覚化し、瞬時の判断の是非を問うことにより、次回はより適切な技術の発揮を可能にするためです。

　ですから、たんに経験年数だけでなく、それに伴う振り返りが必要になります。このようにして、保育者は、専門職の技術を発達させていきます。このことについて、カッツは、インタビュー研究を通して、保育者の発達段階（The developmental stage of teachers）には4つのステージがあるといっています。それが、存続（survival）、強化（consolidation）、再生（renewal）、そして熟達（maturity）です（"Talks with teachers of young children : a collection " Katz, Lilian. Ablex, 1995）。

　ここでは、カッツの理論を手がかりに考えてみます。カッツによると最初が、存続となります。だいたい勤めてから2、3年目までになります。それまで学生として保育について学ぶ立場から、保育者として実践する立場に変わります。子どもの保育だけでなく、保護者との関わりを、試行錯誤していく時期です。この大きな移行を乗り越えていくのが、最初の課題です。

　次の強化は、保育者としての地歩をしっかり固めていく時期です。そのため表面的には大きな進歩が見えにくかったりしますが、倦まず弛まず過ごすことが求められる時期です。経験年数でいうと、3年から5、6年ぐらいでしょうか。

　発達は、ステージの移行です。なだらかに変わるのではなく、変わらないように見える時期から一足飛びに大きな変化を示していきます。その典型が、再生の時期です。強化の段階で足踏みしているかのように感じられている中、文字通り新しく脱皮して生まれ変わったかのような飛躍が生じます。保護者との対応にも、ほとんどの場合落ち着いて対応できるようになります。経験年数5、6年から7、8年頃になることが多いのではないでしょうか。

　そして熟達の段階に移行していきます。いわゆる保育者として一人前という状態です。保護者からの相談に数多くの引き出しをもって対応し、深刻な内容にも動揺せず適切な判断に基づいた関わりを可能にします。経験年数10年というのが、一つの目安になります。

　この発達の図式は、入れ子構造のイメージで捉えるといいと思います。発達のステージというと、全く新しいところに移るかのような感じを受けるかもしれませんが、そうではなく、前のステージを包み込むようにして次のステージに至るという

イメージです。

　もちろん、誰もが、この図式のように発達するとは限りません。自己研鑽を怠ると、経験年数10年を超えながら、存続から強化の状態に止まり、後輩からも追い越されるような有様になりかねません。また、経験年数も目安ですから、もっと長くかかることもあります。言えることは、保育者はこのような発達を描きながら、保護者に対する子育て支援の技術を適切に発揮できるような方法を身につけていくということです。保育技術の習得は、一時的なものではなく、持続的なものであり、そのために自分に対するトレーニングが必要であることを自覚しておくことが大切です。

図表3－1　カッツによる保育者の発達段階を入れ子構造として図案化

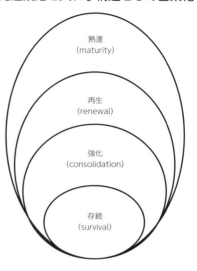

演習　近代技術の例をあげてみましょう。そしてそれがなぜ近代技術なのか説明してみましょう。

　カッツの発達のステージのどれか一つを選び、それはどのような保育者か、自分の言葉で書いてみましょう。

第3章　保育者の行う子育て支援の特性

（2）保育者の専門性とは

　専門性のある保育者とは、どのような保育者でしょうか。

　保育所保育指針解説は第5章1（1）保育所職員に求められる専門性について、「保育所の職員は、その言動が子どもあるいは保護者に大きな影響を与える存在であることから、特に高い倫理観が求められる。一人一人の職員が備えるべき知識、技能、判断力、対応力及び人間性は、時間や場所、対象を限定して発揮されるものではなく、日頃の保育における言動全てを通して自然と表れるものである。これらが高い倫理観に裏付けられたものであって初めて、子どもや保護者に対する援助は十分な意味や働きをもつといえる」と説明しています。

　このことから、資格、免許を得るために学校で学び、修得した後でも、子どもの最善の利益を護る高い倫理観や職員としての責任への理解や自覚、子どもの生涯にわたる人格形成の基礎を培う場で働く保育者として、常に望ましいあり方が求められているということがわかります。

　変化の大きいこの時代を生きる子どものために、常に社会からの影響、要請も踏まえて、どのような保育が求められているのか、その保育において求められる保育者の役割とはどのようなものなのか、そのために保育者として備えていなくてはならない資質、能力のあるべき姿とは何かを考えます。

　よりよい保育者としての専門性を、自分にこそ問い続け、そして答えを求めて学び続けることで、その瞬間に適切な判断、対応を可能にし、保育者としてふさわしい人間性の向上へと努めていくことができるでしょう。

　保育所保育指針解説では、第1章総則1保育所保育に関する基本原則（1）保育所の役割エにおいて、「保育所における保育士は、児童福祉法第18条の4の規定を踏まえ、保育所の役割及び機能が適切に発揮されるように、倫理観に裏付けられた専門的知識、技術及び判断をもって、子どもを保育するとともに、子どもの保護者に対する保育に関する指導を行うものであり、その職責を遂行するための専門性の向上に絶えず努めなければならない」としています。

　さて、では具体的なここでいう専門性の向上に絶えず努めて行う保育士の「倫理観に裏付けられた専門的知識、技術」とは、どのようなものでしょうか。

　保育所保育指針解説は具体的に6つ示しています。

---

　① これからの社会に求められる資質を踏まえながら、乳幼児期の子どもの発達に関する専門的知識を基に子どもの育ちを見通し、一人一人の子どもの発達を援助する知識及び技術　【一人ひとりの発達の援助】

② 子どもの発達過程や意欲を踏まえ、子ども自らが生活していく力を細やかに助ける生活援助の知識及び技術 【自らが生活する力、生活援助】

③ 保育所内外の空間や様々な設備、遊具、素材等の物的環境、自然環境や人的環境を生かし、保育の環境を構成していく知識及び技術 【総合的な環境の構成】

④ 子どもの経験や興味や関心に応じて、様々な遊びを豊かに展開していくための知識及び技術 【周囲の事物や人と多様な仕方で応答し合い、関わり合う遊びの展開への支援】

⑤ 子ども同士の関わりや子どもと保護者の関わりなどを見守り、その気持ちに寄り添いながら適宜必要な援助をしていく関係構築の知識及び技術 【関係の構築や調整】

⑥ 保護者等への相談、助言に関する知識及び技術【保育者による相談、助言】

平成 30 年 保育所保育指針解説 【 】は解説内容を参考に筆者作成

この項では以上の保育者の専門的知識、技術について具体的に例をあげて学んでいきます。

① これからの社会に求められる資質を踏まえながら、乳幼児期の子どもの発達に関する専門的知識を基に子どもの育ちを見通し、一人一人の子どもの発達を援助する知識及び技術 【一人ひとりの発達の援助】

これは、乳幼児期の発達について理解している保育者が行う、一人ひとりの発達を支援すること、もしくは援助を行うことの保育技術です。子どもの心と身体の発達段階を理解していて、日常の保育の中で子どもの行動を、ある程度推測、想像することができる保育者が保護者と連携し、その日の情報を踏まえて支援するものです。

保育者は個々の子どもの育ちに応じ、必要な環境設定や人的な配慮の調整などを行います。また、日、週、月間、年間、進級時と保育の計画と省察を行いながら、成長のスピードが速い乳幼児期の発達への支援を行います。

1日の保育の中で、子どもの実態を受けとめながら、子どもが生き、育っていくということのその最も保育の基盤である発達を保障するため、先を見通しながら試行錯誤されている技術であるともいえます。

具体的に身近な例では、ボタンを自分ではめたいけれど、上手にはめられなくて怒りながら取り組んでいる1歳児がいたとします。その時、「おっ！頑張ってる、すごいね」と声をかけ、子どもの自分でやりたい気持ちを大切にしながら、以下の2つの接し方が考えられます。

ⅰ そっと後ろからボタンの穴の付近を持ってあげて、自分で入れられやすいようそっと補助する。

ⅱ 一切、手伝ってもらいたがらない子どもには、「すごいね」「頑張っているから目がきらきらしている」など、声かけをし、見守りながらその主体的な思いを認める。

　もちろん、ⅱの場合でも時間の経過とともに、子どもが保育者の顔を見て、手伝って貰いたい様子になってきたら、一緒に手をとって手伝ってあげて、「頑張ったね、すてきだ！できたね」と一生懸命取り組んだことを認めながら、着ることができた喜びと安心感を共感する、という対応も考えられます。いずれにしても、一人ひとりに応じた関わりを工夫することが大事です。

　また、ボタンをつける遊びができるよう、着替えができる人形やぬいぐるみなどを室内の遊び環境に用意しておくなどもよいでしょう。はいはいから一人で立ち、歩くようになる前の伝い歩きが豊かに室内でできるよう、家具の配置を考えたり、牛乳パックで伝い歩きがしやすいように"コの字型のついたて"を作成したりしている園もあります。

　このように、子どもの心身の成長・発達を促すために、準備の段階から，様々なものを購入したり、手作りしたり、用意したりするといった環境面への配慮が常にあります。

　発達は、子どもの全体をみていくものなので、指先などの微細運動のためのおもちゃのほか、全身を使って遊び込む固定遊具のようなもの、また、高低差のある自然豊かな野山や広い近隣の公園などにも出かけ、粗大運動についても考えていきます。

　年齢によっては、素材そのものを工夫することもありますし、出来上がった完成品である玩具や遊具が、好ましいので購入するということもあります。その場の判断で突然、必要となる事態へ保育者が柔軟に対処していく場合もあるでしょう。

② 子どもの発達過程や意欲を踏まえ、子ども自らが生活していく力を細やかに助ける生活援助の知識及び技術　【自らが生活する力、生活援助】

　子ども自らが生活の自立をめざそうとする気持ちを支え、保障する技術です。

　子どもは、様々な家庭での生活の仕方を背負い、長時間、短時間の生活を園という集団の中で過ごします。個人差のある発達過程を尊重した関わりを心がけ、その日の心身の状態に応じて、子どものありのままの姿を受け止めていきながら、その子どもにとって必要な生活する力、身につけておきたい生活習慣などを支援します。

　その時、その方法が、子どもにとって、主体的な気持ちで身につけたい、やって

みたい、困難があってもあきらめないで乗り越えたい、と思える能動的な体験となるような支援の方法で行います。

　そのためには、"子どものこうしたい" "こうできるようになりたい" という、思いの方向と重なるように環境を準備します。生活や遊びの中での体験を通して、育とうとする気持ちを大切にした関わりにします。

　たとえば、1歳児クラスで、子どもがそれまでは食事の前や、外遊びの後、手が汚れたら保育者に素直に拭いてもらっていました。ところが、保育者から拭いてもらうことを嫌がる時期になると、突然、自分で洗いたいと、1歳児には手が届きにくい水道に精一杯手を伸ばして洗おうとする姿を見ることがあります。

　このようなときこそ、すぐ後ろから抱え上げてあげて「自分で手を洗いたいのね。すごいね」と自分で洗える喜びを味わわせてあげる援助をしてあげるとよいでしょう。実際に自分で洗ってみて、きれいになった気持ちよさを知ることになります。

　このような姿がクラスの子どもから出てきたら、水道の前に踏み台を置き、抱き上げなくても手が届くような環境設定を行います。

　保育者の手の小さな汚れを見せて、「ばいきんがいるからやっつけよー」などと石鹸を使った洗い方を実際にやって見せて、知らせてあげることもよいでしょう。

　離乳食から幼児食への移行時の、手づかみ食べからスプーンを使用しての食事の仕方の変化や、2歳クラスから3歳クラスでのスプーンやフォークのみの使用から、箸の使用への移行も、近くで保育者が使っていることで、自分も使ってみたいと手が伸びてきます。

　とくに箸の場合は、後ろから持ち手の方を一緒に持って、支えてあげながらゆっくり使用してみます。子どものやってみたい気持ちが出てきたところで取り組むと、上手にできなくても根気よく挑戦します。

　なかなか思うようにいかないときは、保育者のひざに座って食事のテーブルに向かうと気持ちが落ち着いて安心して取り組む様子がみられます。

　家庭からの相談でも「歯ブラシやシャンプーを嫌がる」「食事に好き嫌いが多い」「排泄の自立はいつからするのですか」などがとくに多い相談内容でもあります。

③ 保育所内外の空間や様々な設備、遊具、素材等の物的環境、自然環境や人的環境を生かし、保育の環境を構成していく知識及び技術　【総合的な環境の構成】

　環境は子どもをとりまくすべてについてであり、保育者は環境を通して保育を行っています。子どもの日々の園での生活が、豊かなものになるよう、様々な要素を構成する保育技術であり、子どもの状況に応じて環境が応答的であることで、子どもの主体性を育み、成長・発達を促していくものです。

第3章　保育者の行う子育て支援の特性

事例 3-4　朝の受け入れのための環境準備

　保育者は、クラスの子どもたちの個々の様子を考えながら、立てた計画に沿って、室内環境、戸外環境を準備します。環境の準備は前日の夕方には確認してあります。前日には準備できているからこそ、子どもの反応が心待ちになり、楽しみな気持ちもありますがその一方で、実際にはどうなるのか、その時にならないとわからない不安に、考えを巡らせることになります。

　幼児クラスでは部屋の窓を開け、室内のモルモットのゲージをテラスに出します。ヨーグルトカップや牛乳パックの廃材を倉庫から持ってきて用意しておきます。

　昨夜の風で、園舎のまわりのドングリの実が落ちていたものをいくつか拾った保育者は、子どもたちが登園したらすぐ眼にとまる場所に置き、この後、展開されるであろう、どんぐりを使った製作や遊びに使用できそうなものを用意します。秋の木の実のことが載っている科学絵本や図鑑、どんぐりが主人公の絵本を絵本棚に並べておきます。

　登園してくる保護者のために玄関先を掃き、刷り上がったばかりの運動会のレジュメを各お便り入れに入れ、保護者に協力を依頼している廃材を入れていただく箱も設置し直します。

　まもなく、年長クラスの子ども二人が、母親を後にして教室に駆け込んできたかと思うと、早速、製作コーナーに座って色紙を切り始めました。

　乳児室では、早番の掃除、消毒をすませ、換気を終えた室内の室温に気を配り、保護者がスムーズに準備ができるよう、連絡帳入れや記入用ペンの位置を直し、眼につきやすいよう、園内外の様々な子育て支援の資料も整えます。

　最近、人気のあるミニカーでの遊びのために、昨夜、保育者が空き箱で作った車庫をトンネルや道路が描かれているプレイマットの隅に置いておきます。遊びが始まる姿を想像して、赤いミニカーも2台並べておきました。

　これから受け入れる子どもたちのために、すべての消毒を終えた遊具も改めて見回し破損などの危険、遊びやすさなど、子どもの目線でも確認します。

　やがて、おむつや着替えでいっぱいの手提げを持った母親が乳児を抱っこして登園してきました。

　保育者が、今この時期の子どものために選び抜いたおもちゃや遊具、今日の生活のために考えられた環境に、子どもは、笑顔で保護者から離れ、遊びだすことができるでしょう。

　また、途中入園で、保育者に慣れておらず保護者との別れが悲しい乳児のために、保育者を一人多く配置し、受け入れ時に安心して一人の保育者がじっくり関われるようにしている園もあります。

1. 子どもの保育とともに行う保護者の支援

　保育者が挨拶をし、言葉を交わすとき、子どもにとっての必要な情報を保護者は交換できることだけではなく、何気ない言葉かけも含まれるため、保護者自身が、抱えている悩みを相談しやすい雰囲気にもなり、ほっと安心するでしょう。

　保育者から、子どものために作成され手渡された運動会のレジュメは、運動会へ向けた、子どもの日々の姿を知るよいツールとなります。立ったまま読んでいる保護者に、玄関の隅に置いた長椅子を指し、「よかったら座ってどうぞ」と保育者は声をかけます。「少しだけ」と嬉しそうに読み始める保護者は、運動会当日の姿よりも、それまでの子どものたくさんのうまくいかなかったことも含めての、前向きな活動への取り組みこそが、大切だと始めて実感するかもしれません。

　保護者はレジュメを通じて、子どもに対する保育者の言葉かけの工夫を知り、子育ての方法にも気づかされる機会ともなるのです。

　その他、掲示されたり置かれたりしている様々な子育て支援の情報を手にとり、子どものいる親子が休日に遊べる場所や、発熱時の病児保育など"地域の子育て環境"情報を知り、受け取ることができるでしょう。

④ 子どもの経験や興味や関心に応じて、様々な遊びを豊かに展開していくための知識及び技術　【周囲の事物や人と多様な仕方で応答し合い、関わり合う遊びの展開への支援】

　遊びは、子どもが最も主体的に活動に関わる活動です。乳幼児期にふさわしい体験は子どもの主体的な遊びの中でこそ、育まれるものです。

　主体的な遊びとは、子どもの興味や関心に裏打ちされたものですので、楽しく、子ども相互の関わりとなり、協同遊びにつながったり、総合的で豊かな体験に発展したりします。

　そのため、乳幼児期の教育は、環境を通しての遊びの中で育まれるものとし、保育者は子どもの興味や関心を捉えて、遊びが豊かになるような環境を構成したり、ときに、見守り、または、実際に遊びに一緒に参加したりするなどして、子どもの遊びからの育ちを保障するというものです。

　子どものための専門職である保育者にとって、子どもの遊びに関して、この子ども一人ひとりの主体的な遊びでの学びの固有性を尊重し、適切な対応を行うということが保育の専門的な技術になります。

事例 3-5　ヒーロー遊びのジレンマとその中での子どもの育ち

　2、3歳児の子どもは、本当にヒーロー遊びが大好きです。
　先日もある園に行ったところ、複数の保育者から悩みを聞きました。「ヒーロー遊

第3章　保育者の行う子育て支援の特性

びは子どもたちが好きで、ちょっとした時間にもすぐ始まる。でも、危ないことが多く、つい禁止ばかりしてしまう」「主体性を尊重したい、子どもの気持ちを大切にしたい、と思っているのに、逆に危ない危ないと叱ってしまう」という悩みでした。その園では、多くの保育者が同じような体験をし、悩みを打ち明けてくれました。子どもの興味と関心が強くあるはずの遊びだけれど、豊かに展開するどころか、つい頭ごなしに叱り、止めることになってしまう。結局は、自分が子どもにさせようとしている活動に子どもを誘ってしまい、子どもからの活動ではなくなってしまうと、ため息ながら漏らしていました。

　自我が育つ2、3歳の子どもは、自分を大切にされていく中で、自己発揮ができるようになります。強い自己を表現したい気持ちの衝動とヒーロー遊びは繋がっています。

　たとえば、ヒーロー遊びが危険な道具を持って始まったのなら、その代わりとなるように新聞紙などでかっこいい武器を保育者自ら作って見せてみます。

　子ども同士がぶつかりにくい広い園庭などに、大きな模造紙に怪獣を描き子どもたちにやっつけてもらう。人数が増えてくれば危険が増すので、模造紙怪獣を複数描き、少し間を離すなどの配慮をする。あえて風呂敷など正方形の余り布を用意しマントにしてあげ、「ヒーローたち園を守るため修行に行こう！」と誘い、園内外を修行という探検にし、身体を使った遊びにするなどの方法も考えられるでしょう。

　狭い場所を横歩きする、細い場所をゆっくり歩く、机の下をくぐる、速足、ゆっくり足、片足などなど、いろいろな歩き方や身体の動作が伴います。保育者があえて怪獣役をやってあげて、手加減について積極的に行動見本を示します。人間関係づくりのモデルにもなるでしょう。

　2歳クラスで途中入園してきたヨウスケは、ヒーロー遊びが大好きな男の子、すぐ他児の遊ぶ輪に入ってきました。でも本当に叩いてしまいます。新聞とはいえ、叩かれれば痛いです。すぐ他児からヨウスケ嫌だ、痛いから、来ないで、と言われていました。最初、意味が解らず大泣きしていましたが、保育者が間に入り、子どもたちに「どうしてヨウスケくんが嫌い」になるのか丁寧に理由を聞くと、ほんとに叩くから嫌だと言ってくれたタツオの言葉から、すぐ、次からは他児を叩かないように気をつけて、生き生きと楽しそうに遊ぶヨウスケの姿がありました。うっかり叩いてしまうと、すぐ「ごめんね」と謝り、他児からも「いいよ」と言われるようになりました。

　子どもの主体的な遊びは、必ずしも保育者が事前に計画的な意図をもった活動に展開することだけではなく、おとなにとっては、場合によって困ったこと、都合のよくないこととして出現してくることもあります。乳児の遊びの初期では、遊びを探索活動とし、その主体的な遊びをいたずらとも言うように、そこには、大人の狭い価値判断以上に、子どもは大きな興味や関心に心が揺さぶられ、心が動かされている状況があります。そこで重要になるのが、事故防止や安全面への配慮です。け

がにつながるようなことは事前にないようにすることが大事です。もちろん、危険な状況が予期されたり、そのような状況になりかけたりした際には、躊躇なく「危ないよ」と伝えたり、制止したりしますが、事例にもあったように、安全な状況で子どもの遊びが展開されるよう、子どもの興味・関心は危険な道具を使う方向ではなく、新聞紙などで手作りのおもちゃを準備するなどして、別の形で体験させてあげられるとよいでしょう。

　遊びは子どもの最も主体的な活動です。子どもの活動が一層、能動的な遊びへと展開していくよう、その展開の支援にこそ工夫し、尽力することに心をくだく保育者の専門的な技術そのものが働いている瞬間ともいえます。

　⑤ 子ども同士の関わりや子どもと保護者の関わりなどを見守り、その気持ちに寄り添いながら適宜必要な援助をしていく関係構築の知識及び技術【関係の構築や調整】

　子どもは様々な環境の中で、生活・遊びを通して育ちますが、とくに人的な環境の影響は大きいものです。

　保育者の子どもへの関わり方（保育者と子どもの関係）、保育者と子ども同士の関係、保育者と親子との関係があります。また、親同士の関係、保育者と保護者の関係もあります。職場内では、保育者同士の関係、そして他職種の職員との関係など、様々な関係があります。まず、身近なところの人間関係における愛情や信頼関係の構築を通して、子どもの情緒の安定を保障し、主体的な生活の基盤づくりをめざすことが必要になります。

　広い意味では園に関わる業者や、近隣の地域の方々、園とつながる社会資源など、多様な場面で、子どもは他者に支えられ、社会の文化などの価値観の影響も受けながら、社会性が育っていきます。

　そもそも、子どもにとって関わり自体が難しい状況が事前にあるということもあります。すでに発達上ある場合や、子どもの生活に一時的に起きていること（骨折などのけがや急な両親の離婚等のほか、その日の体調やちょっとした理由でのけんかなど）として課題や問題があるときには、人的に関わり、生活と遊びに調整が必要なこともあります。このようなときこそ、一人ひとりの子どもの最善の利益を護る「調整」の役割を保育者が担うことになります。

　たとえば、以下の事例には保育による関係の構築、調整の技術が使われています。その判断をするタイミング、判断をしたときの保育者の対応力、知識などに着目しながらその専門性について確認してみましょう。

第3章　保育者の行う子育て支援の特性

子ども同士の関係調整と母親からの相談への対応

　3歳児クラス。コウタの母親は、我が家では、一切流行のものを購入しないと言い、大切な一人息子の子育てについて、考えや思いをもっていました。

　テレビも家にはないが、絵本はたくさんあり、休日には父母と美術展や博物館に行くような生活を送っていました。

　コウタにクラスで1番の仲良しができました。それがユウヤでした。降園後もお互いの自宅に交替で連れて帰るなどの日も増えてきていました。

　そんなコウタの様子に変化があり、母親は戸惑い、担任に相談してきました。

　それは、ユウヤには兄弟も多くテレビも見ているため、持ち物も服装も戦隊ヒーローが多く、突然コウタがユウヤのたくさんもっている戦隊ヒーローのものをスーパーなどで見つけると、コウタがたびたび欲しがるようになり、担任に相談してきたのです。食品の買い物も子どもの健康を考え、できるだけ無添加なもの、身体によいものなどを選んできた母親でしたが、買って買って…と執拗に粘るようになったコウタを見てどうしたらよいかと悩んでいると言います。

　子どもの言う通りに、はたして買ってあげた方がよいものかと連絡帳を通して、相談してきていました。

　直接、面談で話したいとのことで、週末の明日に約束をしていた矢先、深刻そうなコウタの母親が、「先生、もっと大変なことになってしまいました。ユウヤくんに嫌われてしまったみたいで、コウタが登園を嫌がるようになってしまいました。子ども同士で解決してほしくて、自分で聞いてみたらって言ってみたのですけれど…だめみたいで」コウタはいたたまれないのか、園の外の道路を通り過ぎる車をぼーっと見ています。

　母親と立ち話でこの話を聞いていたところ、ちょうどそこへユウヤが来ました。コウタの姿を見ると「なんだい、一緒に帰らないし遊ばないんだから、大嫌い」と次々言います。すぐ行ってしまいそうな背中に保育者は「おっ！子どもらしい、思いきり怒っている。けんかかな？」と聞くと立ち止まって「だってコウくん意地悪なの、嫌い」と言います。「おー、意地悪されれば怒るのはあたりまえだね」「子どもらしいいいけんか」。怒られるわけではないと安心したのか立ち止まって、すごい剣幕でますます訴えてくるので、コウタを見ると涙が瞳にこみ上げ我慢しています。

　「コウタくん悲しそうだ。意地悪したって言われて…どんな意地悪なんだろう？」と聞くと首を横に振っています。「ユウヤくん、コウタくんは、意地悪が何なのかわからないみたいよ。先生に教えて」と聞くと、「こっち」、と手を引いて奥の3歳児クラスへ。

　すると、そこには四方からバッグやコートをかけることができる台があり、その下を指さして、「コウくん来なかった。待ってのにずーっと来なかった」と言って怒っています。

そこで「そうか、ここで、時々二人で入って遊んでいたものね。秘密基地にして。ユウくんは待っていたんだ。コウタくんがくるのを。でも来なくて」「ねえコウタくんはユウくんがここで待っていたこと知っていた？」と聞くと、首を横に振った途端、そのコートかけの下に自分から飛び込んで入っていきました。

すぐ笑顔になったユウヤも追いかけてコートかけの下に入って、笑い合っています。「本当はコウタくんユウヤくんがここで待っていたこと、知らなかったんだね」と伝えた後、念のため「コウタくんは何か心の中にまだ、もやもやした心配とか、怒っていることとかある？」と聞くと、「ない！ユウくん好き！」と笑った。「そうかよかったねー」「ユウヤくんはまだもやもや何かある？」と聞くと「ない、好き！」真似したユウヤが嬉しそうに抱きついています。

すっかり仲直りできました。

遅番の保育者にお願いして、二人にも、「お母さんと下でお話ししているから基地から出たら先生のお部屋に来てね」と伝えて、連絡帳の内容についての話しを母親とすることにしました。

保育者が「すっかり仲直りできて本当に良かったですね」と話すと、母親も嬉しそうでした。「子どもの世界もいろいろ思いがあって大変なんですね」と母親。「本当にそうですね。実はお母さん、『集団の仲間と力を合わせる』とか、『友達と仲良くする』とか言いますが、どんなふうに形成されるか、育つのかわかりますか？」と保育者は投げかけます。「私もいろんな子と仲良くしてほしいと思っていて…遊ばせたりしたいとは思うのですが…」と母親。

保育者は「実は突然、友達と仲良くできるようになったり、集団のなかで自分の気持ちを抑えたり、できるようになるわけではないのです。それは自己の社会性の育ちと関係が深くて、まずは自分中心の世界から、その自分と同じものを持っている子とだけ遊ぶとか、スカート履いている子はいいけど履いていない子はだめとか、一見するといじめているみたいですけど、ここで仲良くすごくしているから、他はだめーとすることで親密さを一層強く実感できるということがあります。仲良くすることの嬉しさの渦という言葉をいう研究者もいます。自分を強めるような形での仲良しの印として、同じそのキャラクターやら持ち物などを使って、はじめて仲間、友達になるということがあるのです。

先ほどのけんかと思っていたことも、本当はユウヤくんもコウタくんとお互いに仲良くしたくて、秘密基地に来てほしいと、中に入ってくれることが仲良くする証でした。キャラクターもユウヤくん、今日も着ていました。大好きなお友達と仲良くしたい、コウタくんなりの考えでお母さんに買ってほしいとお願いしたのかもしれませんね。

でもお母さん、私は保育者としてお母さんのような子育てはあこがれます。文化的なこと、できるだけ本物を見せたいと、ご夫婦で直接美術館や観劇などに連れて行かれて、テレビはなるべく見せない、よい玩具もご夫婦で選択されることなど、素晴らしいことですし、私もできたらそうしてあげたいと思います。

家庭教育という言葉がありますがご家庭での考え、お子さんへの子育ての思い大切にされて大丈夫です。素晴らしいことです。

第3章　保育者の行う子育て支援の特性

　　ただ、お母さんの揺らいだ気持ちは、コウタくんの単なるわがままではなく成長や発達の経過の中で起きているのではと、直感的に感じてご相談くださったことと思います。ちょうど私達の目の前でけんかが解決しました。
　　お母さんもおっしゃってくださいましたが、子どもも毎日園という集団生活の中で、いろいろな経験を通して考えています。その子どもの成長を理解してあげ、子どもと一緒に考えていくことができると思います。ただ、だめということでななくて、どうして欲しいと思うの？と聞いたり…」。
　　母親は「先生、なんでもかんでも流行のものを欲しがるものを子どもに買い与えるようなことになってはいけないと心配していましたが、驚きました。子どもなりに考えているのではと私も今は思います。工夫して考えてあげたいと思います」と話します。保育者は「お母さんが買わなくても、イラスト等を連絡帳の隅に描いてあげたり、描くのが大変でしたらインターネットサイトなどから見つけて切り抜いて貼ってあげたりしてもいいですし…」と答えます。母親は「先生、子どもの成長はおもしろいですね、何かご本があったら読んでみたいです。紹介いただけますでしょうか」と尋ねます。保育者は「いろいろありますから何冊かお持ちしましょうね」と笑顔で答えました。

　このように、保育者は、日常の子どもの様子や関係も考えながら、子どもの心身の成長・発達を理解した、助言や言葉かけの行動見本を提示し、子どもの発達理解を踏まえた適切な関わりとしての、必要な人間関係の調整などを行うことができます。
　保護者の話しをじっくり傾聴した上で、不安な気持ちに寄り添いながら、実際に解決へと導くことができた保育実践につなげた事例です。
　成長の過渡期にあたる乳幼児期への支援である保育は、1日の保育の中で子どもの実態を踏まえて、試行錯誤しながら実践していく専門的な知識・技術の総合的な営みそのものでもあるといえます。
　このような"発達""生活力""環境構成""遊び""関係構築""相談、助言"の支援、援助を通して、園生活が子どもにとって楽しく、いきいきと過ごせる場所になることで、保護者は安心して子どもを園に預けることができるのです。

⑥ 保護者等への相談、助言に関する知識及び技術【保育者による相談、助言】
　この知識、技術については、本書全体で扱っています。
　本章で扱っている保育者の専門的な知識・技術を基に、保育所等の特性を生かし、保育独自の方法・技術やソーシャルワークの方法・技術等も駆使しながら、ときには地域の社会資源と連携し、子どもの最善の利益を護ることを念頭に、当事者自らが主体性を発揮して自己決定できるよう、保護者等との相談を受け助言します。

これまでの事例にもあったように、保育者にとってその職務の中心であるこの専門的な知識・技術のある「保育者が保育する」という、子どもの最善の利益に思いを馳せ、子どもを護り、受け入れて、それぞれの子どものもつ力を育んでいこうとする、その固有の価値を意識し、個人としても、園を構成する職員の一人としても、その環境を整えて「保育」を実践していくことが、保護者支援、子育て支援につながります。

　また、保護者もこの今の時代に親となり、社会の中で悩み、ときには苦しい局面に立たされて葛藤して生きていることでしょう。このようなとき、我が子をしっかりとみてくれている保育者から、穏やかで温かな対応を受ける瞬間はどれだけ、保護者の気持ちを癒し、精神的な支えになることでしょう。

　保育者は子育てという支えを通して、保護者が保護者としての自分の人生を歩み続けられるように支える存在でもあるのです。

（3）保護者と子育てを共感、共有し、連携して共に行う子育て支援とは

　新保育所保育指針の第4章1(1)「保育所の特性を生かした子育て支援」では保護者に対する子育て支援として、保護者の気持ちを受け止め、自分の子育てを自己決定できるような支援が望まれています。具体的には、保育所の特性を利用した支援として、子育ての喜びが感じられるような支援とされ、保護者は子育てへの誇りを感じることができ、前向きになれるような支援が保育者には求められています。

> ア　保護者に対する子育て支援を行う際には、各地域の家庭の実態等を踏まえるとともに、保護者の気持ちを受け止め、相互の信頼関係を基本に、保護者の自己決定を尊重すること。
> イ　保育及び子育てに関する知識や技術など、保育士等の専門性や、子どもが常に存在する環境など、保育所の特性を生かし、保護者が子どもの成長に気付き子育ての喜びを感じられるように努めること。

　ここでは、保育者と保護者が共に子どもの気持ちに寄り添い、子どもを支えたいと願う、保護者が主体的でいられるような、子育て支援の実際を学びましょう。

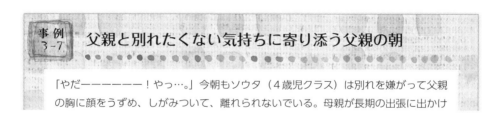

事例 3-7　父親と別れたくない気持ちに寄り添う父親の朝

　「やだーーーーー！やっ…。」今朝もソウタ（4歳児クラス）は別れを嫌がって父親の胸に顔をうずめ、しがみついて、離れられないでいる。母親が長期の出張に出かけ

第3章　保育者の行う子育て支援の特性

ることになって、しばらくは父親と二人きりの生活である。

　帰宅しても寂しいはずのソウタだが、自宅ではとくに様子は変わりないと父親から週末に話しを聞いたばかりだった。しかし、休み明けの登園から急に父親との別れが難しくなってきていた。火曜、水曜、連日となっている。毎朝の様子に心配した園長先生が「お父さん、お仕事の時間は大丈夫ですか」と声をかけると、「仕方ないと思うので大丈夫です…」ソウタを抱いたまま、父親は少し困った表情をしながらも、愛情のこもった優しい手のひらで、悲しいソウタの背中をさすってあげていた。「無理に離さなくてもいいです…納得するまで…」と私たち担任にも言ってくれていた。

　保育者が「ソウタくん…先生と、また何かつくる…？」とソウタの悲しみと優しい父親の心配を何とかできないかと思って、製作が好きなソウタを誘う。

　ソウタは、離れられないが黙って聞いている。

　父親のお迎えの時間をいつも気にするソウタのために、保育者が考えたことは「ソウタくん！先生、時計作ってあげるよ。お父さん、今日は何時ごろお迎えになりますか？」と、目の前の職員室から紙とセロハンテープ、はさみとペンを借りてくる。

　「今日は4時45分かな…、」と父親。

　父親の腕のなかのソウタに声をかけながら、腕時計の展開図を描いていく。「文字盤に1から12の数字を描くの。4時45分は、4時と5時の間だからこの辺に短い針がくるね…、30分が6のところ31、32、33、…」とペンで位置を示しながら、「…44、45分。ここがお父さんのお迎えの時間だね。長い針がくる45分」。時間の何分かを示す針をしっかり描いてソウタを見る。笑顔が出てきた。「時間は5時ぴったりだと、ここだけど（ペンで5の位置を示し）、お父さんはもう少し早く、かわいいソウタくんただいま〜って帰ってくる」（ペンで位置を示しながら）。「その前の4と5の間だと30分でそのまんなか、ソウタくんのお父さんは45分だから31、32、…〜44、45分だとここだね」。ペンを止めるとソウタはすでに父親の腕から降りて、保育者の手元をのぞき込んでいた。

　眼の前で文字盤の中心に向けて短針を描く。

　「はい、4時45分ね」。ソウタに渡すと、もう一つ同じものを描いて、父親にも渡す。フリーサイズの腕時計のバンド。手首に合わせて貼ってあげる。嬉しそうなソウタ。父親の腕時計と自分の腕時計を何度も見比べて触っている。

　十分確かめると「見せてあげる…」と走り出す。ハッと！上履きを履いていないことに気づく。自分で靴箱から出すとクラスへと走っていってしまう。あわてて笑顔の父親から、ソウタのかばんと連絡帳を受け取ると、「お父さん行ってらっしゃーい」と言いながらソウタを追いかけた。「そーちゃん、4時45分なーー」と、その背中に声をかける父親だった。

　このように、慣れ始めていたはずのソウタの園生活が、一変したとき、私たち保育者は保護者とどのように共同、協働したらよいのでしょうか。父親は、園自体に

慣れるのにも2か月近くかかったことを考えると、別れ難いソウタと気長に付き合う覚悟をしているようでした。

この感情は、保護者として自分の仕事よりも子どもへの愛情を優先した、子どもにとって幸せでとても大切な保護者の尊い行動です。たとえ仕事の時間が少なくなっても、子どもの悲しみや苦しみを思い、一緒にいてあげ、子どもが自分の力で園で過ごそうと思えるところまでを責任をもって見て、乗り越えさせてあげたいと願う親としての姿です。

保育者は、このような保護者の気持ちを尊重し、まずは、共感します。でも、だからと言って保護者に全面的に任せてしまうのではなく、子どもの思いを受けとめながらも、保護者の言葉の奥にある願いを考え（ここでは、ソウタが自ら納得して快く別れられるようになってほしいというもの）、支援を行います。

こうした保護者と保育者との間の信頼を基盤とした関係性は、突然できるものではありません。

保育を通して、子どもと、そして子どもについて保護者との間に、思いの共有を積み重ねることが大切です。そして、その思いの共有の積み重ねのあるこれまでの保育（信頼を基盤とした関係性）が、この今、ここで起きている困難を乗り越えていくことについて、子どもを中心として一緒に考えていこうとする原動力になるのです。保育においてはもちろん、子どもの側も心の中の思いを、保育者にも、表現できる関係があるということも前提になります。

このような、子どもにとっても保護者にとっても、思いを共感、共有し合うことができる、信頼できる、協力し合い子育てができる関係は、毎日の保育そのものを通じて、培っていきます。

保育者の保護者と子育てを共感、共有し、その上で連携してともに行う子育て支援は、子どもにとって保護者と同じ役割はできなくとも、園と家庭生活の安定に繋がる支援です。子どもが最もその愛情を求めている大好きな保護者を支えることは、結果的に、子どもが抱く保護者への気持ちである、護られているかどうかの不安、愛されているかどうかの不安に寄り添うことになります。そして、子どもが保護者に願う、護られている、愛されているという実感を支えていくことになるでしょう。

毎日の丁寧な保育を通した子育て支援は、その何気ない毎日に保護者がふと気づくと、保育者はすぐ傍らにいつも存在してくれていて、支えて貰えているという子育ての安心や喜びを認識していくものです。

子育て家庭を専門性のある保育で支え、園という子育てのネットワークの中で、保護者を孤立させない保育者の姿勢が、子どもの未来を護ることに繋がっているのです。

第3章　保育者の行う子育て支援の特性

演習　事例3－7を通してソウタと父親の思いと行動を考えてみましょう。

① 毎朝の登園時に別れにくくなる我が子を見ながら父親の心の中は、どのような思いがあったのでしょうか。
② 父親はなぜ別れ難い我が子を無理に離さなくてよいと言ったのでしょうか。
③ 登園を強く拒否していたソウタが、保育者に腕時計を作ってもらったことで父親とすんなり別れることができました。あなたはどのように考えますか。
④ 保護者と別れて泣いている子どもと出会ったとき、あなたは保護者と子どもにどのように対応しますか。

_____

_____

_____

_____

2．日常的・継続的な関わりを通じた保護者との相互理解と信頼関係の形成

（1）事例検討

　日常的・継続的な関わりを通じた保護者との相互理解と信頼関係の大切さについて考えてみましょう。まず、以下の2つの事例を読んでください。

事例3-8　虐待対応の失敗の事例

　2歳児のクラスに、4月に入園してきたリエは、トイレットトレーニングのためお丸にかけさせると、「ひー」と言う叫び声のような泣き方をします。担任の保育者もびっくりして、いろいろ声かけをしたりしますが、泣きやみません。お丸が怖いのかもしれないと思い、2～3日友達がお丸に座っている様子を見せたりしてから、4日目に、お丸にかけさせるとまた「ひー、ひー」と泣きます。保育者が「園長先生、来ていただけますか」と呼ぶので行って見ました。リエがお丸に腰掛け、甲高い悲鳴のような

声をだして泣いています。保育者がおしりの所を指さすので見ると小さな蝶のような青いあざがあります。「リエちゃんもうお丸はやめようね」とリエを立たせ服を上げて背中を見ると背中に同じような、もう少し薄いあざが1つありました。

　その日の夕方、担任保育者は「リエちゃんのお尻と背中にあざがありますが、どうしたのですか」とお迎えに来た母親にたずねました。母親は、なにも答えず、急いで帰り支度をして、リエの手を引いて、帰って行きました。それから2日後、午睡の時間にリエの着替えを手伝っていた保育者が新しいあざを見つけました。保育者はお迎えに来た母親に「こんな小さな子をつねるなどやめてください」と指導をしました。母親は小さな声で「すみません」と言って、リエの手を引いて帰っていきました。しばらくは、あざも増えずほっとしていたのですが、10日ほどして保育者が新しいあざを見つけました。保育者はまた母親に「こんな小さな子をつねるなどやめてください」と指導をしました。母親は前回と同様に小さな声で「すみません」と言って、リエの手を引いて帰っていきました。しかし、また10日ほどして新しいあざを保育者が見つけました。保育者の指導の口調もさらに厳しく、表情も険しくなりました。その日から、保育者は、帰りにリエの体を点検しあざの数を数え、登園するとまた、あざの数を確認しました。それから、しばらくは、あざは増えませんでした。しかし2週間ほどたった金曜日に、あざが1つ増えていました。保育者は再度母親を呼びだし厳しい口調で指導しました。

　その次の月曜日の朝、リエは登園してきませんでした。今まで、連絡なしで欠席したことはないので、園長が電話を入れてみたのですが誰も出ません。気にはなったのですが、その日は忙しく、アパートを訪ねることはできませんでした。火曜日に園長は自転車を走らせてリエのアパートを訪ねました。インターホンを押しても返事はなく、扉をどんどんと叩くと、隣の部屋の奥さんが出てきて、「お隣さんは、日曜日に引っ越されましたよ」とのこと。びっくりして「引っ越し先は、ご存じですか」と尋ねると「いいえ」との答えでした。家主さんはどこかをたずねると、幸いすぐ近くだったので家主さんにも転居先を訪ねましたが「知らない」とのことでした。園長は、慌てて園に戻り、福祉事務所に連絡しました。福祉事務所にも連絡がなく、連絡があったら知らせるとのことでした。

　保育所では、緊急の職員会が開かれ、私たちの対応への反省と今後の保護者支援の方向が話し合われました。

　ちょうどその頃、テレビや新聞などで、古いアパートを取り壊したら、押入れから子どもの白骨体が出てきた。アパートの隣の部屋から異臭がして、調べてみると幼児が死んで腐敗しており、両親は蒸発して行方不明、などの報道が相次いだ頃でした。職員みなが、リエのことについて、胸を痛め心配したのはもちろんです。担任の保育者と園長は責任を感じ、眠れぬ夜が続きました。本人の行き先がわかったのは半年も過ぎ、親が保育所への入所を住まい近くの福祉事務所に申し込んだときでした。

第3章　保育者の行う子育て支援の特性

事例 3-9　夜驚症の子ども

　ある日、5歳児のフミオの祖母から次のような相談を受けました。「毎晩、夜中に飛び起き、泣きながら徘徊するのですが、しばらくすると、布団に入り、ことりと寝てしまいます。次の日、本人に聞いてみても何も覚えていないようです。何か病気でしょうか」とのことでした。相談を受けた保育者は、すぐに、以前勉強をしたことのある夜驚症ではないかと、思いました。夜驚症の大きな要因に心理的ストレスが関わることを思い出しました。「もう少し、詳しくお話を聞かせていただけますか」と祖母を別の部屋に誘いました。

　保育者がこの家族について、知っていることは、祖父は食堂を経営しており、祖父・祖母・父親・母親の4人で働いています。母親と姑の中が悪く、保育所でも二人は時々、別々に、保育者に相手の文句を言いながら、愚痴をこぼしていきます。保育者は黙ってそれを聞いていました。

　保育者はそのことを思い出し、祖母と母親のけんかが原因ではないかと考えました。祖母に「この頃、お家の中で変わったことはありませんか」と聞くと、祖母は「とくに変わったことはありませんが、お店のことで嫁とはよくけんかをします」とのこと。「ところで、最近、フミオくんの前でおばあちゃんとお母さんでけんかをしませんでしたか」と質問すると祖母は、「それが…、ここのところ店のことでよくけんかをしています。店でお客様の前で、けんかはできないので、どうしても家に帰ってからのけんかになります」とのこと。保育者は「そうですか、お店を経営なさるのは大変ですね」と苦労をねぎらってから、次のように話しました。「私が子どもの保育を通して感じるのは、子どもはおとなに対して、とても気を遣っているということです」。両親が夫婦げんかをした翌日は、私に「お父さんとお母さんが昨日けんかしたんだよ、両方とも悪いよね」などと訴えてきたり、いつもに比べ、元気のない子に「どうしたの」ときくと、目に涙を浮かべ「お父さんとお母さんが昨日けんかしたの、わたしお父さんもお母さんも大好きなのに」と話したりします。クラス懇談会でも「子育ての基本は、家族仲良く、と決して子どもの前でけんかをしないでください」とお願いします。「フミオくんは、よくおばあちゃんのこともお母さんのことも話してくれます。二人のことが大好きなのです。フミオくんは、大好きなおばあちゃんと大好きなお母さんがけんかをして、心を痛めていると思いますよ。けんかをしてはいけないとは申しませんが、フミオくんの見えないところでお願いします。フミオくんのわからない所でけんかをして下さい」とお願いすると、祖母は心当たりがあるようで「そうですね、フミオに悪いことをしました。嫁ともよく話し合ってみます」と言って帰って行きました。その後、祖母から「いろいろありがとうございました。あれから嫁とも話し合い、フミオの前ではけんかをしないことにし、ふたりでフミオに謝りました。フミオの嬉しそうな顔が忘れられません。それからは、フミオも夜ぐっすり眠り、夜中に騒ぐこともなくなりました」とのことでした。

（2）「日常的・継続的な関わりを通じた保護者との相互理解と信頼関係の形成」について考える

　2つの事例を読んで、あなたは何を感じましたか。日常的・継続的な関わりを通じた保護者との相互理解と信頼関係の形成を考えた場合、関わり方に失敗し、信頼関係を形成できなかった場合と信頼関係の形成ができていた場合の違いはどこにあったのでしょうか。

　まず、3－8の事例ですが、母親の苦しさを保育者はわからず、こうあるべきだとの保育者の常識の中での判断で、母親を叱りつけるように指導しています。保育者は母親を指導するのが役割だと思ってしまうと、このような対応になりがちです。保育者が保護者の行動や言動をどんなに常識から外れていると思っても、保護者本人はそうは考えていないことも想定しておきましょう。つねることがよいこととは思わないまでも、そうせずにいられない自分の気持ちを誰かにわかってほしい、と思っているかもしれません。もし、保育者がここで、母親の気持ちをわかろうと思って、別の部屋で落ち着いて「お母さん何か大変なことがあるのではないですか」と聞いていたら、結果はもっと違っていたと思われます。母親はトイレットトレーニングがうまくいかないこと、子どもの反抗的な顔を見るとイライラすること、ご主人が忙しすぎて一日中リエと二人きりなことが多いこと、リエの育児の責任はすべて自分にかかってきていることなどを話したかもしれません。その他にも、いろいろな自分の悩みを話したかもしれません。日常的・継続的な関わりを通じた保護者との相互理解と信頼関係の形成は、まず保護者の気持ちを受け入れることから始めましょう。保護者に避けられてしまったら、保育者は子どもを護ることはできません。このことは、保護者の行動を全て容認するのがよいということではありません。とくに虐待の場合は、子どもが心に深い傷を負い、命が失われてしまうこともあります（事例5－10の実習巡回の事例参照）。何としても親を追い詰めないことや、不適切な行動を防ぐことが大切です。そのためには、親の苦しさをわかることが必要です。頭ごなしに厳しく指導的な言葉を投げるのではなく、母親の気持ちを理解することで、相手は引っ越すという選択ではなく、保育者に子育てや生活上の悩みを相談した可能性があります。「保護者を指導する」という考え方の誤った行動の仕方が、母親には高圧的・脅迫的に感じられたのでしょう。このような失敗を避けるためにも、日頃から保護者とよい関係を築けるよう、コミュニケーションを図ることが大切です。また、ケースワークの技法について考えると同時に、バイステックの7原則（1.個別化、2.意図的な感情表出、3.統制された情緒的関与、4.受容、5.非審判的態度、6.自己決定、7.秘密保持）についても思い出してください（p.81参照）。

　さて、事例3－9でわかるように、一般的に、子どもは家族に対し、保護者が思

第3章　保育者の行う子育て支援の特性

う以上に細かい心遣いをしていることが多いものです。保護者がそのことに気づき、子どもが常に自分と同じに考えていると思わないよう働きかけをすることも大切です。時々、園だよりやクラス会などの場で、みんなで一緒に考えていくことが、保育者として保護者への子育て支援の一つの方法になります。保護者に子どもを一人の人間として、尊重することをともに学べる機会を積極的につくるようにしましょう。

　また、事例3－9では、保護者が子どもに対する心配事を、はじめに保育者に相談しています。日常的・継続的な関わりを通じた保護者との相互理解と信頼関係の形成ができていたからこそ、まず保育者に相談したのでしょう。信頼関係のないときには、保護者は直接病院に相談することも考えられます。また、保育者は家族の状況についても、「時々、別々に、保育者に相手への文句を言いながら、愚痴をこぼしていきます。保育者は黙ってそれを聞いていました」のところでわかるように、保育者が両方の気持ちを受容してきたことがわかります。

　このような、保護者間の対立がある保護者対応の仕方の一例として、話を聞く人を、別々の保育者にするという方法もあります。面接を通じて、どこが、どうして問題なのかを、それぞれに自分でわかるようにケースワークの手法を用いて支援することも有効です。保護者が自分で自分の問題に気づき、自分を変えていこうとする力を支援します。

　ここで大切なことは、保育者としての対応の仕方です。決して対立する一方の肩をもつこともなく、肯定したり否定したりもしないで中立の立場を守ることが重要です。

コラム　ぜんそくについて

　これは筆者の長きにわたる保育現場での経験からの話ですが、両親のけんかは心理的な傷のほか、もっと違う形で現れることがあります。たとえば小児ぜんそく、アトピー性皮膚炎、チック、吃音などです。ぜんそくは、その子どもの体質が原因のこともありますが、保護者のけんかをおさめるために発症することもあります。ぜんそくは子どもにとってつらい病気です。子どもがぜんそくになると、保護者は自分たちのけんかは忘れ子どもへの対応を考えます。一緒に病院へ連れて行くことや、症状がひどい場合には救急車を頼んだほうがいいかなど、二人で力を合わせて難局を乗り越えようとします。はじめは病気であったものが、一度自分の病気が両親のけんかを止めさせる力があると知ると、子どもはそれを無意識的に使い始めます。その子どもは

ぜんそくもちであると両親は思い、自分たちを救うために子どもが自らの健康を犠牲にしているなどとは、微塵も思わずにいます。諸外国の事例では、両親のけんかが無くなるといつの間にかぜんそくが治っていたという事例ばかりを集めた書籍もあるぐらいです。

　クラス会では、子どもの前でけんかをしないことを保護者に伝えてください。これが保育者として子どもの最善の利益を護る一つの方法です。本当はけんかより、仲のよいほうがよいとわかっていながら、けんかをしてしまう家族もあると思います。

演習　考えてみましょう。

　事例３－８のケースにおいて、保育者や園長の対応についてどこが失敗であったのか、考えてみましょう。またグループでも話し合ってみましょう。

演習　ロールプレイをしてみましょう。

　事例３－９のように、お互いがお互いの文句を別々に保育者であるあなたに言ったとき、あなたはどのような相槌を打ちますか。ここでは否定も肯定もしない相槌の打ち方を考えてみましょう。否定も肯定もしないで、相手を受け入れていることを表すにはどのようにしますか、ノンバーバルコミュニケーション（顔の表情、手の位置、相手に対する向き、声の大きさや優しさ等々）などにも気をつけて考えてみましょう。

① まず保育者役・姑役・嫁役の３人を決めてください。
② 保育者に、姑役の人が嫁の文句を言ってください。保育者はどのように相槌を打ったらよいでしょうか。

第3章　保育者の行う子育て支援の特性

③ 保育者に、嫁役の人が姑の文句を言ってください。保育者はどのように相槌を打ったらよいでしょうか。

④ ロールプレイが終わったら、6人ずつのグループになり、相槌の打ち方について話し合ってみましょう。

3．子育て家庭の抱える支援ニーズへの気づきと多面的な理解

　人の生活は、実に様々な問題を抱えつつ営まれています。大きな問題から小さな問題まで、その種類も様々です。そして子どもも、家族の一員としてそのような親の悩みや苦しみを一緒に感じていることも多いものです。ここに事例をあげてみました。支援ニーズへの気づきと多面的な理解について考えていきましょう。

事例 3-10　保護者が車椅子を利用している事例

　ケイコ（2歳）の母親は電動車いすで保育園に送ってきます。父親も体が不自由ですが、自力で歩いて園にきます。ケイコは両親と母方の祖父、祖母と一緒に住んでいます。保育園に来るとき、始めのうち、ケイコは母親の車椅子のそばを祖父または祖母と手をつないで登園してきました。

　そのうち、だんだんと祖父母だけが来るようになり、母親はめったに来なくなりました。

　保育者は、子育ての責任者は、あくまで父・母だと思っていましたので、なんとか父母にも保育園に来てほしい、そしてケイコの保育園での様子も見てほしいと思いました。そこで、連絡帳で最近ケイコが作った七夕の作品がとても良くできていたのでぜひ見に来てほしい旨を書きました。ケイコも両親に見に来てほしいと言っていたことも添えました。母親からの返事は、行きたいが車椅子が大きく、園のみんなに迷惑をかけてしまうことが気になっているとのことでした。そこで保育者はカンファレンスを開き、車椅子がスムーズに通れる導線を確保する等、園内外の環境の整備を行いました。それと同時に最近、車椅子の祖父母の来園も多いことから、車椅子講習会を開くことにし、ケイコの母親に助言をもらうことにしました。

　講習会開催にあたっては従来、他クラスではよく床にシートを敷いて、みなで床に座って話し合いをしていましたが、おとな用のいすをそろえました。車いすの母親が、上から見下ろすようなことのないよう配慮したのです。また、園にある車いすを出してきて、看護師の力も借りて、ケイコの母親を中心にしてクラスの保護者に車椅子の扱い方なども説明してもらいました。これからは、車椅子の方に必要なときには援助できると保護者が、口々に言っていました。

保護者の体が不自由である場合、一般的な配慮としては、室内用の車椅子を用意することが考えられます。足が不自由で2階に行くのが困難な保護者の場合には、部屋の配置を決める際に、可能な限り保育室は一階に移す等の配慮を検討します。また、車椅子が通れるように玄関のエントランスをはじめ園内全ての環境整備においてバリアフリー化を図ります。

保護者同士のつながりにおいては、それが小学校・中学校へとつながっていきますので、保育者の役割は大きいといえます。保育者は保護者同士のつながりを大切にして、側面から支えましょう。

演　習　　　事例3－10の場合、あなたはどのような解決法があると思いますか。6人グループで、お互いの意見を出し合ってみてください。保育に正解はありません。よりよい解決策を見つけましょう。

4．子ども・保護者が多様な他者と関わる機会や場の提供

（1）他者との関わりの希薄化

　子ども・保護者が多様な他者と関わることの重要性はいうまでもありません。しかし、そのことが当然のこととして実現している日常があるとはいえないのが、現在の社会です。というのは、現在の社会は、他者との関わりを奪う方向に進んでいるからです。よく指摘されることですが、利便性を追求していくと、他者との関わりは希薄化していきます。

　昔は、という言い方になりますが、八百屋や魚屋で対面し会話を交わしながら買い物をするのが日常でした。そこでは多様な他者との関係が当然のようにありました。やがて、スーパーやコンビニが普及すると、対人接触があるのはレジでの会計場面に限られ、パターン化したやりとりに終始しています。最近では、無人店舗が出現し、そこでは対人接触自体がなくなりました。

　電車を利用するのも同様です。昔は、切符も窓口で対面で購入し、改札で切符に

ハサミを入れてもらっていました。到着地では、やはり対面で切符が回収されたものです。現在は、どの場面でも対人接触は皆無になりました。

　自動車の自動運転の開発も進んでいます。そうすると、バスやタクシーの運転手がいなくなりますので、ここでも乗客と運転手という対面場面はなくなります。

　リアルな場面での対人接触がなくなっても、ネットを通じて多様な他者と関わることでその代替ができるのではないかと思われるかもしれませんが、残念ながらそうはなりません。すでに1998年にアメリカの研究で、ネット環境の利用の増加は、むしろ孤独感や憂鬱という感覚を増加させることが明らかにされています（R.Kraut, M.Patterson et al., 1998）。インターネットの利用時間が増えるとリアル空間での対人接触が減少し、そのためネットから遮断されると孤独感を強く感じ、ネットから離れることを厭うようになると指摘されています。つまり、ネット上の対人関係はリアルな対人関係の代わりにはなりません。1998年のアメリカ社会は、国内のおよそ40％がパソコンを所有し、そのうちインターネットを利用しているのが約3分の1という状態でした。

　それに対して現在は、ほとんど全ての人がスマホやパソコンを利用しており、誰もが誰かと常にネットでつながっているという状況です。そのためむしろ不安感や孤独感にかられることが多くなっています。

　では、リアルな対人接触が多くなればいいのかというと、そう単純ではありません。というのは、対人接触がなされる場面というのが、明確な役割の元でなされることが増えているからです。コンビニやファーストフードが典型です。レジでの会計は、買い手と売り手という役割がパターン化しており、相手の存在を意識しないでもやりとりが可能なほどマニュアル化しています。

　遊園地に行くと、マニュアル化したパターンに沿ってスタッフがお客さんを誘導し楽しませてくれます。そこでは対人接触はあっても、表面的なやりとりに終始してしまい、対人関係の経験を蓄積するところまでいかない場合がほとんどです。

　対人関係の希薄化というのは、対人接触そのものがないということと、対人接触があっても表面的なやりとりにとどまるということの二つが相まって、進行しているのです。

（2）母子密室化状況

　現在の社会において、子育て家庭は、他者との関わりがなくても日常生活を送ることができます。核家族家庭で一人目の子どもの子育てをしている母親の例を考えてみましょう。父親が出勤した後は、子どもと二人だけの毎日になります。スマホやパソコンなど、間接的に人とつながる道具はありますが、家の中は母子二人だけです。近所とのつきあいがなければ、用もなく訪ねてくる人はいません。子どもと

一緒に買い物に出かけても他者と関わることはほとんどありません。このような日常で、誰と関われるでしょうか。ママ友とランチをするといっても、赤ちゃん連れで毎日ランチをできるような状況にはなかなかなりません。

　全ての子育て家庭がこうだというわけではありませんが、似たような光景はいたる所で繰り広げられています。この状況を一言で言い表すならば、「母子密室化」です。現在、母子密室化状況におかれている子育て家庭は決して少なくありません。それは自ら望んでなったわけではなく、現在の社会状況が、子育て家庭を母子密室化状況に追い込んでいるということです。

　その影響は様々なところに現れます。母親が孤立して閉塞的な状況で子育てせざるをえないということは、精神的な不安や負担感を強めます。それが高じると、子どもに不適切な関わりをしたり、虐待してしまうことにつながりかねないのです。

　では、母親が気持ちを強くもち、孤立した状況にも関わらず子育てをきちんとすればそれでいいでしょうか。残念ながらそうはいきません。というのは、子どもの健やかな発達には、他者との関わりが重要だからです。赤ちゃんだから放っておいても大丈夫、という考えで放任しておいて、子どもの育ちが歪められることは多々あります。赤ちゃんの頃からこそ、他者という存在が重要であることは、近年の発達研究を通じて明らかになってきました。

　子どもが3歳になると、子育てに専念する家庭であっても、幼稚園などに入園することが一般的です。しかし、3歳までは、他者との関わりが乏しいままに育つことが、現在の社会ではあります。母子密室化状況は、母親にとっても子どもにとってもマイナスの影響を及ぼしかねないのです。

（3）眼差しの向き

　このようにみてくると、母子密室化状況をオープン化することの必要性がわかると思います。その役割を保育者は担っています。ここで留意したいことは、他者と関わるということが、表面的なやりとりに終始してはいけないということです。当事者の体験として蓄積されるような他者との関わりが求められます。

　そのためのポイントの一つは、眼差しの向きです。私たちは、他者と関わるときは眼差しが向きます。関わり合うときは視線が向き合うのです。

　地域の子育て支援には様々な取り組みがありますが、代表的なものが親子サークルとか子育てサークルと呼ばれるものです。そこには地域の子育て家庭の母子が集まります。保育所で行う場合もあれば、地域のスペースを活用しての取り組みもあります。平日の昼間に行われるのが典型的です。登録制もあれば、出入り自由のサークルもあります。名称も様々です。

　そのような親子サークルで気をつけなければならないのが、眼差しの向きです。

第3章　保育者の行う子育て支援の特性

　親子サークルにおいて、前もって活動を設定して取り組むことがあります。たとえば、時期に応じて七夕飾り作りをしたりひな人形の製作を行う、あるいは指遊びや体操などを行うなど、活動を設定して一斉に取り組む仕方です。たとえば次のような事例があります。

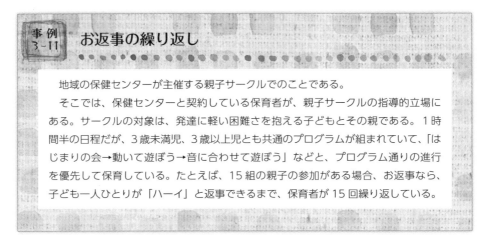

事例3-11　お返事の繰り返し

　地域の保健センターが主催する親子サークルでのことである。
　そこでは、保健センターと契約している保育者が、親子サークルの指導的立場にある。サークルの対象は、発達に軽い困難さを抱える子どもとその親である。1時間半の日程だが、3歳未満児、3歳以上児とも共通のプログラムが組まれていて、「はじまりの会→動いて遊ぼう→音に合わせて遊ぼう」などと、プログラム通りの進行を優先して保育している。たとえば、15組の親子の参加がある場合、お返事なら、子ども一人ひとりが「ハーイ」と返事できるまで、保育者が15回繰り返している。

　このように保育者が主導する形態では、母子の視線は基本的に保育者に向きます。母親と自分の子どもとの間では視線が交わされても、それ以外にはなかなか向きません。そして、保育者に向けられた視線は、保育者自身というよりも、保育者が設定している外的な枠に向きがちです。

図表3-2　保育者主導の形態

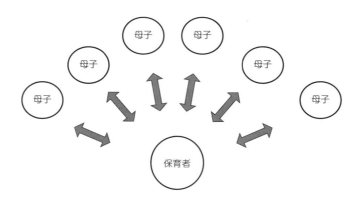

　そのようにしてサークルの時間を過ごすと、「楽しかったぁ〜」で終わるだけになりがちです。多くの親子が一緒の空間で同じ活動をしていても、多様な他者と関わる状況になかなかなりません。

4．子ども・保護者が多様な他者と関わる機会や場の提供

（4）多様な関わりの生じる場

　お互いが関わり合うというためには、眼差しが交わされることが必要です。そのためには、保育者が主導する形態にならないように留意します。子どもが先導して動き、そこに親や保育者が関わるという形態です。次の事例を考えてみましょう。

事例 3-12　ユウヤと母親のサークル参加

　ユウヤ（1歳8か月）は母親とサークルに参加。この日は、アヤ（2歳6か月）に誘われて、母親も交えてトランポリンを楽しんでいる。アヤは、以前サークルで一緒にかくれんぼをしたときユウヤの母親に親しみを感じたようで、この日も誘ったものである。ユウヤ、ユウヤの母親、アヤの3人でトランポリンをし、次にかくれんぼに移った。ユウヤの母親は、トランポリンを一緒にしたり、かくれんぼの鬼になって「どこかなぁ〜」とおどけたりし、ユウヤもアヤも楽しんでいた。

　しばらくしてから、ユウヤの母親は、他の母親たちと話し始め、ユウヤとアヤはそれぞれ遊びはじめる。そのうちユウヤは遊び疲れて眠たそうに見えたので、保育者が「ユウヤくん」と声をかけると、保育者に寄ってきて膝の上に座り込む。しばらくすると、ユウヤは母親のところへ走って行って飛び込む。ユウヤの母親は、話をしながらも、ユウヤを向かい合わせに抱き直し、ユウヤは満足したように、しばらく抱かれている。

　このエピソードの場面をイメージすると、次のような図になります。

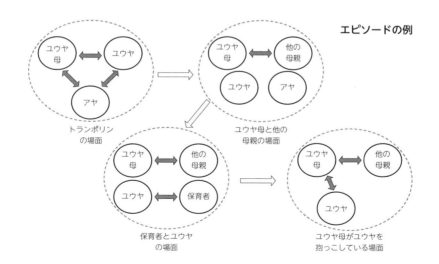

エピソードの例

第3章　保育者の行う子育て支援の特性

　わずかな時間の中で、ユウヤとユウヤの母親には、いくつかの対人関係が生じていることがわかります。サークルの時間はもっと長いので、その多様さは広がります。また、他の子どもや母親、たとえばアヤ母子に焦点を当てると、違った多様性が現れてきます。保育者主導の形態ではパターン化しがちな対人関係も、子ども主体になると多様になることがわかります。

　保育者は、そのための場づくりを前もって行うことが必要です。それが環境構成です。サークルに来る母子を理解し、子どもの興味や関心の表れを予想することが必要です。エピソードの例でいうと、トランポリンという子どもから関わりたくなるような遊具が配置されています。保育者が主導するのではなく、アヤの動きから、ユウヤ母子も交えた遊びが始まり、それがかくれんぼへ移っていきます。

　子ども理解を前提に環境を構成し、そこに生まれる子どもの遊びに関わっていくというのは、保育の基本です。それが、サークルに参加している母子の主体的な活動を生みだします。

　そこに、他者との多様な関わりが成立します。家庭で母子密室化状況にある親子の在り方が開かれていきます。そこでの体験が、母子の日常を密室化することから防いでくれます。

　多様な他者と関わる機会や場の提供というと、いろいろな人が同じ場所にいるということをイメージしがちですが、それだけでは不十分です。お互いの関わりが深まるような場が大事なのです。そのような場が、現在の社会において求められているのです。

演　習　子育てサークルのプログラムが子ども主体であるために、どのような取り組みが必要か考えてみましょう。

第**4**章　　保育者の行う子育て支援の展開

　子育て家庭にとって保育所や幼稚園、認定こども園は日常生活の場の一つであり、最も身近な相談窓口です。実際に保護者からの相談は、送迎時といった日常の中で不意に始まります。保育者は、予期せずつかんだ子育て支援の糸口が、子どもの最善の利益を保障する子育てと保育の実践につながるよう対応していきます。不意に始まる相談、保護者支援を伴う保育の課題に適切に対応するためには、保育者が対応できること、園で対応できること、関係する専門機関とともに対応できることについて、様々な状況や段階を想定し、把握・整理することで準備ができます。

　本章では、保育者に内在するリソース（資源）として、ソーシャルワークや相談援助の技術を理解し、子育て支援の計画および支援に活用できる社会資源といったよりよい子育て支援を展開するためのシステムに必要な知識と考え方を学びます。

1．子どもおよび保護者の状況・状態の把握

　子どもおよび保護者の状況・状態の把握を行うためには、その人々を観察し、把握することが第一に求められます。観察するためには、専門知識と技術が必要です。以下、ソーシャルワークの知識と技術について、簡単に説明します。

（1）子育て支援とソーシャルワークの関係

　みなさんは、世界のソーシャルワークの定義が新しくなったことをご存じですか。2014年に IFSW と JASSW により採択されたものです。そこでは、前回の2000年に採択されたソーシャルワークの定義への批判も、多く盛り込まれています。

　子育て支援は、法律的にも歴史的にも社会福祉（子ども家庭福祉）の分野である、保育所をはじめとした児童福祉施設で行われてきました。また、幼稚園でも近年行われてきています。ですから、ソーシャルワークの定義が変わったということは、保育所や幼稚園、認定こども園での子育て支援の考え方も少し変えていかなければなりません。

　古い定義の中では、「社会福祉は、人間の行動と社会システムに関する理論を利用して、人々がその環境と相互に影響し合う接点に介入する」とあります。つまり、保育所での子育て支援を考えてみますと「人間が周りの環境と関わる接点に、ケースワーク、グループワーク、コミュニティワークなどの理論を利用して介入して、対象を支援する」ということです。幼稚園でもケースワーク的に保護者の相談に

のったり、保育の中でグループワークをしたり、地域の行事に参加したり、また地域の方々が幼稚園の行事に参加したりしてともに子育てをしてきたところが多いと思います。つまり、ソーシャルワークの知識技術を使って保育をしたり、子育て支援をしたりしてきています（そのようには、意識していなかったかもしれませんが）。保育所の保育と幼稚園の教育（保育）では、名前が別でも、底に流れる思想や技術において共通する部分も多くあります。すでに学んだこととは思いますが、ペスタロッチや倉橋惣三の思想について振り返っておきましょう。

今回改正された新しい定義では、「ソーシャルワークは、社会変革と社会開発、社会的結束、および人々のエンパワメントと解放を促進する、実践に基づいた専門職であり学問である。社会正義、人権、集団的責任、および多様性尊重の諸原理は、ソーシャルワークの中核をなす。ソーシャルワークの理論、社会科学、人文学および地域・民族固有の知を基盤として、ソーシャルワークは、生活課題に取り組みウェルビーイング（良好な状態）を高めるよう、人々やさまざまな構造に働きかける」となりました。

つまり、これを、子育て支援に当てはめて考えますと「ケースワーク、グループワーク、コミュニティワークなどの理論を利用して援助するのですが、それとともに、社会科学、人文学なども利用しながら、地域民族固有の知を基盤として、ウェルビーイング（良好な状態）を高めるようにしていくこと」と考えられます。つまり、それぞれの地域、それぞれの保育施設で現在行っている保育という営みの中でつくられてきた知恵を基盤として保護者のもつ生活課題に取り組みウェルビーイングを高めるよう、保護者に働きかけることとなります。筆者の恩師（重田信一）はこれを「保育の味」と表現していました。それぞれの保育所で異なる"保育所という土壌"に、その園らしい保育を行っていくことが大切なのです。

もう少しわかりやすく言うと、「それぞれの保育所、幼稚園、認定こども園の中で今まで行われてきた保育、現在行われている保育の中に子育て支援の知恵があります。その知恵や技術を使って、生活課題に取り組みウェルビーイングを高めるよう子育て家庭を支援していくのが子育て支援です」という意味です。

私たちは、このソーシャルワークの定義の読み解きから、保育所、幼稚園、認定こども園で行われている日々の保育活動の中に、子育て家庭支援のための保育者の知恵があることに気づきました。先人たちが積み上げてきた保育の中にこそ、子どもの最善の利益を護ることができる子育て家庭支援の理論と技術があるということです。たとえば、連絡帳、園だより、給食だより、保健だより等各種のおたより、生活発表会、運動会、音楽会等々子どもと楽しむ行事、保育懇談会、保育参加、講演会など子育て支援を目的にした催しなどは、それぞれの保育所・幼稚園等で工夫

しながら、子育て支援を、実践してきました。また、保育者の方からみると、連絡帳の書き方、謝罪の仕方、儀礼的手紙やビジネスメールの書き方など、それぞれに工夫し実践しています。つまり、これらの実践は、各保育所・幼稚園等の固有の知なのです。これらの保育実践は、子育て家庭の支援の基本である「親が親となる過程」を支援するとともに、「親を支える」という機能を発揮しています。

　また、子育て家庭の支援は保護者を支援することではありますが、みなさんは保育者ですので子どもの支援が、まず、第一です。保護者支援の目的は子どもの最善の利益を護るためであることは忘れないでください。保護者支援は、保護者に迎合することではなく、保護者と手を携えて子どもを育てていくことです。

　日常保育業務をしっかり行っていけば、保護者支援は、ほぼ達成されるといえます。新保育所保育指針、幼稚園教育要領、幼保連携型認定こども園教育・保育要領の中では、子育て支援での留意事項は書かれていますが、具体的な手法については、述べられていません。それぞれの地域の特性、保育所、幼稚園、認定こども園で培ってきた知を大切に考えているからだと思います。

　このことを念頭におきながら、日常の保育を大切にして、地域性や園のもつ個性の中にある今まで積み上げてきた「知恵」を見失わずに、その時々の子育て家庭のニーズにあわせながら、子育て家庭の支援を行って下さい。みなさんの行う支援やそっと背中を押す支援が、子どもと保護者のウェルビーイングにつながることを信じて支援を行っていただきたいと思います。

（2）ソーシャルワーク

　ソーシャルワークとしては、以下の6つが、一般的です。ソーシャルワークというと幼稚園では関係ないと思う方も多いと思いますので、幼稚園ではどのように使われているかも含め考えてみます。① 個別援助技術といわれるケースワーク（幼稚園では、保護者からの個別相談として行われてきました）、② 集団援助技術とよばれるグループワーク（幼稚園では、子どもとの遊びの中や保護者会の中で日常的に使われています）、③ 地域を対象としたコミュニティワーク（幼稚園では園庭開放、その他地域のニーズに合わせて子育て支援として、行われてきました）、④ 社会福祉の調査技術である社会福祉調査（調査技術として考えれば、入園希望児はどの辺に多いかとか、入園時の面接調査とか、幼稚園に対する希望調査とか、これらも日常的に行われている技法です）、⑤ 施設の運営管理に関する技術である施設運営管理論（幼稚園の施設の管理はこの原則に従って管理されていると思います）。そして、⑥ 社会を改善していくための技術であるソーシャルアクションです。幼稚園で預かり保育ができるようになったり、子育て支援が幼稚園教育要領の中に組み込まれたりしたのも、その社会的な必要性の高まりを背景にしつつ、幼稚園が実

践することにより、ソーシャルアクションをしてきたからといえるのではないでしょうか。

　これらの知識・技術は保育の知識・技術とともに子育て家庭の支援を支える重要な知識・技術であることを理解してください。そもそも、社会福祉の援助技術の多くはアメリカやヨーロッパから入ってきたものです。その中でソーシャルワークは形作られてきました。母親に対する個別の相談の技術、保護者や子どもに対するグループワークの技術の事例などを探すとヨーロッパでは、幼稚園の事例が多いことに気づきます。これからは、日本の保育業界も一元化に向かって進むわけですから、幼稚園は教育だ、保育所は福祉だと小さな枠の中で分けるのではなく「子どもの最善の利益を護る」ために必要な技術は、しっかり身につけ、使いこなしていく必要があります。それが、新しい時代に生きる保育者に求められています。

　6つの援助技術については「社会福祉」で、すでに学んでいると思いますが、ここで子育て家庭の支援の視点から整理し直してみます。

① ケースワーク

　ケースワークは個別援助技術といわれ、1対1の援助が基本です。ケースワークの母とよばれたメアリー・リッチモンド（1861）により体系化されたことはみなさんご存じのとおりです（社会診断）。それは、ハミルトンにより継承されました（診断主義）。その後パールマンによる機能主義など、多くの研究者により研究され現在に至っています。診断主義は問題をパーソナリティの病理的な部分に着目したのに対し、問題を抱える人々のパーソナリティの健康な部分に着目し援助関係の中で、クライエントが自らもっている意思の力を十分に発揮できるように促そうとしたのが機能主義アプローチです。成長と環境の改善が目標となります。つまり、保護者のパーソナリティの一部である「子育てをする力」を育て、環境も整えていくということになります。なお、バイステックの7原則は古典ではありますが、今でも多くの現場で原則として使われています。わかりやすく、現場に即した原則だからと思われます。

1．子どもおよび保護者の状況・状態の把握

バイステックの７原則

1. 個別化	相談者（子どもや保護者）を個人として捉える。 相談内容や抱える課題はカテゴライズできるが、背景はみな異なるうえ、誰もが、個人として大切にされたい欲求があり、それを尊重すること。
2. 意図的な感情表出	相談者の感情表現を大切にする。 相談者は自分の感情を自由に表現したいという欲求がある。状況に応じて、その思いを受け止め、援助する際には配慮すること。 話しやすい雰囲気を作るための環境を整えることも含まれる。
3. 統制された 　情緒的関与	援助者は自分の感情を自覚して、よく考えてからこたえる。 相談者の感情を理解し適切に対応をするために、援助者が感情をコントロールすること。
4. 受容	相談者を受け止める。 相談者を否定も肯定もせず、ありのまま受け止めること。だからと言って、それは逸脱した行動や態度を認めることではない。
5. 非審判的態度	相談者を一方的に非難しない。 援助者の価値観や善悪で審判したり、非難したりしてはいけないこと。援助者は、相談者が自分で課題と向き合い解決できるように援助することが役割です。
6. 自己決定	相談者の自己決定を尊重する。 相談者の自己決定を促し、尊重すること。自己決定がスムーズにできるように援助することも含まれる。援助者を中心として課題の解決が行われるようなことや相談者を従わせるようなことは、自己決定につながらない。
7. 秘密保持	秘密を保持して信頼感を培う。 相談者が打ち明ける秘密は、すべてが個人情報であり、それを護ることは援助者として倫理上の義務であり、秘密を守る配慮の積み重ねが信頼関係の形成につながること。

F.P. バイステック／尾崎新・福田俊子・原田和幸 訳『ケースワークの原則 新訳改訂版』誠信書房、2006 年、p.33、51、74、105、140、159、189

第4章　保育者の行う子育て支援の展開

相談者が話しやすい雰囲気をつくり、ラポールを形成するために必要な基本的面接技術

1. 傾聴	相談者の話を、積極的な関心を向けてよく聴くこと。
2. あいづち	話がしやすいように適度に短く、あいづちを打つ。 あいづちは、相談者に話を聴いていることが伝わり、「話してもいいんだ」と安心感につながります。
3. 繰り返し	相談者の話を、保育者の解釈を入れずに繰り返す。 相談者の話したいことを整理する上で役に立ちます。
4. 質問	はい、いいえで答えられる質問（クローズドクエスチョン） 例：お子さんはおいくつですか？ 答えが決まっておらず、こたえの自由度が高い質問（オープンクエスチョン）がある。 例：どのようなことでお困りでしょうか？ 状況に応じて、うまく組み合わせながら質問をする。
5. 共感	共感的な態度で話を聴く。 共感は、相手の思いを同じように感じることを意味していますが、保育者として相談を受けているという客観的姿勢を維持するように心がけましょう。
6. 沈黙への対応	沈黙ができた理由をしっかりと考えて対応する。 沈黙ができる理由には、質問された内容についてよく考えている、話がまとまらず、混乱している、話したくないなど、様々な理由が考えられます。 沈黙のできた意味をしっかりと考えて対応をしましょう。時には、待つことも大切です。
7. 要約	相談者から聞いた話のポイントをおさえて簡潔にまとめること。 相談者自身に話のポイントの振り返り、整理をする際に役立つだけでなく、保育者がきちんと話を聴き、相談の中心が何であったかを確認し理解を共有する上でも役に立ちます。

岩間伸之『逐語で学ぶ21の技法　対人援助のための相談面接技術』中央法規、2008、pp.32-72
および佐伯胖 編『共感　育ちあう保育のなかで』ミネルヴァ書房、2007、p.24 より著者作成

1．子どもおよび保護者の状況・状態の把握

② グループワーク

グループワークは人と人の関わりで生まれる相互作用を活用する援助の技法です。保育の中では日常的に使っている技法です。

> グループを活用して個人の成長や問題の解決を促す社会福祉の援助技術の体系。集団援助技術とも呼ばれる。（中略）グループワークの特徴は、グループダイナミックス（集団力学）を活用してメンバーの成長および課題の達成をはかる点にある。援助目的を達成するために活用されるグループワークの援助媒体としては、一般に、メンバーとワーカーの対面的援助関係、メンバー間の相互作用、プログラム活動、社会資源の活用の4つがある。また、グループワークの原則としては、メンバーとグループの個別化の原則、参加の原則、葛藤解決の原則、グループへの意図的介入の原則、制限の原則等があげられる。（後略）
>
> 森上史朗・柏女霊峰 編『保育用語辞典 [第7版]』ミネルヴァ書房、2013、p.230

保育の中でグループ活動を行うときもグループワークの技法は役立ちますが、保護者支援でもとても役に立ちます。保護者会のときなどにぜひグループ活動を入れてみてください。

③ コミュニティワーク

地域の抱えている問題を地域住民が主体的に活動し解決を図る援助の技術です。保育所をはじめ、児童福祉施設、幼稚園、認定こども園は地域と深く関わりながら活動をしています。

> 地域社会において住民に共通する生活問題に対し、住民主体の原則に基づいて組織的に解決できるように働きかけるコミュニティワーカーによる援助の体系。（中略）コミュニティワークでは、住民主体の原則や地域組織化および福祉組織化を重要な実践概念として展開される。コミュニティワークの一般的なプロセスとしては、地域の状況と住民のニーズを把握する「地域診断」、計画的改革のための「計画策定」、住民参加の促進、連絡調整、社会資源の動員、ソーシャルアクション等がなされる「計画の実施」、そして「評価」という段階をたどる。市町村社会福祉協議会の地域活動専門員はコミュニティワークの重要な担い手となる。（後略）
>
> 森上史朗・柏女霊峰 編『保育用語辞典 [第7版]』ミネルヴァ書房、2013、pp.230-231

④ 社会福祉運営管理（ソーシャルアドミニストレーション）

保育所や幼稚園、認定こども園は社会福祉法人や学校法人・市町村などによって経営されています。そしてそれを受けて、園長はじめ保育者・看護師・栄養士・事

務員・用務員などの職員により、組織が構成されています。そして、保育所や幼稚園、認定こども園の中心的な構成員は保育者です。保育を学ぶ学生のみなさんは、保育者は運営なんて関係ない、と思っていませんか。どのような保育所、幼稚園、認定こども園になっていくかは、みなさんの仕事に向かう姿勢で決まるといっても過言ではありません。子どもの最善の利益を護るための、心のこもった効率のよい、無理・無駄・斑（むら）のない運営はどうしたらよいか、ぜひ運営管理についても学んでください。

　　社会福祉の運営には、2つの側面が存在している。一つは社会福祉施設の運営管理であり、一つは社会福祉サービスの運営管理である。前者は、伝統的なソーシャルワークの枠組みの中で発展してきたものであり、ソーシャルワーク・アドミニストレーションとかソーシャルウェルフェア・アドミニストレーションと呼ばれる。ここでの社会福祉の運営とは、社会福祉施設の人事管理や事務管理、財務や設備管理の諸問題を焦点として、いかに施設を運営していくかを課題として考えられるものである。主にアメリカなどで発達してきた技術である。後者の意味での社会福祉の運営は、主にイギリスで研究されてきたものであり、ソーシャル・アドミニストレーションと呼ばれる。わが国では、社会福祉行政、社会行政、社会福祉運営、社会福祉経営などと訳されている。ここでの社会福祉の運営は、施設や機関の運営管理に限定されるものではなく、一定の範囲において存在する社会的ニードをいかにして充足していくかが課題とされるものであり、そのための政策形成・運営や組織管理が内容となる。（後略）

山縣文治・柏女霊峰 編集委員代表『社会福祉用語辞典［第9版］』ミネルヴァ書房、2013、pp.162-163

　新しい保育所保育指針の第1章総則3「保育の計画及び評価」（3）「指導計画の展開」アにおいて、「施設長、保育士など、全職員による適切な役割分担と協力体制を整えること」とあります。何気ない一文で読み過ごす人も多いと思いますが、これを行うには、社会福祉の技術の一つである施設運営管理論を勉強しておく必要があることを意識してほしいと思います。

⑤ 社会福祉調査（ソーシャルリサーチ）

　社会福祉調査と聞くと、難しくて嫌だと思っていませんか。実は保育者は、いろいろな形で調査をしています。その調査活動を、より科学的に行うために社会福祉調査の技法は役立ちます。入園前の聞き取り調査から始まり、行事への出欠のアンケートや個別面接まで調査技術が役立ちます。ぜひ、学生時代にきちんと学んでおいてください。卒業研究等でも調査技術を使って、裏付け（エビデンス）を整えて、まとめてみてください。

社会福祉調査は、世論調査、統計調査などを含む社会調査を応用したもので、共通の手法を用いるが、調査目的を社会福祉問題の抽出及び問題解決と防止のための資料の提供と位置づけており、この点で社会調査と区別される。調査の内容は、主に２つに分けられる。一つは現在提供されている社会福祉サービスに対する要求や潜在的ニーズの発見など、福祉ニーズの的確な把握と分析である。もう一つは、ニーズ充足のために提供されている社会福祉サービスの効果の測定である。方法としては、調査対象や目的によって統計的調査や事例調査などが用いられる。

山縣文治・柏女霊峰 編集委員代表『社会福祉用語辞典［第９版］』ミネルヴァ書房、2013、pp.162

⑥ ソーシャルアクション

　ソーシャルアクションとは、社会に働きかけ、新しい法律や条例等につなげ、新しい制度をつくっていくことです。保育や社会福祉は、常に、社会の変化や社会のニーズに合わせて変化していかなければなりません。不要になることもあり、新しくつくる必要があることもあります。常に子どもの最善の利益を護ることを考えながら、世の中をつくり直していくことが大切です。

　たとえば、保育者は園だよりや給食だよりを通して、両親の子育てに関する考えにいい気づきを提供したり、食育に対する意識を改善したりしてきました。そして食生活に関する社会的な課題意識の高まりの中で、そういった食に関する多くの保育所や幼稚園等での取り組みが、子育て世代を中心に社会全体の意識や興味・関心を高めた側面がありました。食育についての世の中の意識が向上し、保育所に入れない待機児童の問題をはじめ、他の問題と関連しながら、食物アレルギーに関することなども含め、広く保育に関することの意識も高まりました。結果として、「保育所におけるアレルギー対応ガイドライン」（平成 23 年）や「保育所における食事の提供ガイドライン」（平成 24 年）が出されるなど、世の中が変わっていっているのです。

　少子化で利用者が減るはずの社会で、保育所不足が起きていることは、夫婦共働きの広がりとともに、「保育所はしっかり子どもを預かってくれるので、安心して子どもを預けられる」と保護者が思うようになってきたこととも関係しているでしょう。保育者の実践がいつの間にか社会を変えていることにも、気づいてほしいと思いますし、より積極的に世の中を変えていくために何をしたらよいかを考えてください。

（３）ソーシャルワークで事例を考える

　ソーシャルワークによる、子育て支援の展開過程は以下の通りですが、この過程

をより理解しやすいように事例と対応させて考えてみました。事例4－1を参考に考えてください。

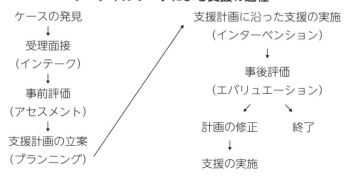

ソーシャルワークによる支援の過程

事例4-1　追い詰められてしまった親の事例

　この事例は、保育所の園長が対応した事例です。
　ある日、保育所担当の保健師から電話が入りました。「3歳児健診のとき、子どもを殺してしまうのではないかと不安を感じるときがあるという母親の相談を受けました。しばらく医者とフォローしてきましたが、保育所にお願いした方が、毎日みてもらえるのでよいのではないかということになりました。お宅で受けてもらえないでしょうか」との依頼でした。
　第一反抗期は親にとって子育ての難しいときですから、虐待の傾向のある母親には厳しい時期となるのではないかと思いながら、園長は話を聞いていました。保健師は、母親の子どもに対する感情が、相談を受けたときより悪くなっているのが気になるとのことでした。
　保育所・保健所・福祉事務所・児童相談所のそれぞれの担当者が集まり相談し、虐待予防のため、保育所で保育を受けることとなりました。
　母子で保育所に来てもらい、入園前の面接と入園に際し準備するものや保育時間の確認を行いました。
　入園の日に、タクヤを連れて登園した母親は、布団カバー上下、寝間着袋、靴袋など全部、自分の手作りの品をもってきました。既製品を買ってもってくる母親の多い中、全部自分で作った母親が虐待をするのは信じられないと園長は思いました。「すごいですね。全部お作りになったのですね」と感心して言うと、うれしそうに「ええ」と答えました。タクヤの方に「お母さんにつくってもらってよかったわね」と言うとタクヤもうれしそうに「うん」と答えました。
　タクヤの慣れ保育の間に、園長が母親と面接しました。母親は、「タクヤが時々反抗的で、その時の表情が夫の父親にそっくりなのです」と嘆く。「そうですか。お母

１．子どもおよび保護者の状況・状態の把握

さんも大変ですね」と園長が相槌を打つと、母親は自分の気持ちをこの人はわかってくれると思ったのか「じつは…」と話し始める。「じつは、夫の実家は自営で運送業をやっています。父親と母親が出会い結婚したいと夫の父親に（タクヤの祖父、以後祖父と記す）話すと祖父は絶対許さない、結婚するなら出ていけ」とのことで、仕方なく二人は家を出て今のところに新居を構えました。夫はトラックの運転手として働いています。それから祖父とは全く没交渉です。やがて子どもができ、だんだん子どもが育つにつれ、なんと子どもが祖父にそっくりになってきました。子どもの顔を見ると結婚に反対した祖父を思い出しイライラしたり腹が立ったりするのです。とくに子どもが、言うことを聞かず反抗的に私を見る顔は、本当に祖父に似ていて…とのこと。園長が「そうでしたか、お母さんも辛かったのですね、よく頑張ってタクヤ君を育ててきましたね」と言うと母親はうれしそうに深く頷きました。

また、別の日には次のように話してくれました。「タクヤは３歳に近くなり、反抗的になり祖父そっくりな顔をしてわたしを困らせるのです。追い出された恨みが頭をよぎりタクヤの私を困らせるわがままが憎らしく、水風呂につけてしまったり、たたいたり、夫のいない雪の日に裸にして外に出したりしました。すると、ますますその反抗的な顔が祖父に似てきて・・・」と言い、泣きだしました。園長は「お母さんも辛かったのですね」と母親の気持ちを受容しました。

それから数日後、いつものように午後４時にお迎えに来て、タクヤと一緒に帰った母親から電話がありました。時計は午後５時を指していました。電話の向こうで母親が泣きながら「タクヤを水風呂につけてしまった…」とのこと。「タクヤ君はどうしているのですか」と聞くと、「今ここにいる」とのことなので「すぐ行きますので、そのまま何もしないで待っていて下さい」と母親に言い、心配そうに傍で電話の様子を見ていた主任保育士に「児童相談所にこの件を連絡してください。タクヤの家にいってきます。また連絡します」と言い、自転車に飛び乗りタクヤの家に駆けつけました。

アパートの玄関を開けると、タクヤは水をぽたぽた垂らした服のまま泣いていました。母親は座り込んだまま、ボーッとしていました。園長はタクヤに「先生が来たから大丈夫よとニッコリ笑いかけ、すぐに濡れた服をぬがせながら「お母さんバスタオルをお願いします」というと、母親は慌ててバスタオルをもってきました。「乾いた洋服もお願いします」と言うと洋服を持ってきました。園長はタクヤの体をふき、乾いた服を着せ、抱きしめて「びっくりしたわね」と声がけをしました。タクヤも安心したのか泣きやみ、園長に「お母さんが僕をお風呂の中に入れ頭を押さえたの、僕は水を飲んでしまったの」と言います。園長は「そうだったの、びっくりしたわね。お水たくさん飲んだの」と聞くと「コンコンしたけど、今は平気」と言うので、「よかった」と、またタクヤを抱きしめました。「お母さんが先生の所に電話をくれたので、先生びっくりして飛んで来たのよ。お母さんが電話をくれてよかったわ」と言いました。

タクヤを膝に乗せ「お父さんはいつ帰ってくるの」と母親に聞くと「あと１時間

第4章　保育者の行う子育て支援の展開

ぐらいで帰る」とのことでした。園に電話して「父親が帰ってきてから、園に帰る」ことを告げました。おもちゃを借りて、タクヤと遊びながら、母親とは今度の遠足の話などをして、父親の帰りを一緒に待ちました。

　1時間ほどすると父親が帰ってきたので、母親やタクヤの気持ちに配慮しながら今日のことを話し、明日、朝登園のとき父親も一緒に来てくれるように話す。

　翌朝、園長、主任保育士、担当保育士と父親で話し合い、母親とタクヤを二人にしないよう、必ず父親の送り迎えをお願いしました。「午前7時から午後7時までの間は開所しているので仕事の様子に合わせ、お迎えをお願いしたい、何かの都合でどうしてもお迎えが遅くなる場合は誰かが残るようにしますので、なるべく早くお知らせください」と伝えました。保育所と夫の支援を受けたことにより、母親は気持ちが安定してきました。

　それから1年、母親は運転免許を取り、仕事に就きました。そのような折、2人目の妊娠がわかりました。2人目の出産を機会に祖父との関係を改善しないと、2人目の子どもにもタクヤと同じ事が起こるかもしれないと心配した園長と父親は、話し合いの中で祖父に二人の孫のことを伝え、祖父と母親の関係を改善したほうがよいのではないかとの結論に達しました。

　父親は、二人の子どもと奥さんのことを考え、園長と相談したうえで、勇気を出して祖父に子どもたちのことを伝えました。「子どもたちもおじいちゃんに会いたがっている。保育所でもタクヤは子ども同士のおしゃべりの中で『僕にも、おじいちゃんがいるんだ。僕に似ているんだって』などと自慢しているようなので、一度おじいちゃんに会わせてあげたい」と言うと、祖父の喜びようは大変なもので、すぐに二人の子どもを連れて夫婦で会いに来るようにとのことでした。

　家族4人で祖父を訪ねた翌週には、祖父との話し合いでタクヤの家族は祖父の近くに引越し、父親は祖父の仕事を手伝いトラックの運転手として働くことになったとのことでした。

　引越し後3か月ほどして、母親が保育所を訪ねてくれました。母親によると「祖父は二人の孫をとても可愛がり、私にも結婚に反対して悪かったと謝ってくれました。また、私にも、とてもよくしてくれるのです」とのこと。下の子どもも、すくすく育ち「子どもがこんなにかわいいとは思わなかった」と言う母親の言葉が印象的でした。

（4）事例の考察

① 保育者（園長）の関わりと事態の展開について考える

　それでは、4－1の事例について考えてみましょう。

　保育所の支援で母親の情緒の安定をはかり、父親と協力して危機を乗り越え、両親を支えながら祖父との関係改善を図ることにより、子どもを護ることができました。しかし、この結果に至る過程に全く問題はなかったでしょうか。以下考えてい

きます。

　まず、保育所での受け入れが決定した後、園長と母親との関わりにおける「日常的・継続的な関わりを通じた、保護者との相互理解と信頼関係の形成」はうまくいっています。母親は自分が子どもを虐待してしまう原因にも気づいており、それを園長に話しています。

　また、母親が「子どもを、水風呂につけてしまったり、たたいたり、夫のいない雪の日に裸にして外に出したりしました」と話をしたとき、3章の事例3－8のように批判したり叱りつけたりせず、その時の母親の苦しさを受け入れたことは重要です。

　話しを聞いたときは、直接批判せず受容しますが、虐待は子どもの心に深い傷をつけますし、ときには命を奪います。必ず園内で早急にカンファレンスを開き、児童相談所と連携しながら、園全体で対応しましょう。虐待は子どもおよび保護者の状況や状態の把握がまず大切です。カンファレンスに児童相談所の児童福祉司にも入ってもらいましょう。

　さて、この事例において、母親が虐待を繰り返さないための対応が甘かったことは大きな問題です。もっと早く母親とタクヤを二人きりにしない環境にすべきでした。この点は大きな失敗でした。一歩間違えば、タクヤの命に関わる危険性がありました。

　取り返しのつかない事態につながる可能性は事例3－8と同じで、この部分を考えると、事例4－1も失敗の事例に入ります。最後にはとてもうまくいっていますが、途中経過では問題を抱えています。虐待問題では途中経過をとても大事に考えるのは、事例5－10のように、もし一歩間違えば子どもの命が失われる可能性があるからです。

　事件後の対応としては、父親の勤務時間に合わせ保育時間を設定したこと、園でのカンファレンスのなかで祖父と母親の関係を改善しなければ、二男も虐待の対象になることがあり得るとの意見が出され、園長が父親と話し合い父親も祖父との関係改善に積極的な気持ちになったこと等、保育者たちと保護者の合意ができたことがあげられます。

　これも、園長が日常的・継続的な関わりを通じた保護者との相互理解と信頼関係の形成ができていたからであろうと思います。

② ソーシャルワークの問題解決のプロセスに当てはめて考える

　状況や状態の把握という側面からこの事例について考えてみましょう。まず前述した、ソーシャルワークの問題解決のプロセスに当てはめて考えてみます。子育て家庭の生活問題解決への過程をみながら考えましょう。ケースは保健所からの依頼

第4章　保育者の行う子育て支援の展開

によります。このケースでは、通常アセスメントの段階で決まる支援のニーズがあらかじめ伝えられています。具体的には虐待予防です。母親の虐待を予防し虐待要因を取り除くことです。受理面接（インテーク）では、どのようなときにどのようなことが起きたかを把握することが大切ですがここでは、子どもの発達の状況や父母の仕事、保育時間など、入園上の必要事項が優先されており、直接の虐待に対する情報の収集は控えています。情報の収集は、入園後の母親との面接や日々の会話の中で少しずつ得ています。子育て支援での情報収集はケースワーク場面での情報収集と異なります。日常の保育に関する保護者対応をしながら、少しずつ進めますが、親の出しているサインは、ノンバーバルなものも含めてきちんと気づくことが大切です。

　アセスメントは対象を評価・査定するという意味ですが、客観的な評価基準を設定し情報を使える情報と使えない情報に分けていきます。

　そして支援計画の立案をし、実施します。以下は、この事例の支援過程を図表化したものです。生活問題解決への過程について、考えてみましょう。

プロセスの項目	内　容	備　考
ケースの発見	保健所からの依頼による。	ニーズは、母親の虐待を予防し、虐待要因を取り除くこと。
受理面接（インテーク）	入園のための必要事項の聞き取り。入園後の母親の面接からの情報、送り迎え時の親からの情報から収集。	虐待について、母親には聞かない。
事前評価（アセスメント）	入園のための必要事項の聞き取りや母親面接から得た情報から、虐待予防に使える情報と使えない情報を分ける。	
支援計画の立案（プランニング）	保育の中でのタクヤに対する配慮、母親・父親に対する配慮をカンファレンスで決める。	
支援計画に沿った支援の実施（インターベンション）	日常的な母親への虐待予防のための配慮を保育者みなで実践する。	
事後評価（エバリュエーション）	タクヤを水風呂につけてしまう事件が起き、それを予防できなかったことは大きな失敗であった。	
計画の修正	タクヤを母親と二人にしない配慮をする。	

支援の実施	父親からタクヤを預かり、父親に返すようにした。	
計画の修正	第2子がタクヤと同じにならないように、夫婦と祖父の関係の改善を図ることが大切との観点から話し合われ、父親が祖父に孫のことを報告することとなる。	
支援の再実施	祖父に孫のことを報告、祖父は大喜びをし、息子夫婦に稼業を手伝うように提案。嫁にも結婚を反対したことをあやまる。	
終了	若夫婦は祖父の近くに引っ越す。夫婦は家業を継ぎ祖父とも仲良く暮らしているとのこと。タクヤも二男も祖父によくなつき、母親と祖父の関係も良好となった。	

2. 支援の計画と環境の構成

　保育においては様々な計画が作成されます。保育者が日常的に作成する機会の多いのは、指導計画でしょう。それ以外にも、食育計画や保健計画などがあります。そして、子育て支援の計画も作成されます。これらの計画は、それぞれ別個のものではなく、全体的な計画において位置づけられることになります。このことについて、保育所保育指針と幼保連携型認定こども園教育・保育要領には次のように記されています。

保育所保育指針　第1章　3　（1）
ウ　全体的な計画は、保育所保育の全体像を包括的に示すものとし、これに基づく指導計画、保健計画、食育計画等を通じて、各保育所が創意工夫して保育できるよう、作成されなければならない。

幼保連携型認定こども園教育・保育要領　第1章　第2　1　（1）
　（前略）教育及び保育の内容並びに子育ての支援等に関する全体的な計画とは、教育と保育を一体的に捉え、園児の入園から修了までの在園期間の全体にわたり、幼保連携型認定こども園の目標に向かってどのような過程をたどって教育及び保

育を進めていくかを明らかにするものであり、子育ての支援と有機的に連携し、園児の園生活全体を捉え、作成する計画である。（後略）

　このように、保育所あるいは幼保連携型認定こども園において作成される個々の計画は、全体的な計画において有機的に位置づけられることになります。
　では、子育て支援における保育相談の計画とはどのようなものでしょうか。基本的な考え方は、相談内容を適切に把握し、それにどのような対応が可能であるかを明確化しておくことです。相談内容に対する対応については、大きく３つのレベルで想定されます。１つめは、保育者個人で対応可能なレベルです。２つめは、個人での対応を越えて保育所全体で対応する必要のあるレベルです。３つめが、保育所での対応では困難で外部の専門機関につなぐ必要のあるレベルです。相談内容に応じて、どのレベルでどのように対応するかを想定していくことになります。
　これまで保育相談には、あらかじめ予定されている相談と、日常の中で不意に始まる相談とがあると大別してきました。それに伴って、計画も二つに分けて考えていきます。

（１）あらかじめ相談内容が予測されるもの

　保育相談の中には、前もって予定されるものがあります。保護者から申し出があり、ある程度相談内容の予想がつくようであれば、事前に準備することが可能になります。その場合は、一般的な意味で計画を作成することが可能になります。

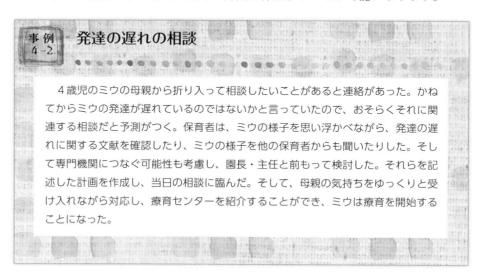

事例4-2　発達の遅れの相談

　４歳児のミウの母親から折り入って相談したいことがあると連絡があった。かねてからミウの発達が遅れているのではないかと言っていたので、おそらくそれに関連する相談だと予測がつく。保育者は、ミウの様子を思い浮かべながら、発達の遅れに関する文献を確認したり、ミウの様子を他の保育者からも聞いたりした。そして専門機関につなぐ可能性も考慮し、園長・主任と前もって検討した。それらを記述した計画を作成し、当日の相談に臨んだ。そして、母親の気持ちをゆっくりと受け入れながら対応し、療育センターを紹介することができ、ミウは療育を開始することになった。

　この事例のように、前もって予測がつく場合は、事前の準備を整えることがある程度可能です。これがいわゆる計画の作成ということになります。

（2）日常の中で不意に始まる相談

　先に、ある程度予測できる相談について述べましたが、保育相談についてはむしろ日常の中で不意に始まることが数多くあります。その場合、保育者にとって事前の予測が困難です。この保護者は、このような相談を持ちかけてくるだろうな、と前もって考えながら保育することはできません。その意味で、そこでは事前に作成する計画書みたいなものを用意することはできません。それでは計画は全くないことになるのでしょうか。

　そうではありません。第3章で述べたように、保育者は不意に始まる相談に対して、自分の身体の中に埋め込まれた技術をその時その場の判断で適切に使用しながら対応していきます。

　このように、身体の中に埋め込まれた知識・技術・判断というのを、リソース（資源）という捉え方をします。これに基づいて、リソース（資源）論としての計画を考えていきます。リソース（資源）論という計画は、突飛なものに思えるかもしれません。しかし、私たちは、これに類することを日常的に行っています。

　たとえば、通学・通勤の途中でのどが渇いたと感じたとき、いつもの道筋より少し遠回りになるがコンビニに寄ってペットボトルを購入するということがあります。このとき、コンビニの場所を知っていること、そこに行くために道筋を変更するという判断をすることなど、自分の中にあるリソース（資源）を使っているといえます。

　リソース（資源）論という計画の考え方は、このようなものです。もちろん保育相談の内容は、コンビニに寄るという行為のように簡単なものではありませんから、自分の中にどのようなリソース（資源）があるのか、今後のためにはどのようなリソース（資源）を蓄積することが必要か、ということを自覚化することが必要になります。

　ここで注意しておきたいことがあります。もしインターネットなどでリソース（資源）論を検索すると、企業経営や産業プロジェクトなどに関連したトピックがヒットすると思います。ここでいうリソース（資源）論は、それとは違います。というのは、企業経営などのリソース（資源）論は、効率や機能性を追求するものとして論じられることが多いのですが、保育相談支援のリソース（資源）論は、むしろ保育者の技術論と関連するものであり、効率を重視するような視点とは異なるからです。

　もしかしたら、保育の技術論であるなら、とくに計画として考える必要はないのではないか、自分の中にあるものだからことさらリソース（資源）として意識する必要はないのではないか、と思うかもしれません。

第4章 保育者の行う子育て支援の展開

　これもやや短絡的です。というのは、不意に生じる出来事に対しては、ある程度の想定がなければ慌てるだけだからです。しかし、前もって「もしかしたら」に対する備えがあると、そのままではなくても対応できます。たとえば、東日本大震災のとき、保育所における犠牲者はほとんどありませんでした。それは適切な対応がとられたからです。

事例 4-3　東日本大震災からの避難
津波、余震の恐怖と寒さに耐えて

　女川町には公立保育所が3か所あります。そのうち第二保育所は津波で流出、第一保育所は八月末まで避難所となっていて、多いときは地域のかたが300名避難していました。

　第二保育所には、東日本大震災発生時、子どもが82名、職員が16名いました。午睡中だったため、ふとんをかぶって揺れが収まるのを待ち、4、5歳児はすばやく着替え、防寒着を着、靴を履いて戸外へ避難。3歳児以下の子どもたちは職員と一緒に靴を履き、所定の場所に整列しました。……（略）……

　防災無線から「大津波警報発令」のアナウンスがあったため、高台への避難を開始。すぐに避難経路は海側に一度戻ることに気づき、通常とは違う旧通学路を通り避難しました。がけ崩れが起きたら……との不安もあったので、女川町立第二小学校のグランドに足を踏み入れたときは本当にホッとしました。この時点で、子どもは50名残っていました（32名はお迎えが来て引き渡し）。

　しかし、建物の中は危険とのことで、教室には入れず、校庭に避難。
……（略）……

　そして……「ゴォー！！」「何の音？」と今まで聞いたことのない恐ろしい轟音。フェンス越しに海を見ていた人の「津波だ！ここまでくるぞ！」「もっと高いところに逃げろ！！」の声に、より高台の総合運動場に逃げることになりました。津波の音が聞こえてくるなかでの避難で、子どもたちにも恐怖感を与えたようですが、子どもたちは必死についてきてくれました。女川町を襲った津波は18 mを超える高さだったそうです。

　運動公園の芝生に集合して、人数確認。みぞれが強くなってきたので、毛布のテントでしのぎました。だんだん暗くなり、一時間以上ずっと立ちっぱなしだったので、体育館前のテントの中で座れたときは、28名残っていた子どもたちもホッとした表情をしていました。それもつかの間、今度は陸上競技場に移動し、しかし余震が繰り返し襲ってくるため、そのたびに雪の降る戸外に出ました。
……（略）……

　その後、水が引いてきたとの話を聞き、職員が3名、第一保育所に向かい、着替えやおむつ、食料を分けてもらいました。このような状況で、二晩過ごし、13日に

お迎えが来ていない子ども5名と第一保育所に移動しました。
（池田徳子・梁取礼子「津波、そして避難所として」『保育の友』全国社会福祉協議会、
2011年12月号、p.13-14）

　ここにあるように、地震・津波を想定して靴を枕元において昼寝をするというこ
と、その状態での避難訓練を行っていたことなどが、スムーズな避難につながって
います。また、子どもは保護者に直接引き渡すまでは保育者が責任をもって保護す
る、ということも想定されています。その結果、未曾有の大災害に遭っても園児を
護り、無事に保護者に引き渡せたわけです。まさに子どもを護る子育て支援です。

　起こるかどうかも分からない大震災への備えが、単に訓練ではなく、日常の中に
保育者の構えとしてあったわけです。それがリソース（資源）です。そして、行動
するとき、予定された経路ではなくその場の判断により変更しています。これも適
切な判断に基づくリソース（資源）の活用です。この道は危ないということ、別な
道があることを既に知っていたわけですから。

　つまり、地震・津波に対応するリソース（資源）を保育者が自分のものにしてい
たから、子どもの生命を護るという行為が可能になったのです。あれほどの大災害
の中で保育所での犠牲がほとんどなかったということは、大勢の保育者にリソース
（資源）とそれを活用する技術があったということですから、本当にすごいことです。

　このように、日常の中で不意に生じる保育相談に対しても、リソース（資源）が
あれば対応は可能だということです。それを言語化し自覚化することが、リソース
（資源）論としての計画です。暗黙の了解ではなく、自明のものとして可視化する
ことが計画の作成であり、環境の構成といえます。

　ではどのようなものが、リソース（資源）になるのでしょうか。ここでは次のよ
うなものを上げておきます。

　　・保育者個人‥‥傾聴の原則、受容の原則、自己決定の原則など
　　・保育所内‥‥‥職員間の連携など組織的な在り方
　　・保育所外‥‥‥地域の社会資源についての把握

　この中で、特に地域の社会資源を計画として示す方法に、マップ化するという方
法があります。それが次のような例です。

社会資源の図式化の例（リソースマップ）

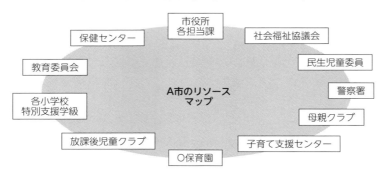

　これはO保育園の主任保育士が、A市の社会資源の図式（リソースマップ）として作成したものです。そしてこの保育園では、次のような事例がありました。

> **事例4-4　子育てに意識を向けない保護者の支援**
>
> 　4歳児で入園してきたユメ。現在は5歳児になる。ユメの発達に気になるところがあるが、保護者は保育園との関わりや子育ての意識が弱く、保育者から話を持ちかけても全く聞いてもらえない。
> 　就学が近づいてきていることもあり、主任保育者は、地域の担当の方々に集まってもらって共同の会議を開催した。役所の担当者、保健センターの保健師、療育センター、教育委員会、小学校の特別支援教員、子育て支援センター担当者などの集まりである。
> 　最初の会議で、まず状況を説明し、理解を共有してもらった。その後、保健師と小学校との連携がとれ、保護者との関わりがもたれるようになった。そして、保育園を中心にして、サポート体制がとられ、特別支援学級に就学する手続きがとれるようになった。

　この事例は、保育者のもつソーシャルワーク機能が発揮された事例ですが、そのためにリソースマップが有効であることがわかります。地域にどのような社会資源があるか、それをネットワーク化するためにはどのように働きかければよいかなどを、保育者が計画として把握し、そのための環境の構成を行ったので、対応困難な場合の対処がとれたわけです。
　このように考えてくると、計画とは単なる予定表ではなく、子育て支援において有効な対応をとるための前もっての構えであることがわかります。そのための環境

の構成を行う、つまり子育て支援のための体制構築を行うことが求められているのです。

演習 自分の住んでいる地域のリソースマップを実際に作成してみましょう。

第4章　保育者の行う子育て支援の展開

3．支援の実践・記録・評価・カンファレンス

（1）記録

　保育において、記録を取ること、残すことはとても大切な作業です。保育において記録を取ることがなぜ必要なのでしょうか。保育における記録の意味は大きく2つあるといえるでしょう。

1）子ども理解を深め、明日の保育（援助）を考える手掛かりを得るため

　　一日の保育を思い返すとき、あの時はわからなかった子どもの気持ちや状況が見えてくることがあります。記録に書き起こす作業は、日々の保育を振り返ることであり、子どもを深く理解する上で必要不可欠な作業です。また振り返ることにより、子どもの育ちに気がつき、子どもの次なる育ちの課題が明確になることで、よりよい保育を求めて保育実践を改善することができます。

2）保育者としての説明責任を果たすため

　　子どもの専門家である保育者として、同僚保育者や保護者に対して「なぜそのような保育をしているのか」根拠をもって意図を説明できなければなりません。記録を通して振り返ることにより、自分自身の保育観や考えを明確にすることができます。また、記録に書き起こし、形に残すことは、同僚保育者・保護者と保育に対する考え、子ども理解の内容を共有するための材料になります。子どもの成長・発達に必要な環境を用意し、よりよい保育実践を創りだすためには、子育てに関わる保育者・保護者が共有できる記録を残すことが求められます。

① 日常的な記録の工夫：子どもの成長を共有するための日々の保育記録

　保育者による子育て支援の特徴は、子どもの保育に関する専門的知識・技術に基づき、保育と一体となって子育て支援の実践が展開されるということです。まずは保育の中で作成される記録を保護者と共有できる内容に整理しておくことで、子育て支援に活用することができるでしょう。

　保育所での子どもの様子について、出来事を伝えるだけではなく、「子どもの成長の喜び」を伝え合うことができる保育者となるために、子どもの姿を成長の観点から記録しましょう。

ⅰ 子どもの育ちをとらえる日々の記録

氏　名	今日の様子（　　　　年　　　月　　　日）		
	生活：		
	遊び：		
	成長の観点		
	生活：		
	遊び：		
	成長の観点		
	生活：		
	遊び：		
	成長の観点		

　子ども理解を深める上で課題となるのが、集団保育の中で子ども一人ひとりの成長・発達、園での生活状況を把握するということです。保育では、常に複数の子どもを見る中で、一人ひとりの個別の状況を把握しなければなりません。上記に示した書式は、子ども一人ひとりを見ることができているか、自分がどのようにその子どもを評価しているのか把握するために有効です。担当する児童の人数分枠を作り、今日一日の子どもの様子を成長の観点から簡潔に書きだしましょう。「特定の子どもを見ている」「特定の問題に視点が偏っている」など、生活や遊びの中で子どもたちがしている経験を捉え、成長を読み取る保育者の観察力を養うことができるでしょう。

演　習　　子どもの育ちを個別に理解する

　　4月入園のアヤミ（1歳3か月 , 女児）は、園の生活にも慣れた様子で、今日も給食を残さず食べていた。中でも手掴み食べができる蒸し野菜は、一つひとつ保育者に見せながら嬉しそうに食べていた。午睡も1時間半、たっぷり眠った。午睡前の読み聞かせで「つくしんぼ」の手遊びをすると、じっと自分の人差し指を見つめる姿が見られた。

氏　名	今日の様子
井上　あやみ	生活：
	遊び：
	成長の観点

第4章　保育者の行う子育て支援の展開

ii 子どもの育ちを共有するための記録

　連絡帳も、子ども理解の内容を共有するための媒体、成長の記録として活用することができます。子ども理解の内容を共有する・子どもの成長を共有するという観点から連絡帳を作成することにより、保護者の子育てに向かう気持ちを支える子育て支援の機能をもった記録となります。

演習　　子どもの成長の喜びを共有する ～連絡帳への記録・伝達～

2歳児クラスひよこ組「三輪車」2月中旬

　ショウタ（2歳5か月、男児）は、好きな遊びの時間にアオイ（2歳10か月、男児）と一緒にいる姿がよく見られます。

　2歳児クラスは、午前の好きな遊びの時間に園庭に出ました。2歳児クラスだけが園庭に出ていたので、普段は幼児クラス（3～5歳児クラス）が使用している園庭中央の広いスペース「広場」を使うことができました。子どもたちは、思う存分遊ぶことができました。

　ショウタは自分で靴を履いて園庭に出ると、アオイの後に続いて三輪車置き場に行きました。しばらくすると三輪車置き場からショウタの泣き声が聞こえたので慌てて行ってみると、アオイと赤い三輪車を取り合い、泣いていました。

　私（担任保育士）の姿が見えると、ショウタは「赤いのがいいの」と言って駆け寄ってきました。その数秒の間にアオイは赤い三輪車に乗って、広場へ走っていきました。

　ショウタは、少し落ち着いたところで周りを見ると、何かに気がついた様子で、自分から三輪車置き場へ戻り、青色の三輪車を選ぶと広場へと一直線にこいでいきました。笑い声をあげながら前を見て走るアオイと、地面を見つめて一生懸命真剣にこぐショウタ。15分ほど、熱中して三輪車に乗りました。

　給食はおかずの豆腐ハンバーグをおかわりし、2つ食べました。午睡も90分は寝ました。

　三輪車をめぐる一連の出来事からショウタの成長を感じ、担任保育士は嬉しくなりました。ショウタの成長を連絡帳で保護者に伝えることにしました。

3．支援の実践・記録・評価・カンファレンス

① エピソード記録からショウタの成長を、箇条書きで２つあげましょう。
　エピソードに記された子どもの姿を取り上げ、その姿から読み取ることができるショウタの成長を具体的に書きましょう。

１）_____

２）_____

②　①をふまえ、あなたが保護者に一番伝えたいことを整理しましょう。
　あなたはショウタの担任保育士です。ショウタの成長として保護者に一番伝えたいことを整理しましょう。一番伝えたいことと、そのように考えた理由を書きましょう。

１）一番伝えたいこと_____

_____

２）理由_____

_____

③　①〜②を踏まえ、ショウタの保護者に向けて連絡帳を作成する
　保護者に宛てた連絡帳の本文を枠内に書きましょう。
　また、連絡帳の本文を書く上で配慮したことについて配慮点を具体的に書きましょう。

１）連絡帳の本文

２）配慮点：「１．連絡帳の本文」を書く上で、内容や表現など配慮したこと

101

② 個別の支援を目的とした記録：課題を明確にし、必要な支援につなげるための記録

　支援を必要とする状況の把握にあたっては、相談により状況を把握する場合と、何気ないやりとりの中で保育者が事態を把握する場合が考えられます。実際に支援を計画するためには、把握した状況に間違いはないのか、必要な支援は何か精査する必要があります。それら評価（アセスメント）を行うためには、園内外の関係する担当者と情報を共有し、状況を評価するための記録が必要になります。

ｉ 支援のニーズを把握するための調査票

園児氏名	（生年月日　　　年　　月　　日）
相談者氏名	
家族構成 ※同居の家族および関係する親族	家族関係図（ジェノグラム）
相談内容	子ども：（　）発育，（　）発達，（　）社会性， 家庭　：（　）心身の状況，（　）家族関係， （　）経済の状態（　）（　）（　）（　）
子どものニーズ・課題	
保護者のニーズ・課題	
保育所の役割	保育所でできる支援の内容（担当者）
他機関連携	他機関と連携が必要な支援の内容（依頼機関）

・ジェノグラム（家族関係図）の書き方
書き方の基本事項
1）個人の標記　　① 女性は〇、男性は□の記号で示す。
　　　　　　　　② 記号の中に年齢を記入する。故人は×を記入する。
　　　　　　　　③ 相談者の記号は二重線で記入する
　　家族関係　　① 個々人の家族関係を線で結ぶ。関係性の状態は線種を変えて示す。

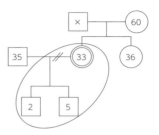

3．支援の実践・記録・評価・カンファレンス

　　　　　　　② 同居する家族は○で囲む。
婚姻関係　　① 夫婦間は直線で結ぶ。　　―――――
　　　　　　② 別居は斜線を加える。　　――/――
　　　　　　③ 離婚は二重斜線を加える。―//――

演 習　　ジェノグラムから家族構成を読み取りましょう。

① 子どもについて _____
_____
② 保護者の状況について _____
_____
③ 家族・親族内のサポートについて _____
_____

・エコマップの書き方
　支援を求めている相談者に対して、すでに行われている支援の内容を整理して図示します。課題を明らかにし、必要な支援を明確にするために、支援の観点から線種で関係性を示し、可視化することにより、現状を整理・評価します。

書き方の基本事項
　関係性　　① 希薄な関係性は点線で結ぶ。
　　　　　　② 強い関係性は太線で結ぶ。
　　　　　　③ 困難が生じている関係性は直線で結び、縦線を引く。

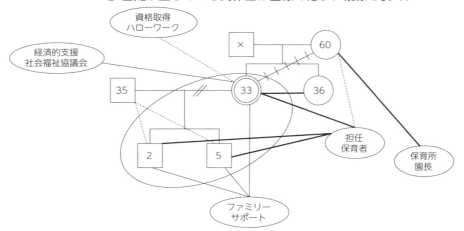

第4章　保育者の行う子育て支援の展開

　ジェノグラムやエコマップの記録の方法は、社会福祉援助技術（ソーシャルワーク）において体系化された面接記録の書き方です。療育や虐待など、他の専門機関と連携が必要になった際、速やかに情報共有を行う上で有効な記録法になります。しかし一方で、保育・幼児教育の場で保育者が日常的に作成している記録とは書式が異なります。記録は書き方を覚えることが目的ではなく、その情報を他者と共有し、使いこなすことが目的です。子どもたちの遊びや人間関係の広がりをエコマップで記録するなど、記録の方法を保育の記録に援用するといった工夫を行い、日常的に使いこなしていきましょう。

（2）評価・カンファレンス

　自分自身の保育、子ども理解の内容を同僚保育者や保護者と共有し、さらに「子どもの 健やかな育ち」が実現されるように意見交換することは、保育の質を高める上で有効です。保育と一体となった子育て支援の評価・カンファレンスの在り方について、保育所における保護者に対する個別面談の取り組みを紹介します。

事例 4-5　子どもの育ち・理解内容を共有する保護者面談の取り組み

　せせらぎ保育園では、11月と3月の保護者面談で、保育者が考えた子ども一人ひとりに対する保育目標について、資料を用いて説明しています。説明を受けた保護者は、家庭で課題となっていること、取り組みたいことなど「子どもの養育目標」を資料に記入し、保育所に提出します。

　みほ先生は、4歳児クラスの担任と学年主任を務める経験年数15年の保育者です。今年も11月になり、保護者面談の時期を迎えました。今日は、ハルトの母親と面談を行います。みほ先生は、ハルトの保育目標を「集中して話しを聞く態度を養い、見通しをもって行動することで自信をもつ」と設定しました。母親に保育目標を説明すると、「ハルトは話を聞いていると思うのですが…今日の保育参観でも座って聞いていましたし、返事もしていました」と、みほ先生とは異なる認識をもっていました。そこでみほ先生は、「ハルトくんは、座ってお話を聞いてくれます。朝の集まりでは、一番に準備をして、良いお手本になっています。でも、お話を聞いているときに目が合わないことがあります。そんな時は、話したことが伝わっていないことがあり、後で分からなくなる様子が見られます。読み聞かせなど、楽しいお話を聞く時間を通して、集中して聞く力を育てていきたいと考えています」と事例を交えて説明しました。すると母親は「そういえば、返事をしたのでわかっていると思ったら、いつまでも約束したことをやらないということがあります。テレビもついていたし、ちゃんと目を見て伝えないと聞いていないことと同じなのですね」と何かハッとされた様子で納得してくれました。5日後、ハルトの両親から「保育園であっ

3．支援の実践・記録・評価・カンファレンス

> たことなど、ハルトと話をする時間を作る」「寝る前に絵本を1冊読む」という旨の
> 養育目標が記された資料が提出されました。

　保育目標の設定にあたっては、まず担当・担任保育者が保育目標の案を作成します。そして、クラス担任でミーティングを行い、意見交換をします。クラス担任の間で、まずは、子どもの実態に即した目標になっているか、子ども理解の内容に誤りがないか丁寧に確認をします。次に学年会議・園全体の職員会議において説明を行い、最後に園長が文章表現について確認を行い、保育目標が決定します。保育目標を決定する過程にあるミーティングや会議は、子ども理解の内容と、保育目標や目標に基づく支援の方向性に無理がないか確認する機会となっており、自分の保育を精査する保育カンファレンスの機能を果たしています。また、保育所と家庭での課題を共有するための機会となっています。

保育・子どもの育ちを共有するための記録（保護者面談資料）

個 別 保 育 目 標（平成　　　年度）	
園児氏名：	生年月日： 　　　　　　　　　年　　　　月　　　　日
11月までの姿　（　　歳　　か月）	3月までの姿　（　　歳　　か月）
保育園より 〈保育目標〉　　　　　　　　　　　　　　印	保育園より 〈保育目標〉　　　　　　　　　　　　　　印
保護者より 〈家庭での 様子・生活〉　　　　　　　　　　　　印	保護者より 〈家庭での 様子・生活〉　　　　　　　　　　　　印

　保護者面談は、子どもの育ちに関する情報を共有し、保育の改善につながる手掛かりを得る保育の実践として展開されてきました。事例では、保育の実践として子どもの情報共有が行われてきた保護者面談において、保育者・保護者として子どもの育ちをどのように理解し、どのように子どもの成長を支えようとしているのか話し合いが行われています。

第4章　保育者の行う子育て支援の展開

　子どもの育ち、園での様子を伝達するだけではなく、保育・養育について話し合う機会とすることで、保護者を巻き込んだ保育の評価・カンファレンスとして保護者面談を展開することができます。

　また、子どもの育ちについて保育者と保護者が話し合うことにより、子どもの育ちのために最善を尽くす関係を築くことができます。保護者面談の場でコミュニケーションを取りながら、"共に子どもの育ちを考える者"として、互いの考え・対等な立場であることを確認することにより、保育者と保護者間に子どもの成長・発達の課題に向かい共に子どもを育てる関係を築くことができるでしょう。

　評価・カンファレンスの方法として、園内研修があります。同僚保育者間で、保育実践の事例を持ち寄り、現状や課題など、自分の保育について話し合う研修です。しかし、保育所等においては、職員の勤務時間が子どもに対する保育時間と重なるため、保育をしながら、評価・カンファレンスのための園内研修を開くことになります。その場合、保育者の配置など勤務に関わる調整が必要であるため、園全体で計画する必要があります。

　保育の評価・カンファレンスの機会として園内研修を計画することと併せて、既存の取り組みについて、保育の評価・カンファレンスの視点をもって実践の趣旨を見直すということは、実行性が高く、有効な方法です。より日常的で保育者の実態に即したカンファレンスを展開することができるでしょう。

　事例では、保育の営みとして実施してきた保護者面談が、保育の評価・カンファレンスの機会・子育て支援の取り組みとして機能しています。保育と子育て支援はそれぞれ異なる実践で展開されるのではなく、一体となって展開されます。また実践と評価、改善のプロセスも、保育の実践の中で一体的に行われています。

　すでに行われている子どもに対する保育の実践について、保育を見直す機会として活用できる機会がないか実践の趣旨を捉え直すこと、また、実践することと振り返りは表裏一体となって展開されることを意識することにより、保育の実態に即した方法で保育の振り返りと改善の機会を設定することができるでしょう。

4．職員間の連携・協働

（1）保育者は子どもの"みかた"

　保育者の役割は、第一に子どもの最善の利益を護ることです。保育所や幼稚園、認定こども園は、子どもにとって望ましい環境・生活を用意し、心身共に健やかに成長することを保障しなければなりません。そのために求められる力が子どもの『みかた』になる力です。保育者に求められる子どもの『みかた』になる力は3つあります。

子どもの見方になる力：子どもが感じていることや考えていることを共有しながら、子どものものの見方になって状況を理解しようとすること

子どもの味方になる力：子どもの行為や言動には必ず意味があり、それら子どもの気持ちを肯定的に受け止め、理解しようとすること

子どもの三方になる力：前後の状況や人間関係など、子どもの背景にある情報を踏まえて目の前の事象を俯瞰し、客観的状況を理解しようとすること

　子どもの『みかた』になる力は、子ども一人ひとりを適切に理解する力です。自発的で主体的な遊び・生活の中で、子どもは様々な目標を達成し、それにより自己実現の経験を得ています。子どもたちが意志・目的をもち、安心してやりたいことに向かうことができる保育・幼児教育の実践を計画するためには、子どもを理解する力が必要不可欠です。

　また、子どもの『みかた』になる力をもって子どもの気持ちがわかり、その気持ちが同僚である保育者、共に子どもの成長に向き合う保護者といった他者と共有されたとき、保育者と保護者の共通課題である「子どものために最善を尽くす」という目的に向かい、連携・協働することができます。

> **事例 4-6　子ども理解がつなぐ職員間の連携・保育者と保護者の連携**
>
> 　4月、1歳児になったメグミは、新しいクラスの環境に戸惑い、慣れ親しんだ0歳児クラスの保育室に登園する日が続いています。担当の愛先生は、メグミの情緒の安定を最優先課題として、職員会議で状況を説明し、朝の時間を0歳児クラスで過ごせるように保障しました。しかし、0歳児クラスや、在籍する1歳児クラスで度々メグミによる噛み付きや引っ掻きが見られたことから、職員会議で名前があがるようになりました。
>
> 　事態を把握した恵子主任が1歳児クラスに補助に入ることになりました。恵子主任は、メグミが1歳児であるにも関わらず、喜怒哀楽の表情が乏しいこと、午睡では一人で布団に入って眠ることが気になりました。恵子主任から「甘えることができない姿が気になる」との助言を受けた愛先生は、メグミの0歳時の様子を保育記録と、当時の担当保育者に確認しました。すると、0歳児の頃から泣いて保育者を呼ぶことがなく、保育者に甘えることで受容された経験が乏しいことが明らかになりました。愛先生は、メグミが困ったときに保育者を頼ることができるよう、まずは保育者との信頼関係が必要であると考えました。職員会議でメグミと一対一で関わる時間をつくることを提案すると、園全体で二人を支えることが決まりました。
>
> 　ある朝、園庭の大きな木を剪定するために、植木屋さんが木に登って作業をして

いました。登園時、メグミは園庭を囲むフェンスの外から植木屋さんの仕事をじっと見ていましたが、母親に「早く来なさい」と怒られてしまいました。その様子を見ていた愛先生は、涙目で登園したメグミが落ち着いたところで「見たかったよね？見に行く？」と言って園庭に誘いました。メグミは愛先生の誘いにうなずき、初めて自分から「抱っこ」と手を伸ばすことができました。翌日、愛先生は登園するメグミを心待ちにしていました。そして、登園したメグミを「昨日は楽しかったね」と言って、そっと抱きしめました。すると、いつもは目が合わないメグミと見つめ合うことができました。

　6月に入ると友だちに対する噛みつきや引っ掻きはなくなりました。一方で、保育者に対して噛みつく・引っ掻くといった行為が見られるようになりました。ある時、腕を強く噛まれた愛先生は「メグミちゃんのことは大好きだけど、噛まれるのは嫌よ」と言うと、メグミは、顔を真っ赤にして歯を食いしばりました。そこで改めて、メグミが我慢していたこと、その辛い気持ちを引っ掻くことや噛み付くことで表現していたことに気がつきました。愛先生は、メグミが何をしても否定せず、愛情を注ぐことを決意しました。

　メグミの気持ちを愛先生が受け止める関係ができた頃、お迎えに来た母親と二人で話す機会がありました。駆け寄る愛先生に母親は「今日はお友だちを噛んだり引っ掻いたりしませんでしたか？」と尋ねました。愛先生は母親の第一声を聞いて、今までメグミの良いところを報告できていなかったことに気がつき、反省しました。そして「メグミちゃんは転んだときもお迎えを待つときも、抱っこと言わないことに気づきました。メグミちゃんがお家で駄々をこねるのは、保育園で出せない気持ちを出しているからだと思います。お母さん、今まで大変でしたよね。ごめんなさい」と伝えました。加えて「今日はお昼寝の時間に特別なお手伝い係として、保育園の買い物に行きました。大人の中では遠慮せずに抱っこと言うことができました。園に戻ると、寝ている赤ちゃんを起こさないように、シーッと人差し指を口にあてて教えてくれました。お友達に優しいメグミちゃんです」と伝えました。すると母親は、「メグミも我慢していたのですね。実は表情が少ないことを指摘され、病院に相談したことがあります。保育園では自分よりも小さい子に噛みつくと聞いて、メグミのことがわからなくなりました。優しいと言われたのは初めてです」と、これまで不安に感じていたことを教えてくれました。

　その時、保育室から母親を探して泣くメグミの声が聞こえてきました。母親が保育室に駆けつけ、メグミを抱きしめると、メグミは嬉しそうに手を振って帰っていきました。0歳時のクラス担当保育者や恵子主任は、メグミが泣いて感情を表現する姿、大切な人を呼ぶ姿に、気持ちが安定してきたことを感じ、喜びました。

　7月に入ると、朝の延長保育時間を担当する千恵子先生から「メグミちゃん、最近とっても可愛い笑顔を見せてくれるようになったの」と報告がありました。登園した0歳児クラスで噛み付きや引っ掻きの問題に直面していた千恵子先生は、自信をなくしていました。愛先生との情報交換・共有により、メグミのことがわかって

きた今では、メグミの理解者となり、素晴らしい変化をいち早く見つけ、知らせて
くれる存在になりました。
　メグミが保育所で自分の気持ちを出せるようになり、落ち着いてくると、母親も
穏やかな表情で保育園に送り迎えに来るようになりました。そしてある日、母親か
ら「父親にも子育てに積極的になって欲しい」との相談があり、まずは一緒にお迎
えに来ることから始めることになりました。

（2）子ども理解を中心とした情報共有の大切さ

　子どもの『みかた』になる力は、保育者の専門性を支える力です。子どもの気持
ちや状態・状況がわかったとき、子どもに対して何ができるのか、「子どものため
に最善を尽くす」手立てとして、必要な援助を考えることができます。

　本事例に登場する担当保育者は、子どもの見方・味方になる力をもち、噛み付き
や引っ掻きといった行為に対して、問題の行為を止めるという観点ではなく、行為
に至る理由があると考えました。担当保育者は、子どもの気持ちが安定するように、
園内の協力を得て0歳児クラスに登園できる環境を整えるなど、子どもの最善の利
益を保障するよう努めながら、根本にある原因を把握しようとしました。

　そこで必要になるのは、前後の状況や、子どもの背景にある情報を踏まえて目の
前の事象を俯瞰し、客観的に理解しようとする三方になる力です。三方となって客
観的に子どもを理解するためには、情報収集や、自分の認識に誤りがないか、まず
は職員間で情報共有することにより、他の職員の意見を聞くことが有効です。

　本事例では、主任保育者の関わり・助言により解決の糸口を見つけ、前年度の保
育記録と担当保育者の話から情報を得ました。そこで保育の課題として、保育所が
安心して過ごすことができる居場所となるように、保育者と深い信頼関係を築くと
いう課題が明らかになりました。

　これら子どもを理解する過程の中で、職員間で情報共有による連携がなされたこ
とにより、子どもに対する保育の環境を整えることができました。情報共有は、朝
の延長保育時間帯を担当する保育者にも波及し、子どもの味方となる保育者が増え
たことにより、子どもの成長・発達を把握し、より良い保育を考えるために協働す
る関係も広がりました。

　子どもを深く適切に理解するためには、保育者一人ひとりが子どもの見方・味方
となるだけではなく、職員間の情報共有による連携により、三方となることが必要
不可欠です。また、自分の保育や子ども理解の内容を共有することにより、子ども
の育ちを保障する保育を展開することは、保護者と共に子どもを育てる関係を築く
上で必要不可欠です。

第4章　保育者の行う子育て支援の展開

　子どもを理解し、共に子どもの育ちを支える関係を軸として、職員間の連携・協働を図ることで、「① 子どもを育てる確かな保育実践」、「② 子どもの育ちを確実に伝える保育者」の存在により、「子どものために最善を尽くす」関係が生まれるでしょう。子ども理解を中心として子どもに対する保育が充実することは、保育者同士のみならず、保育者と保護者が一体となって子育て・子どもの課題に向き合う関係を構築する土台となります。

5. 社会資源の活用と自治体・関係機関や専門職との連携・協働

　地域の社会資源を十分に活用し、子育てを支えるネットワークをつくることができる保育者となるために、法に定められた子ども・子育て家庭に対して行われる様々な支援事業や場所、支援の内容や専門職といった子育て支援における「社会資源」について確認しましょう。

　地域における社会資源とは、法に定められた支援事業等のサービス、それらサービスを実施する行政・専門機関に限らず、地域独自の取り組みを含みます。「子育て支援」を目的として設置・運営していない場所や取り組みの中にも、子育て支援に有効な取り組みや場所は、地域の社会資源になります。様々な場所・取り組み・人材を含めた幅広い資源が地域の社会資源となるのです。

演習　　保育・教育における地域の社会資源

　保育実習・教育実習を振り返り、保育・幼児教育の中で目にした地域との連携を意図した保育の取り組みを書きだしましょう。子ども・子育て家庭の生活は地域の中にあり、保育所・幼稚園がそこに存在すること自体「地域との連携」がなくして成立しません。実習の内容を振り返り、地域との連携・地域で子育てを支える関係づくりにつながる保育の実践を整理しておきましょう。

① 具体的な取り組み（例：園外保育，地域のお祭りへの参加。）

_____

_____

② 行われていた内容（例：地域のお祭りに参加し、町を練り歩いた。）

_____

_____

_____

③ 子育て支援の要素
（例：子どもたちの太鼓演奏は地域住民の楽しみになっており、園の存在を知らせることや、地域で子どもの様子・安全を見守る関係を醸成していた。）

（1）関係機関との連携・協力

　1990（平成2）年1.57ショックをきっかけに、「少子化対策」は国を挙げた課題となりました。また、核家族化の進行や、地域社会における人間関係の希薄化といった社会環境の変化に伴い、子育て家庭が社会から孤立することで生じる育児不安は"育児ノイローゼ"と称され、社会問題となりました。

　少子化や育児不安といった社会環境の変化に伴う諸問題に対して、国は少子化対策として、子どもを産み育てやすい環境を整備するための子育て支援に取り組むようになりました。そこで課題となったのが「社会で子育てを支えるシステムを再構築する」ということです。

　現在、保育所および幼稚園、認定こども園に対しては、子ども・子育て家庭に対する支援の中心的役割を果たすことが求められています。具体的には、子どもの育ちに関係する他機関と連携し、子どもの健やかな発育・発達と子育て家庭の育児不安を解消するといった、子ども・子育て家庭の福祉を増進するためのネットワークを構築するということです。その特徴は、問題が発生した場合に対処するための連携体制ではなく、予防的な支援を目的として地域において子育てをきっかけとしたネットワークを構築することであり、子ども・子育ての専門家である保育者の活躍が期待されています。地域および社会の中で、子どもと子育て家庭に対してどのような支援が行われているのか、子育て支援の実践を計画し、実際に支援にあたる保育者として、基本的な知識と情報収集のための努力は必要不可欠です。

（2）社会資源とは

① 保育・教育における地域の社会資源

　社会で子育てを支えるシステムを再構築する中で、現在課題となっているのが「子育て」に至るまでの妊娠・出産を含めた切れ目のない支援システムを構築することです。子どもを安心して産み育てることができるように、そして子どもが健やかに育つために必要なサービスは、保健・医療・福祉・教育の各領域において法に定められ、展開されています。それら全てのサービスを一元的に提供できる場所が存在しないことから、各機関が連携し、ネットワークを構築することが求められて

います。それらネットワークについて、すでに母子保健の領域から構築された支援体制、児童虐待等の福祉の領域から構築された支援体制等があります。保健・医療・福祉・教育の専門機関と連携が必要な場合には、それら専門機関がつくるネットワークに積極的に参画し、子どもとその保護者が支援の網目からこぼれ落ちることがないようにサポートすることが求められています。

　子育てを社会で支えるネットワークを再構築し、持続するための中心的役割を果たす保育所・幼稚園・認定こども園は、子ども・子育て家庭に対して行われる様々な支援事業、支援の場所、支援の内容や専門職等の法に定められた社会資源を把握しておく必要があります。また、保育所および幼稚園、認定こども園で行われている子育て支援の取り組みを確認することで、保育者による支援の特性を理解しましょう。

ⅰ 福祉サービスに関する総合窓口

福祉事務所

　福祉事務所は、社会福祉の6領域（生活保護、児童、母子・父子及び寡婦、老人、身体障害者・知的障害者）において、必要な支援を受けるための事務を行う社会福祉行政機関です。都道府県及び市（特別区を含む）に設置が義務付けられており、地域住民の福祉を支えています。

　民生委員・児童委員に関する事務、児童扶養手当に関する事務を行う福祉事務所も多く、母子および子育て家庭の貧困に対する経済的支援（児童手当の受給）や、養育環境を整えるための支援（乳児家庭全戸訪問事業）等の業務を行っています。

ⅱ 保護者との相互理解を図るための取り組み

　子どもの成長・発達の状況を正しく理解すること、またそれら子どもの成長・発達の状況を保護者に適切な方法で伝えることは、保育者の大切な役割です。子どもの成長・発達の状況に不安を覚え、子育てに向き合うことが困難になるケースもあります。入園前の子ども・子育て家庭がどのような支援を受けているのか、確認しましょう。入園前の子ども・子育て親子の状況を把握することで、より良い育ちのための保育と子育て支援を実現することができるでしょう。

乳児家庭全戸訪問事業（こんにちは赤ちゃん事業）

　児童福祉法に基づき、生後4か月までの乳児がいる家庭に対して市町村（特別区を含む）が実施する事業です。保育士や保健師、児童委員が子育て家庭を訪問し、子育てに関する情報の提供、乳児およびその保護者の心身の状況と養育環境を把握します。また、保護者から養育に関する相談に応じ、助言を行います。家庭の様子や相談内容に応じて情報提供を行い、継続的な支援が必要と判断された家庭に対しては、関係者によるケース会議が開かれます。そして、養育支援訪問事業をはじめとした適切な福祉サービスの提供につなげる役割を果たしています。乳児のいる家

庭と地域社会をつなぐことにより、乳児期の親子の孤立を防ぎ、養育環境を整えることで、虐待等の予防支援を目的としています。

養育支援訪問事業

児童福祉法に基づき、育児ストレス、産後うつ病など、孤立感や不安感が強く、養育支援の必要性が認められた家庭に対して市町村（特別区を含む）が実施する事業です。乳児家庭全戸訪問事業（こんにちは赤ちゃん事業）による家庭訪問により養育支援の必要性が認められた場合、母子保健事業における妊娠・出産・育児期の家庭に関係する健診の未受診がある場合に実施されます。家庭訪問により、育児・家事の援助、保健師等による相談と助言を行うことで、個々の家庭の抱える養育上の問題を解決に導きます。相談支援は保健師、助産師、看護師、保育士、児童指導員が行い、育児・家事援助は、子育て経験者やヘルパーが担当します。

低出生体重児や多胎児等に対する育児支援・栄養指導や、養育者に対する身体的・精神的不調状態に対する相談・指導、若年の養育者に対する育児相談・指導、里親家庭等に対する養育相談・支援を行っています。

妊婦健康診査

母子保健法に基づき、市町村が妊婦および胎児に対して行う健康診査です。健康状態を把握することで、母体の健康維持・増進や胎児の成長を促し、異常の早期発見、健康状態に応じた医療の提供と医療管理を行います。厚生労働省では、妊娠23週までは4週間に1回、妊娠24〜35週までは2週間に1回、妊娠36週以降分娩までは1週間に1回の計14回を妊婦健康診査として受診するよう推奨しており、原則14回分の費用は公的な補助が適用されます。妊婦および胎児の健康を支えるために、家族からの相談にも応じています。

乳幼児健康診査

母子保健法12条・13条に基づき、市町村が乳幼児に対して行う健康診査です。乳幼児の病気の予防と早期発見、健康の保持・増進を目的として実施しています。3〜4か月健康診査、1歳6か月健康診査と3歳児健康診査があり、費用は自治体が負担します。1歳6か月健診は、運動機能・視聴覚等の障害、精神発達遅滞等の障害の早期発見を目的としています。3歳児健診は、成長・発達の個人差が顕著に表れる中で、視覚・聴覚・運動・発達等の心身障害の発見と、進行の予防を目的としています。

第4章　保育者の行う子育て支援の展開

> ## 演習　　あなたの人生ドラマ
>
> 　生まれてから今日を迎えるまで、あなたの知らない試練を含めて、どの人生にもドラマがあります。大切な命を預かる保育者の仕事。その尊い命の重さをあなた自身の命の重さに置き換えて考えてみましょう。あなた自身の人生ドラマを教えてください。
>
> ① 誕生秘話
> 　誕生は、人生で最初に訪れる試練です。あなた自身の誕生秘話を保護者・家族に取材しましょう。あるいは、これまでの人生を自分自身で振り返り、あなたの至上最大の試練を教えてください。
>
> _____
> _____
> _____
> _____
> _____
>
> ② 名前の由来
> 　名前には様々な想いが込められています。それは家族の願いや夢など、どれもあなたを想う気持ちが込められているものでしょう。
> 　名前の由来を保護者・家族に取材しましょう。
>
> _____
> _____
> _____
> _____
> _____
> _____
>
> ③ グループワーク：友達と分かち合いましょう。

　あなた自身が大切な一人であること、またそれは他者も同じであることが確認できたことでしょう。ある保育所の0歳児クラスでは、クラスだよりの中で在籍児童の誕生秘話を紹介しています。クラス全体で子どもの育ちを見守る関係を意図した保育の取り組みでもあります。

目の前の子どもに宿る命は、今ここに存在することにそれぞれ奇跡を帯びた尊いものです。全ての子どもは人として尊ばれ、護り・育てられる権利を有しています。そして、全ての大人がその権利を護る責任を負っています。

育児不安は否定的に捉えられますが、多くの家庭が抱く育児不安の原因には、子どもの成長・発達を願って不安を感じる保護者としての責任感があるといえるでしょう。子育てに向かう気持ちを整えることや、立て直すことによって予防的かつ保護者の主体性を尊重することが求められます。

iii 保護者の状況に配慮した支援の取り組み

保護者の就労と子育ての両立を支援するために、保育所や幼稚園で行われてきた基本事業について確認しましょう。社会的な背景を踏まえて確認することにより、各施設・学校の機能をより深く理解することができるでしょう。

保育所における延長保育

認定された保育必要量（保育短時間8時間、保育標準時間11時間）を超えて行われる保育のことです。1981（昭和56）年10月より延長保育特別対策事業が制度化されたことにより、8時間を超えて延長保育を実施する保育所が一般化しました。80年代以降、女性の社会進出に伴い、子育てと仕事を両立することが支援の課題となりました。また、就労形態の多様化により、延長保育による必要な保育時間への柔軟な対応が求められるようになりました。社会福祉法人等が運営する保育所においては、開所時間11時間以上の始期と終期に保育士の配置を充実することで対応する「延長保育促進事業」と、開所時間11時間の前後30分以上の延長保育を実施する「延長保育事業」により、必要とされる保育時間に柔軟に対応してきました。

幼稚園における預かり保育

保護者の希望に応じて教育時間（4時間）の前後や、土曜日や日曜日、または長期休業期間中に幼稚園において行う教育活動のことです。2000（平成12）年に施行された幼稚園教育要領より、「教育課程に係る教育時間の終了後等に希望する者を対象に行う教育活動」として位置づけられるようになりました。

幼稚園において「預かり保育」が一般化した背景には、少子化による子どもの減少により集団生活の経験を保証することや、共働き家庭も幼稚園を選択できるといった選択の自由を保障する等の目的があります。

一時預かり事業

児童福祉法に基づき、家庭において一時的に日中の養育が困難になった乳児または幼児に対して、宿泊を伴わない日中の保育を行います。保育所および幼稚園、認定こども園等において一時的に預かり、必要な保護を行う事業です。保護者の出産・病気・冠婚葬祭、習い事、買い物のほか、リフレッシュを目的とした場合など、原

則として理由を問わず利用することができます。

事業を実施する施設および預かる児童によって３つの事業に分けられ、一般型保育所タイプ（保育所において、事業を実施する施設に在籍していない児童を預かる事業）、一般型幼稚園タイプ（幼稚園や認定こども園において、事業を実施する施設に在籍していない児童を預かる事業）、幼稚園型（幼稚園や認定こども園において、事業を実施する施設に在籍する児童を預かる事業）があります。

病児・病後児保育事業

保育所・乳児院・医療機関等に併設し、病中または病気の回復期にあり、集団保育が困難な児童に対して保育士、看護師、栄養士、医師等の専門職が保育と看護を行います。「病児保育」は、入院治療を受けている子どもたちに対して、小児病棟等で保育士が行う保育を含む病児に対する保育の総称です。「病後児保育」は、保育所に入所する児童を中心として、病気の回復期にある子どもが保育所等の集団生活に適さない状況に、育児と就労の両立支援を目的として実施される保育のことです。

病後児保育の対象となる児童の年齢や病状等の要件は、施設や自治体により異なるため、事前に情報収集を行い、利用方法を確認する必要があります。そのため、事前登録を行うことで、必要な時に利用することができます。

iv 子どもの発達に課題がある場合の支援について

担当するクラスに心身の成長・発達が気になる子どもが在籍する場合、どのように対応すればよいのでしょうか。連携可能な他機関を把握しておくことにより、子どもの健やかな成長・発達を支援することできます。

一方で、保育所および幼稚園、また認定こども園は、発達診断を行う医療・福祉機関ではありません。保育者が診断をすることや、診断的に関わることは、子どもとその保護者にとって望ましいとは限りません。診断および療育等の判断・支援は、関係する専門機関に依頼し、保育の場においては、子ども一人ひとりの成長を認め、自己肯定感が育まれるように配慮しましょう。

保健所

地域保健法に基づき、都道府県・指定都市・中核市・特別区に設置されます。地域の健康課題を把握し、医療機関の連携、都道府県による医療サービスと市町村による保健および福祉サービスが一体的に提供されるよう連携体制を構築し、地域において保健・医療・福祉に関するサービスが公平に提供されるよう監督する業務を行います。疾病の予防、食品安全、生活衛生、医事、薬事等における監視および指導、検査業務等の専門的かつ技術的な業務を行っています。

市町村保健センターと連携し、健診等の母子保健に関する業務を行い、保健師による乳幼児期の発育・発達に関する育児相談に対応しています。

市町村保健センター

　地域保健法に基づいて多くの市町村に設置され、健康相談、保健指導、健康診査など、地域保健に関する事業を地域住民に行います。身近で利用頻度の高い医療・福祉に関するサービスを、保健所の指導・協力の下に地域住民が生活する市町村において一元的に提供することを目的として整備されています。

　母子保健に関する業務では、母子手帳の交付、妊産婦に対する健診の実施、乳児・幼児に対する定期健診を行います。乳幼児期の発育・発達に関する育児相談にも対応しており、健診や相談により、子どもの発達に関する課題が明らかになった場合は、児童発達支援センター等の療育機関につなげる役割を担っています。

児童発達支援センター

　未就学の身体に障害のある児童、知的障害のある児童または精神に障害のある児童（発達障害児含む）を対象として、通所により発達支援を行う児童福祉施設です。児童相談所、市町村保健センター、医師等により療育の必要性が認められた児童に発達支援を行います。

　子どもや家族の意向に基づき総合的な援助方針・計画を作成します。そして、個々の子どもの発達過程・特性に応じて、日常生活における基本的な動作の指導、知識技能の獲得、集団生活への適応訓練といった生活全般のニーズを充足するための支援を行います。日常生活に必要な動作の指導・知識技能の付与を目的とした「福祉型児童発達支援センター」と、治療や医学的訓練といった医療提供も行う「医療型児童発達支援センター」があります。児童発達支援センターには、地域の保育所等に対し、専門的な知識・技術に基づく支援を行うことが義務づけられており、保育所等への訪問支援や障害児相談支援を実施しています。

特別支援学校

　特別支援学校では、幼稚園、小学校、中学校、高等学校等に在籍する障害のある子ども、その教員に対し、必要な助言・援助を行う地域の特別支援教育センターの役割を担っています。とくに、障害のある乳幼児やその保護者に対して、子どもの発達段階や障害に配慮した療育の在り方、遊びの工夫等について、早期の教育相談に対応しています。また、教育、福祉、医療の機関と連携し、乳幼児期から学校卒業後まで一貫した障害のある子どもとその保護者等に対する相談支援を行う体制の整備・充実を図っています。

ⅴ 不適切な養育等が疑われる家庭に対する支援について

　子育て家庭にとって一番身近な子ども・子育ての専門家である保育者は、保護者にとって悩みを相談することができる存在です。

　しかし、全ての相談内容を保育者が一人で解決することはできません。個々の子

第4章　保育者の行う子育て支援の展開

ども・子育て家庭が抱える問題の解決にあたっては、関係する機関と連携し、保育者が一人で抱え込むことがないようにチームで対応しましょう。

児童家庭支援センター

　地域の児童・家庭の福祉の向上を図ることを目的として、児童相談所と緊密な連携を取りながら、要保護児童・要支援家庭に対する専門的な知識および技術をもって、必要な助言・指導を行う施設です。家庭やその他関係機関からの相談のうち、専門的な知識と技術を必要とする内容に応じます。また、施設入所は必要としない要保護児童および要支援家庭に対する支援を行います。児童相談所、市町村、里親、児童養護施設等の児童福祉施設、自立援助ホーム、ファミリーホーム、警察その他の関係機関と連携して支援体制を構築し、主に、夜間・緊急時の対応や一時保護等の対応を迅速かつ適切に行うことができるよう、ショートステイ、トワイライトステイなどの事業を展開しています。

児童相談所

　児童福祉法に基づき、子どもと家庭の問題を解決することを目的として、養護相談、障害相談、非行相談、育成相談、その他あらゆる子どもとその家庭に関わる相談に応じる専門相談機関です。とくに児童虐待に関する相談について、早期発見・早期対応を図るため、市町村と適切な役割分担・連携を行い、子どもの置かれた状況・環境を把握し、必要に応じて具体的かつ効果的な援助を行うことで、子どもの最善の利益を護る役割を果たしています。

　子どもや保護者等の養育者がもつそれぞれの問題点や課題について、児童養護施設への措置を決定するという入所支援だけではなく、その後の家庭環境調整を含めた援助の目標、援助方法の中長期的計画を作成し、連携可能な社会資源や人的資源、制度について明らかにすることを業務としています。

要保護児童対策地域協議会

　児童福祉法に基づき、虐待を受けた子どもや、非行児童など児福法第6条の3に規定する要保護児童（保護者のない児童又は保護者に監護させることが不適当であると認められる児童）の早期発見と適切な保護を目的とした、関係機関が連携・協力するための組織です。地方公共団体が設置・運営することができます。

　子どもとその家庭に関する情報と考え方を共有するためのケース会議を開き、要保護児童等を早期に発見、迅速な支援を開始します。また、関係機関の情報共有により各機関が役割を分担して個別の事例に関わること、さらには各機関の限界を互いに把握することで、よりよい支援を計画することができます。

5. 社会資源の活用と自治体・関係機関や専門職との連携・協働

コラム　虐待の通告義務

　児童虐待を受けた疑いがある子どもを発見した際には、速やかに最寄りの児童相談所に通告しましょう。児童虐待の通告義務は、子どもの命を護る立場にある全ての大人に課せられています（児童虐待防止法第6条）。

　児童相談所への通告の際には、全国共通ダイヤルを利用しましょう。管轄する児童相談所に電話がつながり、相談・通告を行うことができます。相談・通告にあたり、通告者の秘密は必ず守られます。また、匿名で行うことができます。

児童相談所全国共通ダイヤル（189 いちはやく）

※発信があった場所を管轄する最寄りの児童相談所に電話がつながります。

　児童虐待は、心身共に子どもの発育・発達を妨げる深刻な問題です。乳児院や児童養護施設への措置等により、虐待から逃れることができても、愛着障害や精神的なダメージは、心の傷となって生涯にわたる人格形成に影響を与えます。

　また乳幼児期の子どもにおいては、身体的虐待およびネグレクトと呼ばれる育児放棄は死に直結する危険性が高く、早期発見と疑いの段階で速やかに通告する必要があります。

〈チェックポイント〉

- ・衣服で隠れる場所に必ず傷がある，体に説明のつかない傷がある（身体的虐待）
- ・極度に裸になることを恐れる，身体接触を拒む（性的虐待）
- ・疾病等の原因がなく痩せてくる，毎日同じ服を着て登園する（ネグレクト）
- ・感情表現が乏しくなる、自傷行為など自尊感情が低い様子がある（心理的虐待）

　保護者との関係が悪化することへの懸念や、虐待の確証が得られない場合も、子どもの命を護ることを行動原理として「疑いがある」という可能性の段階で通告を行うことが義務づけられています。

　日常的に児童相談所とやりとりし、連携をすることで、実際に通告が必要になった場合にも速やかに適切な対応を取ることができます。また、地域住民や医療機関等から通告があった場合、児童相談所の調査の中で保育所・幼稚園・認定こども園に対して情報提供が求められます。通告や調査に協力することにおいて、守秘義務違反を問われることはありません。

第4章　保育者の行う子育て支援の展開

6．地域に開かれた子育て支援

（1）地域における子育て支援の活動

　1990年以降、少子化対策として子どもを産み育てやすい環境を整備するために、様々な施策が行われてきました。子育て実態調査「大阪レポート（1980年生まれの子どもを対象とした大規模調査）」の結果、子育てに対する負担感や、孤立感を感じているのは、家庭において子育てに専念している母親であること、つまり地域で子育てをしている子育て家庭であることが明らかになりました。そこで、保育所・幼稚園および認定こども園に在籍していない未就園の子どもに対する子育て支援が展開されるようになりました。また、それら地域における子育て支援の活動には、資格・免許を有する保育者以外の支援者も携わっています。

　専門職による支援だけではなく、地域内での支え合いが重視されるようになりました。地域で子育て家庭を支える支援の場所、サービスを把握しましょう。

地域子育て支援拠点

　児童福祉法に基づき、市町村（特別区および一部事務組合）が設置する、乳児または幼児とその保護者が相互に交流を行う場所です。子育てについての相談、情報の提供、助言その他の援助を行います。仲間づくりを通して子育て家庭の孤立を防ぎ、育児不安を解消することにより、地域内の子育て支援機能を高めることを目的とした第二種社会福祉事業です。保育所・幼稚園に入所・入園していない乳幼児（概ね3歳未満児）とその保護者を対象としており、子育て親子は安全な子どもの遊び場として気軽に利用できます。支援者は、地域内で生活する親子の相互の交流を行うことにより、子育て親子が子育ての仲間を見つけ、地域において自助・共助による養育および子育て支援機能を高めることを目指しています。

事例 4-7　地域住民・地域社会で子育てを支える

　中田さんは、定年退職まで一般企業に勤務したキャリアウーマンです。子育ての経験はありませんが、定年退職後は新しい挑戦をしたいと考え、退職の2年前から地域子育て支援拠点でボランティアスタッフとして毎週末活動してきました。「新しい挑戦」というきっかけで始めたボランティア活動ですが、子どもの笑顔と保護者との交流を通して、何よりも自分自身が元気を貰っていることに気がつき、定年退職後は有償ボランティアスタッフとして、週3日活動しています。中田さんが純粋に子どもをかわいいと思い、大事にしてくれる姿に、保護者は安心感を覚え、いつしかみなのおばあちゃんとしてかけがえのないスタッフになりました。

6. 地域に開かれた子育て支援

> 　中田さんがボランティアを始めたばかりの頃に出会い、今では"親友"となった
> ３歳児のコウタには、障害があります。コウタは１歳６か月健診で知的障害がある
> との診断を受けました。母親は、コウタに本当に障害があるのか確認するために、
> 同年齢の子どもが集まる地域子育て支援拠点の利用を始めました。我が子の障害を
> 受容するために、何が違うのか確認しながら、同時に受け入れ難い葛藤の中で出会っ
> たのがボランティアの中田さんです。
> 　純粋にコウタをかわいいと思い、会えることを楽しみに待っている中田さんとの
> 交流を通じて、「障害があっても、コウタを受け入れ、愛してくれる人はいる」とい
> う自信を得て、母親はコウタを連れて、医療機関を受診することができました。

　子育て家庭に対する支援の担い手は、必ずしも資格・免許をもった専門職である
必要はありません。問題を解決するために、資格・免許に裏付けられた専門職と相
談することが必要なときもあれば、「○○くんのお母さん」「○○くんのお父さん」
ではなく、一人の人として受け入れられる居場所が必要なときもあります。誰が子
どもとその保護者の隣に寄り添う隣人となりうるのか、その隣人は地域の中に多種
多様にいることが望ましいでしょう。なぜなら、資格・免許をもった専門職は、特
定の場所・時間でなければ会うことができないからです。

　地域で子育てをする中で、気軽に相談ができる相手や、顔見知り以上の隣人がい
ることは、育児不安や負担感の軽減につながり、問題が深刻化しないための予防効
果があります。それら地域における予防的な子育て支援の実践において、地域住民
が支援者として参画する「地域子育て支援拠点」は、仲間づくりを通して子育て家
庭の孤立を防ぎ、育児不安を解消することにおいて有効です。

ファミリー・サポート・センター事業

　地域で子育てを支えるシステムの再構築を目的とした地域子育て支援事業です。
ファミリー・サポート・センターは、地域の中で子育ての支援を必要とする住民（利
用会員）と、子育て家庭の力になりたい住民（提供会員）を募集し、両者のマッチ
ングを行います。そして、相互援助関係となった利用会員と提供会員の間で支援が
行われます。保育施設までの送迎や、保育終了後・放課後、保護者の病気や急用に
より子どもを預けるといった、家庭内で解決できない状況において利用されます。

　提供会員として登録するためには研修を受講することが必要ですが、資格等の要
件はありません。子育てを通して地域内で助け合う関係の再構築を目指しています。

（２）支援を担う専門職

　子ども・子育てに関わる専門職は保育士および幼稚園教諭、保育教諭だけではあ
りません。地域で活動する子ども・子育てに関わる専門家について確認しましょう。

保健師（医療・保健）

　保健師助産師看護師法に定められた国家資格である看護師資格・保健師資格を有し、地域における保健指導に従事する専門家です。生活習慣病や児童虐待、高齢者および障害者の孤立など、社会環境の変化により生じる健康へのリスク・健康問題について、地域の実態を把握し、家庭訪問等による個別の支援と、地域社会全体に対する包括的な支援（講義等）を行います。母子保健推進員、民生委員、児童委員、ボランティア等を育成する役割を担っています。

社会福祉士（福祉）

　社会福祉士及び介護福祉士法に定められた国家資格である社会福祉士資格を有し、社会福祉業務に従事する専門家です。身体上もしくは精神上の障害があること、環境上の理由により日常生活を営むために支障がある人に対して福祉に関する相談に応じ、助言、指導、福祉サービスの提供を行います。相談者に関わる医師、その他の保健医療サービスを提供する事業者といった関係者と連携し、相談者と専門機関との関係調整を行うことにより、相談者が必要な支援を受けられるように計画・支援を行います。

児童福祉司（福祉）

　児童福祉司とは、児童相談所に配置される職員であり、虐待を受けている児童、障害のある児童、非行のある児童についての相談に応じるケースワーカーです。病気・死亡・家出・離婚などの事情により子どもの養育が困難になった保護者の相談や、必要に応じて一時保護を行う手続きを取ります。地方公務員が児童相談所に配属されることで児童福祉司の職につきます。現在は実務資格となっていますが、専門性を高め、児童虐待への対応を強化するために、国家資格化が検討されています。

民生委員・児童委員（福祉）

　民生委員は、厚生労働大臣の委嘱を受け、無償で活動する非常勤の地方公務員です。生活する地域内において、住民の立場に立って相談に応じ、生活上の様々な問題を解決するために必要な支援・行政サービスを紹介します。民生委員は児童委員を兼任しており、子どもが安心して暮らせるように、地域の子どもたちを見守る活動、子育てや妊娠中の不安に対する相談・支援業務を行っています。乳児家庭全戸訪問事業において、家庭訪問の担い手となっています。

　子どもや子育てに関する支援を専門に担当する民生委員・児童委員を「主任児童委員」といいます。市町村に配置されており、市町村内の区域を担当する民生委員・児童委員と連携しながら、子育ての支援や児童健全育成活動に取り組んでいます。とくに、児童虐待の早期発見と、虐待に至る可能性が高い家庭に対して中期的に関わり、予防する役割を果たしています。

6．地域に開かれた子育て支援

特別支援学校教諭（教育）

　小学校・中学校・高等学校または幼稚園の教員の免許状のほかに、特別支援学校の教員の免許状を取得することを原則としています。障害について基礎的な知識・理解と、特定の障害についての専門性を身につけるため、大学等において特別支援教育に関する科目を修得することで、教授可能な障害の種別に応じて授与されます。

　特別支援学級や通常学級における指導は、小学校・中学校の教員免許状を持っている教員が担当することができますが、特別支援教育担当教職員に、専門的な知識や技術が求められます。そのため、研究・研修等を行うことで、専門的知識・技術を修得することを原則としており、学校内で実施可能な配慮や対応の専門的知識・技術を身につけています。

コラム　「特別支援教育」とは

　障害のある幼児・児童・生徒の自立や、社会参加に向けた主体的な取り組みを支援するという視点に立ち、幼児・児童・生徒一人ひとりの教育的ニーズを把握し、その持てる力を高め、生活や学習上の困難を改善又は克服するため、適切な指導及び必要な支援を行うものです。平成19年4月から、「特別支援教育」が学校教育法に位置づけられ、すべての学校において、障害のある幼児・児童・生徒の支援をさらに充実していくこととなりました。

事例 4-8　幼児教育の場における他機関連携

　ちか先生が担任をする年長クラスには、年長クラスから入園し、過去に幼稚園・保育所等において集団生活の経験がないリョウがいます。「年長さん」という自信と誇りが育ちつつある周囲の子どもたちの中で、できないことが目立つリョウは、「リョウくん、違うよ」と友達に指摘されることが目立ちます。ちか先生は、リョウの心が折れないように、さらには自信が育つように、リョウに必要な援助を考えるため、注意深く観察をすることにしました。

　入園当初の4月、ちか先生はリョウの「できない」は、集団生活の経験が乏しいことや、完成しつつある人間関係の中で馴染めないことが原因であると考えました。まずは新しい環境に慣れることを目的として、遊びの援助を中心にリョウと関わることにしました。しかし、5月の連休を過ぎても「できない」ことによるリョウ自

123

第4章　保育者の行う子育て支援の展開

> 身の困り感は解消されません。ちか先生は、衣服の着脱ができない様子や、脱いだ
> 服を畳み、ロッカーにしまうという一連の習慣が身につかない様子から、リョウが
> 見通しをもって行動することに課題があると考えました。
> 　リョウの発達状況が気になったちか先生は、園長先生に相談をしました。そこで
> まずは、保健センターに3歳児健康診査の結果を問い合わせることにしました。さ
> らに、保健センターからの定期訪問支援の際に、幼稚園でのリョウの様子を見ても
> らうことにしました。
> 　同時に今すぐにできる支援として、生活の中で困ることが減るように、保育者が
> できる支援や環境構成の工夫について、併設する小学校で特別支援学級の担任を務
> める佐藤先生に相談することにしました。

　子どもの成長・発達を支援するためのより良い保育を考えるとき、園内でその支
援が完結することは少ないでしょう。学級経営において、クラス担任が背負う責任
は重いですが、それは担任が全ての責任を背負い、一人で支援を完結しなければな
らないという意味ではありません。また、担任が感じている「気になる姿」が発達
上課題となるのか、まずは職員間で情報を共有し、客観的な意見を求め、適切に子
どもを理解する必要があるでしょう。

　障害のように発達に特性があり、子ども自身が生活に困難性を抱えている場合、
「子どもの成長を待つ」という姿勢では、日々子どもが生活の中で直面している困
り感を解消することはできません。解消できない困り感により子どもが自信を失う
ことは、人格形成の基礎を培うために必要な有能感や自己肯定感が育まれる経験を
阻害する深刻な問題にもなります。このように周囲の誤った認識・対応により生
み出される障害は「二次障害」と呼ばれ、正しい理解と適切な対応があれば防ぐこ
とができます。保育者が診断をすることや、診断的に関わることは、保育・幼児教
育の専門性を超えています。しかし、「診断をしない」ということと「何もしない」
ということは違います。障害の対応にあたっては、職員間の連携、さらに必要な他
機関と連携し、適切に対応することが求められます。

　そして、保育・幼児教育の場においては、子ども一人ひとりの個性や興味・関心
を尊重し、遊びの中で自己実現ができるように支援することで、自己肯定感や有能
感が育まれるよう、好きな遊びや生活の中で周囲に認められる経験ができるよう配
慮しましょう。また、子どもの生涯を考えたときに必要かつ適切な支援を考えるに
あたっては、担任だけではなく、園内の保育者、さらには他機関と連携して、適切
な判断をすることが求められます。

　上記の事例は、小学校との連携について新たな方向性を示しています。特別支援

学級を担当する教員は、研修を通して「学校」という集団生活の場において配慮すべき具体的な支援の方法や技術について専門的知識・技術を有しています。小学校との連携では、保育者と教員が子どもに対する保育・教育の方法について相互に理解を深め、情報共有を通して方法の検討や子どもの理解を図ることにより、保育・幼児教育の質を高めることにつながります。また、特別支援学級との連携は、幼稚園の限られた環境の中で実施できる具体的な配慮や支援の方法を学ぶ上で、必要不可欠な社会資源といえるでしょう。

> ### コラム　保育所・幼稚園および認定こども園と小学校の連携
>
> 　2000年頃より「小一プロブレム」が社会問題となる中、保育・幼児教育と教科学習を中心とした小学校教育の接続が検討されるようになりました。そして、保育から小学校教育への接続が課題となる中、積極的に行われてきたのが子ども同士の相互交流を目的とした連携の取り組みです。
>
> 　2017年告示保育所保育指針ならびに幼稚園教育要領、認定こども園教育・保育要領では、小学校との連携を強調しています。なぜなら、乳幼児期の保育・教育が、小学校以降の生活や学習の基盤を育成するということが明記されたからです。
>
> 　これまで乳幼児期は「生涯に渡る人格形成の基礎を培う重要な時期」であることから、保育・幼児教育は小学校以降の学習を中心とした学校教育の準備期間ではないとして、遊びを中心とした生活の中で自発性と主体性を尊重するなど、その独自性が保障されてきました。一方で、人の一生は連続しており、「人を育てる」という共通の目的をもっていることから乳幼児期の保育・幼児教育と、小学校以降の教育の本質的な連続性がより強く意識されるようになりました。
>
> 　子ども同士の交流をきっかけとして、保育・教育方法の違いは認め合いながら、「人を育てる」という目的を共有することで、保育者と教員間の連携体制を組織することが今後課題になるでしょう。

第4章　保育者の行う子育て支援の展開

| 演　習 | 保育・教育における地域の社会資源 |

　子ども・子育て家庭の生活に密接した場所は、保育・教育および子育て支援における地域の社会資源になります。生活する地域にある専門機関だけではなく、幅広い視点で生活する地域の社会資源を確認しましょう。

① 保育・教育において連携が必要な地域の社会資源

　p.110－119で取り上げた組織、機関はどこにありますか。子どもに対するより良い教育・保育を行うために、地域の中にある連携が必要な専門機関をあげましょう。前節で紹介した施設を中心に調べましょう。

② 子育て家庭が知りたい地域の社会資源

　子育ての中で必要になる場所、たとえばトイレが整備されている公園や、乳幼児の日用品がそろうスーパーマーケット、病後児保育対応施設が居住する地域内にあるか確認し、あげましょう。

6．地域に開かれた子育て支援

演 習	保育・教育における地域の社会資源

① 自宅から 1 キロ圏内の地図を貼り、保育・教育における地域の社会資源となる場所にポイントを打ちましょう。
② ポイントを打った場所の説明を書き込みましょう。

第5章　保育者の行う子育て支援とその実際
（内容・方法・技術）

　この章では、子育て支援に関する具体的な内容、必要な技術や実際の方法について事例を紹介しながら学んでいきます。

　子育て支援を実践している現場は、保育所や幼稚園、認定こども園だけでなく、児童養護施設などの入所施設などもあげられます。実践されている内容は、共通するものもあれば、施設それぞれの特長を生かしたものと様々です。前半部分には、季節に合わせた保育の組み立てや子育て支援のポイントなど具体的な技術や方法が記載されています。後半部分には、特別な配慮や対応が必要な子育て支援の実践に必要な技術や方法について記載されています。あげられている事例を参考にしながら、あなた自身が実践の場でどのように子育て支援を行っていきたいのかを具体的に考えながら学びを進めていきましょう。

1．園における支援

　2017年ベネッセ総合研究所が3400名の乳幼児をもつ母親対象に行った、子育てにおけるスマートフォン利用の調査では、9割を超える母親がスマートフォンを利用していることがわかりました。0歳後半～6歳児の子どもをもつ母親のスマートフォン使用率は92.4%でした（ベネッセ第2回乳幼児の親子のメディア活用調査、2017）。

　全体的にはカメラでの記録など保護者記念でのスマートフォン利用が多く、ウェブサイトやSNSでの子育てのための利用は意外に少なく、内訳として情報交換（1.0～8.9%）や発信（1.2～9.9%）での利用があるほか、情報収集に6.2～28.8%が最も多く使われているという調査結果でした。このように、利用する目的に応じて使い分ける賢明な母親像がみえてきます。

　インスタグラム（写真や動画の投稿ができるコミュニケーションツール）の中で、働きながら育児に奮闘する若い母親が投稿した育児日記で、（フォロー〔お気に入りとして登録〕しているのも子育て中の母親が多い）話題になり、書籍化されたものがあります。そこには、子どもが通う園の保育者の書いた連絡帳を通して、勇気づけられたり、我が子を愛おしく感じている様子が、温かな母親の眼差しで描かれています（カフカヤマモト『家族ほど笑えるものはない』KADOKAWA出版、2017）。

　外へ出かけなくても、買い物ができ、情報を得られる時代に、実際に便利にSNSを利用し使用している保護者同士も、誰かに直接支えられる子育てにこそ喜びを感じ共

感を呼んでいることも確かなのでしょう。

現代の子育て家庭の多くは、支えてくれる祖父母も身近にいない育児になります。こういった状況は、子どもの成長を楽しみ、喜びを感じる以前に、余裕がなく不安にかられることも多くなりがちです。

このような孤立しやすい現代の子育て家庭が、園を利用することで、いつでも相談できる環境が身近になり、安心して育児ができる生活へと変わります。

（１）保育による保護者支援・子育て支援とは

保育者が行う実際の保育実践が、どのように保護者を支え、子育て支援として展開されることになるのでしょうか。それには、まず基本に、子育て支援の根本にあることとして子どものため、保育がしっかりと実施されているという事実、保育内容に子育て支援そのものが含まれていることを理解することが大切です。

なぜなら、保育を通しての子育て支援の根幹は、児童福祉法に基づき、児童の最善の利益を考慮した上で、資格をもった保育者が行う保育が基盤にあるためです。保育所保育指針解説書にも示されているそれは、保育士が保育と密接に関連して展開するものであり、保育技術全体で行う保育内容そのものを指しています。

今、実施している日々の保育場面での、保育の方法や保育行動そのものに、子育て支援があるという意識をもつことに気づき、その上での保育を展開することが求められています。

丁寧な保育上のやりとりは、話しやすい関係をつくります。連絡帳やお便りなど、いつも連絡や相談が行き交う毎日も、日々の保護者が抱える家庭や生活、職場など様々なこと全般に気づきをもちやすくし、信頼関係を育てていくでしょう。また、頻繁にやりとりしているので、切れ目がない連続した支援となり、保護者は１人ではない、保育者も一緒に子育てをみてくれているのだという実感が伴う安心した子育てになることでしょう。喜びも悩みも共有されている穏やかな関係は、見守られている子どもにとっても、心から安心できる園生活を送る基盤となります。

この章では、このような丁寧な日々の保育を通しての子育て支援を行う園における、季節や子どもの生活の節目などに行われる代表的な行事を含む保育内容と子育て支援の視点を必要な時期に分け、１年を通して学べるようにしました。園で行われる子育てに関する相談、助言、行動見本の提示その他の援助業務（保育所保育指針解説 p.328）が実際にどのように行われているかを具体的に知りましょう。

この章の学び方として、①太字に示している保育者の支援のポイントと、②＜子育て支援ポイント解説＞の２か所を概観することで、一通りの保護者支援・子育て支援のポイントが理解できるようにしてあります。学びを深めるにあたっては、実践編の計画を利用し子育て支援のおたよりを作成してみましょう（p.100 参照）。

第5章　保育者の行う子育て支援とその実際（内容・方法・技術）

（2）保育による支援の始まりは、入園前から

◇ 学び編　入園前　～子育て支援の始まり　保育者との出会い～

＜1＞ 子育ての支援は、保護者の多くが気づかないような、入園前から始まります。

　保護者が、直接、気になる園の行事に参加、保育体験など子育て支援を利用して、実際に入園させたい園を決めるとき、もしかしたら入園できないかもしれないという保護者の不安な気持ちを、保育者は支えることになります。「入園が優先されるのはどのような家庭ですか」「入園できなかったらどうしたら」保護者の不安に答えられるように、入園の必要性の認定基準などを確認したり、市町村のパンフレットなども閲覧できるようにしておくとよいでしょう。

　また、2つめに近隣の子育て家庭で、乳児期の子どもはいるけれど自宅で基本的にみることができる状況にあり、幼稚園に入園を希望している。または、入園は決めかねているが、気軽に相談できる場所や、子育て家庭の仲間を求めているような保護者が、子育て支援を受けるために訪れてきます。

　園の玄関前で覗き込む様子があるなど、関心をもっているご夫婦、祖父母などを見かけたら、積極的に声をかけます。保育者と保護者が言葉を交わす、この時から支援は始まるのです。

＜2＞ 入園内定が決まると、園が行う面接や健康診断へと手続きを行います。健康で安全な園生活になるように、園医による健康診断を実施します。ほかに、母子手帳や事前に記入いただく情報をもとに、保護者との話しを通じてのヒアリングと、実際の子ども本人の遊ぶ姿などを観察するといったこともあげられます。新しい集団生活に入る上での保護者の不安を伺い、確認や説明を通して、不安を取り除きながら子どもの状況を確認し、入園へまたは子育て支援のリソースへとつなぎます。

　入園にあたって、保護者がとくに、子どもの心身に気がかりなことがある、または宗教等で特別な配慮の必要性を希望される場合などにおいては、看護師の有無等の人的な環境、特殊な食材などの準備の可否、施設環境による受け入れについての調整の必要性などについて、ここで確認しておく必要があります。

　また、園生活の説明には、子どもにとってより良い保育を願う、各園独自の保育方法や教育内容の計画についての説明をします。保護者にとっては、改めて家庭でのこれまでの生活を振り返り、子育ての方針や教育についても再考する機会ともなります。保護者にとって保育者は、子育てについての専門家であるという意識から、その場で相談されることも多いものです。

1．園における支援

◇ 実際編　入園前　〜子どもと家庭を知り、子育て支援や保育と繋ぐ〜

＜1＞園の情報を保護者が知る機会

　　対象：妊娠中の保護者、子どもがまだいない夫婦、家庭にいる子ども（産休中、育休中）、孫の入園を心配している祖父母、保護者などが初めてのコンタクトをとろうとします。子育て支援を繋ぐ手段や場所としては、以下があげられます。

　　　　情報：・市町村での情報　・園のホームページ　・園への電話での問い合わせ
　　　　参加：・園庭開放　　　　　・一時保育等の子育て支援（p.115 参照）
　　　　　　　　・行事の参加や見学・園見学、プレ保育（保育体験）等

＜2＞入園に向けて、園が子どもと保護者を知る、また保護者にとっては入園の不安や心配を相談できる機会となります。支援の情報として、以下があります。

　　・児童票：これまでの保育状況や過去に罹患した病気、子どもの体質等
　　・食品チェック表：園では集団給食が基本のため、給食対応が可能か、摂取してきた
　　　食品状況を栄養士と確認するためのもの
　　・健診時の健康カード：園医により健診、通常の集団保育が可能かどうか、および配
　　　慮などを確認
　　・母子手帳：園に預けるにあたり、不安なことや気になることなどを確認する
　　・保護者から離れたときの子どもの遊んでいる様子は担任保育者が確認する

コラム　母子手帳を持参してもらう

　　母子手帳は母子健康手帳ともいい、母子保健法第 16 条において規定された、妊産婦、乳児および幼児に対する健康診査および保健指導の記録を行うために利用されているものです。当事者が主体となって健康記録を所持・記載することで、妊産婦・乳幼児を必要な保健医療支援等に結び付けるとともに、当事者自身による妊産婦・乳幼児の健康管理を促す手段となっているものです。入園にあたり持参してもらい、入園までの健診や乳幼児身体発育曲線、自由記述の状況も確認し、気になることは質問します。

◎ 子育て支援ポイント解説　入園前 ◎
（知っておくと支援を実施しやすくなるもの―以下略）

　入園前の個人面談での手続きでは、保護者に記入して貰ったこと以外の事柄も職員間で共有して、新たな情報も蓄積していきます。一人の子どもの入園にあたり、保護者とも十分に対話していく中で、子どもと家庭の実態を知る努力をします。具体的に話しをする中で保護

第 5 章　保育者の行う子育て支援とその実際（内容・方法・技術）

> 者の不安に寄り添うことは、その後の信頼関係にも結びつく、コミュニケーションの始まり
> でもあります。取り扱う内容は子どもの全ての情報のため、プライバシーの保護や守秘義務
> には十分注意します。

（3）安心を届けたい入園式の在り方

　家庭から全く初めての集団生活という、大きな環境の変化を経験している子ども
もいる4月。もちろん、在園のきょうだいがいる場合もありますが、一人ひとり違
う我が子であり、多くの保護者にとっては、これからの長い園生活に期待をもって
います。子どもの不安を取り除き、保護者も安心できるよう、これからの園生活が
楽しみになるような入園式を準備します。

◇ 実際編　入園式　〜入園が楽しみになる、不安を取り除く〜

	乳　児（0〜2歳）	幼　児（3歳〜）
<行事> 入園式	・式に参加する保護者と一緒にいるが飽きてしまったり、お腹がすく等不快で、泣きだしたりぐずりだす。 →**保育者**　参加の仕方として、保護者一緒でなるべく待ち時間が少ない配慮をする。式への入場も最後にし、退場は1番先に行う。参加自体が負担な様子がある場合は、保護者へ途中退出の声をかけてあげる。	・新生活を不安に思いながらも楽しみにしている。 →**保育者**　これから始まる園生活が楽しみになるような入園式を考える。 　一例として、通園路の近い年長さんとペアを事前に組み、登園から入園式、その後の園生活を一緒にすごせるようにする。年長さんから首飾りを直接プレゼントなど。
	保護者　子どもの状況によっては、参加の仕方に配慮を行う（別室にモニターを設置）。	
	保育者　フォトスポットを設置。入園式の案内にお知らせする。 園庭の桜の木の下。入園式の立て札や飾りつけた子どものいすを置く。 ・保護者にとっての子育てのうれしいお祝いごとの節目、晴れの日でもある入園式。親子にとって良い思い出になるような演出をする。式典で拍手の中、親子で入場したときの、動画での撮影も考えた入場口の花のアーチや壁面の飾り付けなど。 ・保育者によるお楽しみの出し物を考えて（パネルシアター、ハンドベル等）保育者に親しみをもてるようにする。	

（4）環境の変化をつなぐ 「春　4、5月の保育」
◇ 学び編　Ⅰ期　4月　春　～入園・進級・新しい環境の不安～

＜1＞4月は、進級の子どもにとっても、部屋や担任の変更等、物的・人的な変化があります。それまでの子どもの様子と一変して、登園を渋ったり、午睡時のおねしょ等、心身共に不安な様子が出てくる時期です。前年度の記録や元担任から生活の仕方を確認するなど連絡をとり家庭での状況も伺いながら支援します。

＜2＞新入園の乳児にとって、新しい環境での長時間の生活で、まず、ミルクを飲む・排泄する・眠るなど最低限の生活がその場所でできるかという、健康で安全に園生活をおくる、生命の維持に通ずる課題があります。最近の研究では、睡眠時無呼吸症候群 SIDS の発生は、ほとんどが初めて乳児が過ごす場所の1か月以内で起きていることがわかってきており、乳児にとっての環境ストレスを、少しでも緩和できる状況として、慣れ保育についての提案をしてみます。

　慣れ保育とは、園で過ごす時間帯を子どもに合わせて、最初は短時間で少しずつ長くしていくことや、保護者としばらく過ごしてもらうなどして、園生活になじめるよう工夫するものです。実施の際は、保護者が職場での立場など無理をしていないか声をかけ、一方的なお願いにならないよう配慮します。保護者の側でも、保育所の保育状況への理解や協力があることが理解されます。保育の初期に無理のない方法として「慣らし保育」と言われているものと同様に扱われている言葉ですが、乳児を主体として考えた場合、子どもを保育環境に慣れさせるのではなく、自ら慣れていく乳児を尊重して「慣れ保育」と意識して使われる園も多くみられます。

> ◎　子育て支援ポイント解説　園生活4月　◎
> 　第一印象が決まる挨拶を大切に、まずは保護者との出会いをよいものにしていきましょう。
> 　この時期、保護者は、園が、期待通りなのか、担任を含めてすべての関係を意識している期間でしょう。とくに第一子の保護者にとっては、仕事をしながらの子育てという新しい生活も同時にスタートしています。多くの不安や悩みを抱えやすく、靴下の紛失や子ども同士のトラブルといったことから、新しい担任の先生はだめ、この園は頼りないといった問題に発展することがあります。まずは、基本的な挨拶や、丁寧な受け答えを保護者と取り合うことを、園全体で意識することが大切です。園内には多様なキャリアをもつ保育者、他職種の専門性を有する職員がいます。小さなトラブルもひとりで抱えこまず、報告、連絡、相談で、よりよい入園、進級の園生活4月をスタートさせます。

◇ 実際編　Ⅰ期　4、5月　～保護者への挨拶から始まる支援～

—4、5月— 春・入園・進級・新しい環境・母の日 登園前 ゴールデンウィーク連休明け保育 保護者は新しい担任との関係を心配している。 **保護者** 新担任と朗らかに挨拶、子どもも楽しそうにクラスに入り安心する。 保護者支援：登園時の悩み 登園の朝 **保護者** 別れ際に大泣きされて、負担感を感じている。仕事をして預けている後ろめたさや、新担任への不安。 【月1・誕生会】	**保育者** ・一人ひとりと出会う保育の始まりの朝、挨拶から始まる子育て支援を意識、認識する。 ・登園が楽しみになる環境構成を意識する。	
	環境設定－乳児	環境設定－幼児
	・前のクラスにはなかった、目に新しい玩具と、よく遊んでいた親しみのある玩具を用意する。 ・日々の子どもの発達を見ながら、ふさわしい手作りおもちゃを作成し、保護者にも紹介する。	・ゆったり個々の居場所がつくれるような、コーナー（パズル、積み木、絵本）など遊びの空間を準備する。 ・保護者と少し遊び、別れられる朝を保障する。 ・室内外に身近な協同遊びになりやすい設定をする。
	・進級児→進級する部屋には3月から少しずつ慣れてきているため、安心して保護者と離れて遊びだす。 ・新入園児→とくに乳児は、入園での環境ストレスから守るために、保護者の協力のもと、保育時間を少しずつ長くする「慣れ保育」を実施。 ・きょうだいと入園してきた子どもは一緒にいたい、家から持参したものを持つと安心できる、朝は少し保護者が一緒に遊んでくれると安心できるなど入園にあたり子どもの不安を和らげることについて柔軟な対応をする。	
	子どもの姿　乳児	子どもの姿　幼児
	・前年度にいた元の部屋に行きたがる。元担任に甘えたくて、姿を見ると泣く。 **→保育者** 元担任に可能なときは協力してもらい、遊びにきてもらったり、元の部屋で遊ばせてもらう。 **保護者** おむつ交換、検温と記入、引き出しに着替え・連絡帳提出。	・保護者から離れられない、遊びだせない、物の取り合いなどけんかになりやすい、保育者に気持ちを言えず、おもらしがある。 **→保育者** お休みの日は何してたの？持っているもの、興味を示したものなどを仲立ちとして言葉を交わしたり、遊びに発展させる。 **保護者** 子どもが、自分で歯ブラシうがい用コップ、水筒、連絡帳などを置きに行くのを見守りながら、引き出しに着替えを入れる等を行う。
生活習慣：睡眠	乳　児	幼　児
	・家庭での昼寝では眠れている子どもが園では眠れないということも多い。家庭での入眠の様子、仕方を参考に柔軟な対応をする。入眠時に仰向け寝で寝かせるが、SIDS（乳幼児突然死症候群）は、その発生の多くが、預かりの初期に起きている。新しい環境のストレスに注意し、人的な配慮をするチェック表を記入する。	・体力がついてくる4、5歳では子どもによって午睡の必要性が違ってくる。 ・3歳児クラスの移行時期は、集団が大きくなることが多いため、ホールなど広い場所で合同で眠ることに抵抗を感じやすい子どももいる。どの保育者と寝たいか、どこで寝たいか、など気持ちを受けとめたり、きょうだいを隣同士にするなども子どもの安心に繋がる。
<行事>親子遠足 【年2回以上・クラス懇談会】 【年2回（春・秋）・春季定期健康診断】 【月1～2回・0歳、1歳児健診】	・入園や進級直後の親子遠足を企画する。保護者が参加できない、など保育を必要とする子どもへの配慮をする。園に近い参加しやすい場所を選び、親子で楽しめる内容（スタンプラリー、親子遊びなど）を考える。保護者間や保育者との交流ができる昼食時間などは長めにとる。新しい保育者に親しみをもつ機会ともなる。	
	・園医、嘱託医による健康診断。結果を保護者へ通知し、子どもの健康について共有する。	

1．園における支援

> 🌀 **子育て支援ポイント解説　園生活5月** 🌀
>
> 　新しい環境になじむ、慣れるということが入園児にも進級児にも大きな課題です。"送迎時の保育者との会話"、"連絡帳"や、"ポートフォリオ"や"ドキュメンテーション"などを活用し、1日の保育の様子を知らせましょう。園の玄関先に当日の"給食見本"を置く園は多いのですが、メニューを見ながら忙しい保護者が子どもとゆっくり話す光景を見ることは多いもの。何気ない毎日の保育環境そのものに、親子の結びつきを深める子育て支援の環境を置きましょう。
> 　あらゆる機会に子どものより良い生活を念頭におき、保護者と協働できる機会を意識し、関係づくりを強固にしていきます。

◇ 学び編　Ⅰ期　4、5月　～保護者への挨拶からはじまる支援～

<3>親子遠足、懇談会、誕生会への保護者参加を企画しましょう。

　親子遠足や、懇談会、月1回行われる誕生会等の開催は、子どもにも保護者にとっても園が身近になり、他児の保護者、家庭との連携に繋がる行事の1つです。しかし、働く保護者にとっては参加が難しい場合もあります。入園時の入園のしおりに日程を入れて、保護者が予定を事前に取りやすいよう配慮しておきます。

<4>集団生活で懸念されることのひとつが、他児との関わりの中で起きるひっかきや嚙み付きなどけがです。保護者にとっても辛く、クレームに大きく発展しやすい出来事です。保育者が未然に防ぐことができるよう環境を整え、見守りもしますが、実際には、目の前であっという間に起こることも多く、注意が必要です。

　子どもの問題行動には必ず理由があるので、いけませんというような表面的な対処や、問題行動として保護者の家庭教育だけの理由にして、考えることをやめてしまうのではなく、前向きな保育による解決を考えます。

<5>地域の子育て家庭への支援のスタート

　子育て広場やプレ保育登録など、地域の子育て家庭への支援を開始します。

　基本的には通常の保育で行うような遊びを楽しみます。幼稚園で行われるプレ保育は親子一緒の場合と離れる場合があり、その後の入園を意識したものとしても行われます。保育所等で行われる子育て広場では保護者が吐露する内容は多岐に渡り、幼稚園についての悩みなども相談にあがってきます。事前の登録が不要で、気軽に当日に参加できる園庭開放は、広く多くの親子が参加するので、話しに夢中になっている間の子どもの安全に注意します。仲間づくりに参加する方もいるので、保護者間にも気を配りましょう。

135

第5章　保育者の行う子育て支援とその実際（内容・方法・技術）

◇ **実際編　Ⅱ期6、7月前半　〜健康カードを通して保護者と連携する〜**

—6、7月初旬— 初夏・父の日・梅雨 七夕	保育者 ・子どもの衣服の調整に配慮する。空気清浄機やクーラー等を適宜使用する。 ・暑い夏を楽しく快適に過ごす水遊びが始まる。後半にはプール開きを行うため、水遊びの可否を把握するための健康カードを保護者へお願いする。 ・願い事の短冊を送迎の玄関に置き、保護者の願いも各クラスの笹に飾り付けてもらい、親子で七夕の願いや夢について話しができる機会にする。	
	環境設定−乳児	環境設定−幼児
生活習慣：清潔 <行事>プール開き	・沐浴を行う〜清潔になる快さを感じ、哺乳力を増し、睡眠が深くなる沐浴。汗をかく季節に子どもの身体の新陳代謝を促す。 →保育者 沐浴やシャワーを実施するときは、健康カードで健康状況の確認を保護者と連絡し合う。 例：鼻水が少し出ているので、お尻の汚れや汗をお湯で流す、シャワーのみ可など。 当日の園での発熱などで、保育者による判断で、中止する配慮を行う。	・夏ならではの体験をしながら、健康的に過ごせるようにする。 ・プール遊びの実施〜乳幼児期は水に親しむことを重視した水遊びを計画する（フラフープくぐり、宝探し）。 →保育者 家庭でも楽しむ水遊びへの注意事項を園だより等で知らせる。①子どもに事前に注意事項を伝え、準備体操を行う。②水に入って指導を行うおとなと外側から安全を見守るおとなで役割分担する。③定期的に休息をとる。
【年1・歯科検診】	・厚生労働省、文部科学省、日本歯科医師会が6月4日を6（む）4（し）の日にちなんで、虫歯予防デーとしていることから、6月に歯科検診を行う園は多い。絵本や紙芝居などを使い、歯と口の健康を守る意識をもてるような機会とする。事前の保育で説明しておくことで、主体的な気持ちを育む。乳児でも自分から「あーーん」と口を開けようとする姿などがみられる。 →保育者 保護者から、突然子どもが歯を磨くことを嫌がるようになったなど、自我の芽生えの時期に合わせて、相談されることも多い歯磨きの援助の問題。園での支援方法を保健だよりでお知らせをする。	
保護者対応：発熱	・最も頻繁に保護者とやりとりがある「発熱」への対応。 　連絡対象である発熱の高さの目安は、例として37度5分とする等（入園のしおりに記載）あらかじめ保護者に伝えておく。もともと高く出やすい子ども、発熱から熱性けいれんの危険が高い子どもなど個人の発熱時状況での注意を把握しておく。 　たとえば、座薬対応（保育所における与薬についての基本的な指針は日本保育園保健協議会「保育園とくすり」に準拠）などを保護者からの依頼で行う場合もある。 　体温計で確認して発熱が確認されたら、明らかな緊急性の症状がなければ、まずは、水分補給をしてみる。室温を確認する。子どもの衣服の調整をする。ほかに咳、鼻水の有無、排便の様子なども確認しながら、他の職員と情報交換の上、保護者へ連絡する。 保育者→保護者 子どもの発熱は、外気温の影響で高くなったり、心的なストレスなどで高めになるなど、病気だけの発熱とは限らない。自宅へ帰ると下がるという子どもも多い。ほかに協力者がなく、発熱のたびに仕事を早退しなくてはならない場合などが続くと、保護者の不満が高まる。 　やむなく、お迎えをお願いしたい連絡の方法も「熱が出ました。お迎えお願いします」という一方的なものではなく、発熱した子どもの状況を伝えた上で、「どうされますか？」とまずは保護者側に状況を受け止め、親が親としてどうあるべきかを考えることができるようなお願いをしたいところである。	

（5）気温差の激しい生活になる　「梅雨、初夏、夏　6～8月の保育」
◇学び編Ⅱ期6、7月前半　～健康カードを通して保護者と連携する～

＜1＞空調に気を配り、玩具の消毒など衛生にも一層注意が必要な時期。水遊びを始めるため、子どもの健康的な生活を保つため保護者と協力して実施する健康カード（保護者に子どもの朝の体温、身体の様子からの水遊びなどの有無）への記入をお願いします。

＜2＞七夕。願いは、夢は。保護者にも書いて貰いやすいように、短冊にこよりを付けて、カラーペンと共に各クラス玄関、笹の近くに置いておきます。一枝1人分になるように子どもたちの短冊も飾り付けておき、同じ場所に保護者の短冊もつけて貰い、七夕当日には、家庭に持ち帰ります。子どもはいつも希望や夢の中で育ちます。心配や問題の解決ばかりではない、季節の体験したい行事など、子どもとの潤いのある生活を保護者も一緒に楽しめるような機会とします。

＜3＞子どもの発熱への対応

　体調を崩し、子どもが発熱すると、保育の継続そのものが難しくなります。病児保育や、祖父母等で対応してもらえれば、一時的にはのりきることができます。しかし、何度も園から発熱の連絡があると、保護者の負担感は大きくなっていきます。

　体温調節が難しい乳幼児期は、環境によって発熱することも多いため、保健だよりや園だよりで、発熱しやすい子どもの特性も伝えます。季節的な過ごし方について注意喚起もし、子どもの健康で快適な生活を保護者に伝え実際の毎日の保育の実施について連携していきます。

＜4＞園での投薬や塗り薬の実施

　医療行為のできない保育士は、原則、投薬や塗り薬などを直接子どもに行うことはできません。しかし現実には、慢性疾患などの塗り薬、一時的に投薬が必要な場合や、けいれんひきつけの可能性のある子どもの緊急時の座薬対応、最近では食物アレルギー児へのエピペンの接種などもあります。

　保育者が行うときには、必ず医師から処方された薬で、医師からの指示書や意見書、さらに保護者から園への与薬の依頼書を通して行います（日本保育園保健協議会「保育園とくすり」に準拠）。

◇ 実際編　Ⅲ期　7、8月　〜夏の時期の子育て支援〜

	乳　児	幼　児
—7、8月— 夏・願いごと・帰省 ・お盆 ＜行事＞夕涼み会 七夕（体験したい行事） ・幼児お泊まり保育 ・個人面談 ・家庭訪問6〜7月	保育者 ・家庭によっては長期の夏休みを取りだす時期。 ・家庭の休日の予定を事前に伺い、園全体の人員や保育について計画しながら、家庭訪問を実施する。 ・子どもの健康に注意しながら暑い夏を快適に過ごせるように、園全体の環境設定（よしずの設置、固定遊具の日陰への移動等）を行う。 ・年長クラスのお泊まり保育体験の実施。 保育者 15日前後のお盆の時期は、とくに少人数の家庭的な雰囲気の保育になることも多い。送迎の保護者ともゆったりと会話ができる時間も取りやすい。 ・温暖化の影響からか、最近では、外国からの毒性のある虫類なども心配されている。保育者間や保護者同士が立ち話になっているときは、涼しい場所へと声をかけたり、日除けや打ち水、外門扉に虫除けの蚊取り線香など送迎時の保護者への配慮をする。	
生活習慣：排泄	・排泄は乳児の毎日の健康のバロメーター。この時期は水分が不足したり冷たいものを飲み過ぎたりしても不調になりやすい。便についての相談を受ける。 ・とくに乳児保育で求められるのが保育者による支援として行う『排泄の自立』への支援。 →保育者 保護者と協働して行う。タイミングとしては2歳の誕生日前後以降の排泄器官の成熟を待って行う。園で実施しながらも、家庭での様子についても細かな保護者からの相談に対応する。	・幼児のちびり。午睡時のおねしょなど。また、排泄の自立の援助は保護者にも負担がかかるので、自立の時期を逸してしまい、5歳になっても排泄が自立しておらず困っている家庭からの相談が突然くる。このことは途中入園児にもみられる。幼稚園入園の条件として、排泄の自立が求められるため、悩む家庭もあり、子育て広場や園庭開放で相談してくるケースも多い（＊地域子育て支援）。
保護者対応：感染症	・感染性胃腸炎や水疱瘡など感染症は抵抗力の弱い乳児は重篤になりやすい。 →保育者 日々の検温ほか、身体観察。玩具の丁寧な消毒。園内で流行している病気を『感染症ボード』などに記載更新して目につきやすい場所に掲示する。きょうだい関係の感染症発生状況など保護者の情報も把握していく。	・子どもたちに保育絵本等を通して、手洗いの励行、早寝早起きなどの健康的な生活について、主体的な生活の中で気づきがもてるような働きかけをする。 →保育者 地域の感性症流行については国立感染症研究所感染症疫学センター学校・保育園サーベイランス、情報システムで確認できるよう情報を公開する。
保護者対応：着脱衣	・着脱衣への関心の芽生えは、身近にいる大好きなおとなの模倣からである。十分におとながやってあげる中で、出てくる自発的な姿をさりげなく支えていく。 →保育者 遊びで主体的な行動が育まれるように、ボタン通しがしやすい衣服を着たぬいぐるみ等を置いて、着替え遊びを通して親しめるようにする。その様子をおたよりなどに載せて、保護者がこれから出会うであろう、乳児の自我の芽生えとともに自立への一歩として起こす、やりたいけどできない癇癪などの姿についても機会を捉えて知らせていく。	・基本的には自立しているが、その日によってはいつまでも着替えない、時間がかかるなどがある。それらが、体調変化など、何か気になる変化の兆候でもある場合もある。 ・また、衣類が洗濯されない。着替えを持参しないので、園の衣服を貸すことになるが、それをまた持参してくるなど、保護者が子育てを放棄しがちになっている様子が見受けられることもある。着替え時に身体の様子も見る。虐待やネグレクトも心配されるケースもあるので注意する。

1．園における支援

🌀 子育て支援ポイント解説　夏の時期 🌀

夏の時期の保育利用状況を踏まえた、保育による支援を行いましょう。

　7、8月は暑さが厳しくなり、家族で長期の休暇をとる方、園によっては夏休みに入るところもあります。休園中でも夏期保育や預かり保育、自由登園日などを設定し、保育が必要な場合の支援をしたり、夏ならではの活動（プール遊びや、お泊まり保育など宿泊体験、夕涼み会など）を行います。久しぶりの登園に元気がない、発熱などがみられることがあります。前日までの過ごし方などは登園したら必ず、保護者に確認します。

　保護者の休暇に合わせて休みの子どももいて、日によっては保育が手厚く行える時期。気になる子どもへの個別の対応や、個別に排泄の自立をスタートさせるなどを試みることも考えられます。それに関連して保護者とも個別に面談を行えると良いでしょう。家庭訪問なども実施できると、普段の家庭での様子が理解できたり、リラックスした保護者が相談しやすいというような利点もあります。

◇ 学び編　Ⅲ期　7、8月　～夏の時期の子育て支援～

＜5＞保護者から成長や発達への遅れについて心配の相談を受けることがあります。「言葉が少ない」「食事に好き嫌いがある」「言うことを聞かなくなった」など、内容は様々です。園に参加参観をしていただいたり、じっくり話しを聞くなどして、不安な保護者の気持ちに寄り添います。

　初めて、「歩き始める」「言葉が出る」などが家庭ではなく、園であることは保護者にとって悲しく傷つくこともあるため、伝え方を考えてあげたいものです。

　排泄の自立、着脱衣などは、子どもが能動的にできるよう関わります。言葉が全くない、いつまでも歩けない、様子がおかしいなど明らかに気になるときは関係機関と連携しましょう（社会資源の活用と自治体・関係機関や専門職との連携・協働 p.110参照）。

＜6＞夕涼み会を行い、園と地域が協働する機会としましょう。

　土曜日など夕方の涼しくなってくる時間帯に行う夕涼み会は、地域と連携した大きな行事となります。事前に参加券などを持参して、近隣を回ることで、園の取り組みを知らせます。

　職員の中には和太鼓や、お点前を趣味としている職員がいます。この機会に披露し近隣の年配の方々にも楽しんでもらう場としたり、地域子育て支援の利用をしている家庭にも積極的な参加の取り組みを企画するとよいでしょう。

第 5 章 保育者の行う子育て支援とその実際（内容・方法・技術）

◇実際編 Ⅳ期 9〜11月 〜親として子どもの育ちに参加する機会〜

—9〜11月—			
初秋・紅葉 お月見（体験したい行事） 敬老の日（体験したい行事） ＜行事＞運動会 七五三（体験したい行事）	→保育者 園の周りのお散歩マップを保護者に公開して、どんぐりやくぬぎの拾える場所、紅葉やイチョウなど秋の美しい自然が見所の散歩情報（近隣のトイレの有無等含むと親切）を保護者向けにも掲示、共有する。		
	保育者 運動会に向けての活動について、親子の会話が増え、連絡帳や送迎時の保護者との折々の会話にも触れられる。一方で、主体的で能動的な生活だからこそ、友達との衝突や、理想の自分になれない、たとえば、跳び箱ができないなどの葛藤から登園を渋るなどもみられる。		
	保育者 七五三の子どもをもつ保護者から、記念の写真を見せていただくことがある。着物を着る機会が少なくなった現代。保護者に了承を得て、見せていただく。晴れの日の服装を知る。七五三の由来を聞き千歳飴袋の製作をする。		
＜行事＞園外保育 いもほり（保護者も手伝う）（体験したい行事）		環境設定－乳児	環境設定－幼児
		乳児は妊娠中からすでに五感を発達させて産まれてくる。外界の認知を五感を通して出会うことを大切にして育む。 →保育者 乳児の傍にいていつも乳児が快い状況になるようにと世話をしてくれるおとなである保護者の手のひらの上に、美しく色づいた木の葉や良い香りの花を、そっとのせて声をかける。送迎の保護者は季節の移ろいに気づき、乳児とともに五感を感じる言葉かけで関心を誘う。「きれいですね」「良い香りですよ…」など。	・玄関にどんぐりや松ぼっくり、紅葉した木の葉などを仕分けて箱を置く。 →保育者 家庭にも自然物を募り、収集の協力をお願いする。 ・自然物への扱い方情報を提供し、掲示もする。どんぐりのなかの虫の駆除の方法は5分ほど煮沸するか、冷凍庫に1週間。その後どちらも3日位天日干しする。
＜防災訓練＞総合引き渡し訓練	・緊急時の総合引き渡し訓練（警戒宣言発令時における児童引き取り訓練の実施） 　9月1日防災の日（関東大震災が由来）の避難訓練については、入園時から説明し全園児を対象。警戒発令時に保護者が安全で適切な行動がとれるよう園と保護者と子どもが一体となって実施。→保育者 事前に取り交わしている引き取りカードを使用し、保護者も迎えに行く行程の安全や時間の確認。		
秋の交通安全（体験したい行事）	・春と秋の交通安全週間。その機会を利用して交通安全を意識した活動を行う。子育て広場の家庭にも通知する。おまわりさんから、道路の歩き方や信号や横断歩道の渡り方などの話を聞く。子ども同士が手をつなぎ、自分の足で歩き始める、乳児クラスから幼児クラスの移行時は、特別に交通安全課の方に同行していただく。散歩をして、実地での安全指導を受けるなども良い。		
生活習慣：食事		乳 児	幼 児
		保護者 急に好き嫌いをしたり、手を入れて、食べずにいたずらをするようになったりするなど、遊び食べや好き嫌いについて、保護者から相談を受ける。	→保育者 幼児の食事では3歳児の相談が多い。はしの持ち方や、遊び食べ、全体量が少ない。食事より遊びなど。心身の何らかの変化から年長でも食欲がない、増えるなどもある。いつもと違う様子があるときは注意する。
保護者対応：けんか 【年2回以上・クラス懇談会】 【年2回（春・秋）・秋季定期健康診断】		・乳児に、けんかという概念はない。おとなにはけんかと見えるトラブルでも、けんかではなく、その以前の世界に乳児はいる。 →保育者 保護者から相談があったら、たとえば、自他の区別がついていない時期なので、お友だちのおもちゃも自分のものと本気で思っていることなど、まずは、その気持ちを受け止める重要性など、心の発達についての資料なども利用する。クラスだよりに載せるなどしてもよい。	子どものけんかには、理由がある。まずは、理由を聞くことである。子どもは、自分の言葉で説明しながら、今起きているトラブル全体を理解できるようにする。年長は、聞いているだけで、あっ！ごめん！私もごめん！と謝る姿が見られることも多い。話し合いの解決の経験は、子ども自らの問題解決獲得へと育つ経験でもある。 →保育者 保護者会などで話題にしたい内容でもある。

1．園における支援

(6) 充実期 「秋　9〜11月の保育」

◇学び編　Ⅳ期　9〜11月　〜充実期、運動会　緊急時引き渡し訓練〜

＜1＞総合引き渡し訓練の実施

　9月1日防災の日に、地震などで警戒宣言が発令した場合の児童の引き取りを仮定して実施するものです。時間は夕方の16時などにしますが、お休みをとらないと園へ向かえない保護者もあるため、事前に、入園の面談時から説明し全園児の保護者に協力をお願いしておきます。実施内容を周知し保護者が災害への認識をもてるよう共有し連携を図っていく機会としましょう。

＜2＞多くの園で実施する運動会は、保護者にとって楽しみな大きな行事のひとつ。
　子どもたちがもてる力を発揮し、見に来てくれている保護者にも良い思い出になるような担任からのこれまでのエピソード等も含めた放送などの演出もしています。

　運動会は在園児のきょうだいのほか、地域の入園希望者や小学生なども含めて、園外児の参加ができるプログラムを用意します。

　在園児すべて（年長も）の保護者も、子どもと一緒に参加ができる競技があるとよいでしょう。子どもの主体的な生活には、情緒の安定が欠かせません。「保護者が自分のためだけに競技に参加してくれている」と子どもが感じ、愛されている実感をもてるような競技種目は、年長の子どもにとっても、何よりも嬉しい瞬間です。そして保護者にとっても、特別な1日であり貴重な時間になることでしょう。

◎　子育て支援ポイント解説　充実期　◎

　天候など季節的にも良い時期であるため、とくに年長は図書館利用、市場、飛行場、郵便局見学など社会のしくみや文化にふれる園外保育に出かけてみます。2歳児クラスの子どもには、幼児クラスへの移行を視野に入れて、信号の確認、道路の歩き方に気づきをもてるように、はじめは少人数から経験しておきます。安全に歩き通す力を身につけておく必要があります。信号の見方など園での取り組みを保護者にも伝え、家庭と協力して戸外での意識的な経験を重ねていきましょう。

　入園希望の園外の保護者が園内を見学に来たり、一時保育を利用したりもします。また、在園児の保護者に対しても保育参加、参観などの機会も設定し、保育に支障がない限りは、開かれた園としての支援を考えていきます。

第5章　保育者の行う子育て支援とその実際（内容・方法・技術）

◇ **実際編　Ⅴ期　12月、1月　〜急な年末年始の保育に備える〜**

—12、1月— 木枯らし クリスマス・年越し お正月（体験したい行事） 春の七草	おとなにとっては忙しい年末。延長保育の希望が突然に入ってくる。 保育者　柔軟に体制を組み、延長保育を受けてあげられるよう申込みを促しながら、予測も立てて保育者の人員配置を考えておく。在園児以外の保護者から一時保育の問い合わせもある。 保育者　年末年始明け、久しぶりに登園してくる子どもは少しずつ増えてくる。はじめは少ないため、不安な子どもも含め、のんびりとしたお正月の雰囲気を大事に、新年の保育をスタートする。 ・図書コーナーを開放して家庭へ貸し出しをする。保護者による読み聞かせの会を開催する（＊地域子育て支援にも開放）。
<行事>年末子ども会 保護者支援：忙しい、貧しいなどの養護的家庭の子どもの豊かな生活への保障	・年末の12月のこの時期に行うこども会は、園によって、特色がある。宗教色が色濃くあるクリスマス会のほか、宗教を建学の方針にもたない園でもお楽しみ会として開催する。→保育者　街はイルミネーションの美しい季節だが、子どもの家庭状況にも差があり、保護者に余裕がない場合もある。園では、忙しい家庭の子どもにも楽しいひとときが過ごせるお楽しみ会をする。給食メニューは子どもが喜ぶ人気メニューをバイキングに。好きなものを食べられるようにしたり、プレゼントを入れてもらえる靴下型の入れ物を数日前に作成して、室内に飾ったりする。持ち帰るときには、子どもに嬉しいプレゼントが入っているようなお楽しみをする。当日は4、5歳が日頃取り組んでいる楽器演奏や歌のほか、劇活動を保護者に披露したり、職員が演じる影絵などを見て楽しむ。クリスマスツリーを子どもたちと飾りつけたり、カレンダーに印をつけて楽しみになるような会を開催する。
<行事>もちつき	・日本の古来からの年末の行事であるもちつきは、臼に入れた餅を杵でつく。手水をつけながら"かえし手"（お餅を返す人）とのかけ声に合わせて、リズム良く、"つき手"はついていく。 →保育者　力のある父親など保護者に協力して貰い、つき手の手までついてしまいそうなぎりぎりの返しのタイミングに、子どもたちははらはらどきどき熱中する。つきあがったお餅は食べやすく小さくまるめる"ちぎり"があり、母親にも手伝って貰うなど、保護者との協働行事にしている園も多い。すべての給食メニューと同様に、開催前に「自宅で食べているか」事前に確認する。のどにつまりやすいので、当日も注意して見守る。
大掃除（経験したい内容）	・年末の大掃除、幼児は保育者と一緒に一部でも主体的な活動として行えるとよい。年越しやお正月の話、鏡餅やしめ飾りなど日本古来の歳神様などについて絵本などを通じて知り、室内をきれいにし、新しい年を楽しみにできるようにする。ハタキの使い方、竹箒の掃き方、雑巾の絞り方など、見よう見まねでやってみたりする。 →保育者　この日の様子は写真に撮り、お迎え時には保護者に見てもらえるようにする。「掃除したのか」、「偉かったね」など保護者と子どもの会話から親子間の関係構築につなぎたい。
	環境設定−乳児	環境設定−幼児
お正月遊び（体験したい行事） 【年2回以上・クラス懇談会】	・久しぶりの園生活、個々に無理なく過ごせるように、コーナー遊びを設定する。 →保育者　送迎時に、休みの間の子どもの様子、長期の休みの保護者の苦労などを伺ってみましょう。	・お正月遊びをする。 ・近隣の広場や公園で、手作り凧（スーパー袋やカットしたビニールで製作）を持参して持って走ってみる。

（7）多くの保護者にとって最も忙しい「冬 12、1月の保育」

◇学び編　Ⅴ期　12、1月　冬　〜年末年始　急な保育の延長〜

＜１＞急な延長保育・一時保育に備える

　年末年始の休日に向かって、当日の保育延長の申し出が保護者から突発的に入ってくることがあります。延長保育の希望や、また保護者の休暇に合わせた休みの有無も含めて事前の調査や確認をして備える必要があります。

　子どもの最善の利益を考えると、家庭の状況に合わせた柔軟な対応が、子どもにも大きな負担がかかる場合もあり、簡単には承諾したり、協力することは難しいこともあります。日頃から保護者と会話を重ねて、家庭の事情を踏まえた上で、可能な限り受けてあげたり、お断りせざるをえないこともあります。保護者対応は、直接保護者を目前にしての対応であり、ときには、保護者が感情的になるようなこともあります。そのようなときでも保育者には忍耐強く、穏やかで、物事を大局的に考えられる人間性が求められます。

　実際には、もう少し子どものことを考えて欲しいと保護者を非難してしまいがちです。しかし実は保護者もまた、保育者と変わらない人生を生きており同じように働くことに悩み、子育てに疲れることもあるだろうと気づかされることがあります。

　受容や傾聴には保育者側の感情も知らず知らず表情や受け答えの中に含まれる、言葉ではない非言語的なコミュニケーションにも気持ちを配りながら、保護者とあたたかな信頼関係を目指していけるとよいでしょう。

> **コラム**　カウンセリングマインドという言葉があります。「保育の場に生じる現象を一人一人にとって意味がある"とき"・"もの"・"こと"としていく相互の心の作用」です（青木久子『子ども理解とカウンセリングマインド』萌文書林，2018，p.22）。保育は保育者にとっても毎日の人生の瞬間でありその時を保護者と変わらず生きています。園で起こる毎日の悩みやうれしい出来事は保護者と変わらないものであり、同じように保護者も毎日を悩み喜び生きているという気持ちで接するとき、自分の気持ちと重なり、そうだったのかと保護者の気持ちに気づくことがあります。

＜２＞お正月休み明けの保育

　年末年始のこの時期に、かるたやすごろく、凧揚げ、コマ回しなどお正月遊びは、保護者である父母のほか、祖父母にもお正月遊びの伝承遊びが得意な方もいるので、名人先生として募り、保育に参加して貰うなどするのもよいでしょう。

第5章 保育者の行う子育て支援とその実際（内容・方法・技術）

◇ **実際編 Ⅵ期 2、3月学年末 ～個々の子どもの育ち～**

ー2月、3月ー 節分・雪・霜柱	保育者 雪の情報は、早めに保護者に知らせ事前に備える。積雪した朝の対応は、園の周りの除雪。保護者が歩けるように道をつくる。衣類についた雪が解けてが濡れるのでタオル、床を拭く雑巾を準備。	
<行事>作品展	乳　児	幼　児
	・乳児の造形的な表現活動の芽生えは、生活の中に総合的な姿として現れる。 　日々の生活や遊びの中で表現する姿の写真や、蓄えてきた作品を掲示する。たとえば、連絡帳のまわりのなぐり描き。じょうろから出る水の軌跡を楽しんだり、引き出しから出した服を並べてみたり、黄色の積み木を集める。このような一見、いたずらのように見える姿も、さまざまな発達からできるようになった表現活動。大好きな保育者のためにプレゼントと言ってくれたようなもの、ごみのように小さな作品群も乳児期の表現活動、大切に保存しておき、作品展には展示する。保育者が1年子どもたち一人ひとりの表現を大切にしてきていることがずっしりと伝わる。 ＊地域子育て支援 子育て広場や一時保育などの地域の子育て家庭の作品の展示スペースも置く。	・その子どもの1年の成長がわかるような展示の仕方にしたい。 　4、5歳では子どもたちの協同性の育ちが伝わるような協力作品の展示もする。たとえば遠足で見てきた驚きを造形製作。友達同士で取り組んだ長い首のキリン、ライオン家族とライオンバスなど、印象的だった動物園を再現する作品をみなで協力して作ったものなど。製作中の試行錯誤をレジュメに出し、展示にもメッセージを添える。 　とくに年長は、園生活で年長としての役割を果たすような表現活動がある。たとえば、新入園児のためのペンダントや、夕涼み会の参加証うちわの製作、運動会で使用した大道具、小道具類など。 　保護者にとって働きながらの子育ては、不安も多く、毎日は無我夢中に過ぎていく。 　作品展に飾られた子どもの日々の保育の中での力作は、子どもの成長を見ながら、子どもと共に歩んできた保護者自身のこれまでの生活を振り返るひとときでもある。頑張ってきた子どもと保護者がお互いに嬉しい振り返りのひとときにもなるよう、作品展は金曜日の子どもの帰宅後に準備し、土曜日1日と日曜日半日間展示する。保護者には好きな時間にゆっくりと見てもらう。 ・野菜スタンプ葉書コーナーやスクラッチ絵コーナーなど来場者が遊べるコーナーも用意し、きょうだいや地域の子育て家庭などの来場にも備える（＊地域子育て支援）。
保護者対応：保護者の悩み	・保護者からの相談は、子どものことだけではない。職場の上司が代わり、子どものいる家庭に理解が薄く時間通りに退社しようとすると嫌な表情をする。主人が仕事をすぐやめてしまう。その上、母親からその日のお小遣いを貰うと遊びに行ってしまう。先生、毎日がいっぱいいっぱいです。主人がいなくて大変です。食事の仕度をしているところでごねられると、叱ったり、叩きたい衝動にかられる。など。 保育者→保護者 まずは、しっかりと話を聞くこと（傾聴）である。話を聞いてあげるだけで前向きな気持ちになれる保護者もいるが、返答が難しい相談も多い。複雑な内容になるときは、一人で聞かず、先輩や主任、園長先生にも同席をお願いする。相談の基本である、その時の保護者の子どもの保育（目の前で話すことがないような配慮）やほかの保護者に聞かれるなどのプライバシーへの注意が必要である。（＊子どもは別の保育者が遊びに誘い、保護者は別室へ誘う。入り口に背を向け座ってもらい、窓のカーテンは引くなど。） （本書pp.81－82参照）	

144

1．園における支援

（8）進級、卒園、小学校入学へ向けて 「早春　2、3月の保育」

◇ **学び編　Ⅵ期　2、3月学年末　〜個々の子どもの育ち〜**

＜1＞1年の保育の集大成《作品展》を開催する

　1年の総まとめとして、作品展を実施します。1年を通して取り組んできた作品のほかに日常の生活の中で、子どもが様々な場面で表した、"表現"に通ずる作品も展示します。当時の子どもの思いや、そのときの状況をコメントとして出すとよいでしょう。子どもの作品を整理する中で気づいた姿、発達は、表現関係のテキストや子どもの絵についての書籍など、読んで学んだ上で展示の中に添え書き等、示していきます。

　作品展は、我が子が1年間保育者にどのような保育を受け、どのように子どもに学びと成長があったのか、そして、保育者が子どもの園生活の毎日に寄り添い、いかに大切に考えてきていたかを作品を通して実感する一瞬にもなることでしょう。

　このことは、次年度の園生活の基盤にもなり、保育者や園への信頼関係の構築に寄与していくことにもなります。

＜2＞地域差もありますが、霜柱、つらら、氷、雪など冬ならではの自然は、年齢と子どもの実際の関心に合わせ、ぜひ出会わせたいものです。ただし、雪は交通機関などに大きな影響が出るので、仕事をもっている保護者にとっては、仕事に支障が出る状況も考えられます。保護者向けに情報を知らせ、注意を促しましょう。雪の日だからこそ起こりえる状況を予想し、雪かき用スコップ、多めのタオルなど必要になりそうなものを事前に準備し、雪の朝の親子の登園に備えましょう。

演習　「子育て広場やプレ保育に参加している家庭」のほか、「これから入園を考えている家庭」、「子育て支援を受けたい家庭」などに向けて、子育て通信のおたより（月1回発行）を作成しましょう。

　実践編に示す子育て支援の実際を参考にしながら、まず発行の時期を決めます。
　その上で、内容は以下3つの視点を踏まえて作成してみましょう。

① 子育て支援となる情報を必ず2つ以上載せること。
② 園で行われる行事のお知らせとお誘い（参加や見学等）を1つ以上載せること。
③ この時期に注意すべき健康に関係する情報を載せること。

Point： 近隣の子育て支援センターにも置かせてもらうため、色鉛筆などを使ってカラーで手にとってもらえるおたよりを目指しましょう。

第5章 保育者の行う子育て支援とその実際（内容・方法・技術）

◎ 子育て支援ポイント解説　年度末　進級・進学 ◎

新しい生活へとつなぐ大切な時期です。進級の子どもは進級予定の部屋で少人数で遊んでおくなど、行動範囲を広げながら、これからの生活場所に慣れておく機会をもつようにします。卒園児となる年長の保護者は、小学校へ向けて期待と不安が入り交じった時期でしょう。すでに小学校へ入学している保護者の話しを聞く会などを開催します。小学校へ生活と学びを繋げる個々の子どもの要録を提出します。提出前に保護者とは面談をして、家庭での様子、これからのことへの不安や悩みなども確認しておきます。

　＜3＞豊かな生活を育むものとして、絵本や物語がありますが、乳幼児期に必要な保育教材として購入し子育て支援に生かします。乳児期には身近なものや生活から楽しみやすい、写真絵本やしかけ、わかりやすく楽しめるものを選びます。幼児には、幅広いジャンルを選定します。絵本、物語、昔話、童話、詩、図鑑など、ひとり読みにもよい絵本なども。現実に経験の難しいもの、言葉が美しいもの、絵が子どもの感動を深めるもの、言葉がリズミカルで楽しかったり、物語からユーモアを感じてお話が好きになったりします。ほかに聞いていて涙が出る、感動のあるものや、悲しい気持ちになるなど感情の体験から、考え方や価値観を育むものなど様々に所蔵していきます。保育者の専門性を生かした子育て支援の素材の一つとして、保護者に紹介したり、園で貸し出しもできるとよいでしょう。

　家庭で読まれている絵本などの情報交換の場や、読み聞かせの上手な保護者に午後の保育時間に読み聞かせの会の機会をつくってもよいでしょう。子育て広場など在園児ではない保護者から、年齢に合わせての絵本は質問が多いので、保育者も常に書店で新しい絵本を見ておくなどして、よい絵本を把握しておきたいものです。

コラム　**子育て支援の絵本コーナー**

　発達、季節など味わわせたいテーマに合わせ絵本を選択し、コーナーに置く。適宜時期に応じて、交換、追加する。親子でゆっくり読むことができるようにテーブルを低くしたり、低めのソファなどを設置してもよい。
　たとえば、次のような作品がある。
・保護者に読んで貰うだけで愛されている気持ちが温かく伝わる。
　ジェズ・オールバラ作・絵『ぎゅっ』徳間書店
・仕事をしているお母さんの子どもへの気持ちが伝わる。
　まつおかりかこ作『たからもののあなた』岩崎書店

1．園における支援

◇◇ 実際編　Ⅵ期　3月〜成長した子どもたちを喜びでつなぐ〜

—3月— ひな祭り ＜行事＞ 卒園式および就学お祝い会 進級に向けて・卒園。小学校入学へ向けて	保育者　進級しても先生が担任になって貰えるのか、など先の不安な声を保護者から聞くようになる。基本的には4月まで伝えない方針の園は多い。必ず申し送りは行うことなど安心できるように伝える。無理がなく期待をもった進級になるべく、部屋に慣れておくなど不安にならない配慮をする。 　卒園児となる年長は、就学へ向けて、子ども自ら成長した自分が実感できる充実した園生活になるような活動をし保護者にも伝える。また、子も親も小学校との協働できる活動または機会を通して、入学に期待が持てるようにする。			
		乳　児	幼　児	就学を控えた年長
		・急激な変化は避けたい乳児の生活。進級するクラスの片隅に遊びに行かせてもらうなど、自然な流れで、進級予定の部屋や保育者に慣れておく。現クラスの子どもたちの外出時間などがあれば、その時間に合わせて、遊びに行くなども考えられる。 ・4月1日づけの新入園児の対応に備えて、できるだけ3月後半の間には、進級児は新しい生活の場に移行しておく。	・進級するクラスの活動の様子を見たり、参加させて貰ったりなどの交流を通して、進級する年上の子どもの姿や活動に憧れや期待を感じる。	・小学生との交流の時間や、校庭での遊びなどを通して、就学の期待をもてるようにする。 ・道路、通学路などの安全な歩き方や時計の見方、所要時間の経験などを普段の保育の中で体験しながら感覚を学ぶ。 ・とくに通学路については事前に家庭からの経験についても連携しておく。 ・卒園児の保護者をゲストに招いた小学校の接続にあたっての保護者会を開催する。 ・就学を迎えた年長の遊びを通した育ちの姿が、円滑な小学校の教育への接続に繋がるよう小学校の教員との「幼児期に育って欲しい10の姿」の共有などについて話し合いの機会をもつ。子どもの最善の利益を尊重した個々の幼児に相応しい教育への接続に努めていきながら、そのときの話し合いで出てきた内容など、保護者にも資料などもつけて、渡せるとよい。 　就学に向けた期待が大きくなりすぎないよう安心できるような言葉かけを保護者や子どもたちへ心がける。
		保育者⇄保護者　園での様子、家庭での姿を日々伝え合うことができるような関係性を大切にし、不安なこと、悩んでいることを常に一緒に考えられるようにしておく。成長した姿も伝え合い、喜び合う生活を共にしていく。			
ひな祭り（体験したい行事）	・ひな人形は女の子が健康で幸せに過ごせるよう祈りをこめた人形。子どもを産んだ母親は人生のどこかで、ひな人形に淡いおとなからの愛情を感じてきたはずである。できれば、段飾りのひな人形を飾り保護者にも母親にも楽しんでもらう。白紙に包んだひな人形をそっと取り出す様子、並べるところから、日時を告知して、保護者も子どもたちにも見学の機会をつくる。お姫様、お殿様、官女のほか、道具であるぼんぼりなど、家庭では、飾られることが少なくなったからこそ、昔の道具類等保護者にとっては懐かしさを感じ、子どもにとっては古くからの日本の伝統文化にふれ、知る機会にもしたい。			
	卒園児			
	・卒園に向けて、卒園製作に取り組んだり、年長児として誇りをもって行ってきた園での役割（動物の飼育当番など）を年中児に伝える機会を設ける。園生活を通して、子どもの育ちが実感できる卒園アルバムやドキュメンテーション等を保護者との協力（保護者からのメッセージ等も入れる）のもとに作成。			
【指導要録】	・保育所児童保育要録、幼稚園幼児指導要録、認定こども園こども要録によって、育ちと学びを接続させ、必要な個々への配慮や援助が継続できるように小学校と連絡会を実施する。			

第5章　保育者の行う子育て支援とその実際（内容・方法・技術）

（9）子どもの傍らに在る保育者の保育による子育て支援

　園には、子どものための物的な環境（安全に好奇心を刺激したり発達を促す素材で作られた教材、協同性など人格形成を育む遊びの機会をもちやすい遊具など）が整備され、個人差に応じた対応など専門教育を学んでいる養護教諭、看護師、栄養士などの人的環境が子どもの生活を支えます。何より、保育者は保育の専門性と技術を有し、愛情豊かに子どもの心情を受けとめ保育を使命とし存在しています。

　このような園環境そのものが、保護者支援や子育て支援を行う最もふさわしい場といえるでしょう。

　園の中で毎朝、毎夕交わされる挨拶時での会話や、1日の保育の様子を知らせる連絡帳や掲示で、保護者は、子育ての小さな悩みが解消したり、受けとめられてほっと安心することもあるでしょう。行事の参加やクラスだよりに我が子の成長した姿を見て、子どもを愛おしく思い子育ての喜びを感じる機会をもつかもしれません。

　夕涼み会やいもほり、または餅つきなど行事でのお手伝いに参加して、他の保護者と親しくなり、子育ての相談相手や友人ができることもあるはずです。園が開催する保護者会や参観、個人面談に参加した保護者は、子どもの心理や発達などについて学ぶ機会をもつことができると、見通しをもった子育てができて、余裕をもって子どもと接することもできるようになるかもしれません。

　保育者は保護者にとって自分たちの代わりに子育てをしてもらえるパートナーであり、ともに子育てを考えてくれる先生でもあります。

　保育場面のあらゆる機会に、子育て支援はあり、保護者は力強く、頼もしい保育者に支えられる実感の中で、子育てしていくことができるでしょう。

　ここに示した実際編はただ具体的な保育場面を記述するのではなく、「…そこに関わる人々の具体的な生き生きとした様相を描き出せるような記述であることが求められる（高嶋景子）」（森上史朗・柏女霊峰編『保育用語辞典第7版』p.175）エピソード記録での例で、示しました。

　それは、保育による保護者支援、子育て支援は、保育そのものであることが基本であるとするならば、保育場面で想起する具体的な状況も踏まえた保育実践例でなければ、本当の実行力をもって学ぶことはできないと考えたからでした。

　このテキストで学び保育者を目指すみなさんには、保育者となったその日から、まずは、子育て支援を行う専門性のある保育者として、自信をもって、毎日の良い保育を丁寧に実践していくことそのものが、保護者支援であり子育て支援であることに誇りをもって、より良い保育を目指していただきたいと心から願っています。

2. 地域の子育て家庭に対する支援

　ここでは、地域の子育て家庭に対する支援を学ぶにあたって、事例を通して考えていきます。

　このゆりグループ事例では保育所における2歳児・3歳児・4歳児のクラスを利用しながら、それぞれのクラスの保育者が、クラスの子どもの様子を保護者に見せながら、保護者のもつ問題に合った助言をしています。また、保育参加後に行われたミーティングにおいて、保育者は親同士の相互作用を上手く利用しながら、問題解決へと流れをつくっています（ソーシャルワークのグループワーク技術）。4人4様のニーズに対し、3歳児の育児という共通点を上手く使って、自助ができるよう、場づくりとゆりグループからさらに派生した青空クラブの支援を行っています。

　厚生労働省の通知では、本科目「子育て支援」を学ぶにあたり、その目標として以下の2つの事項があげられています。

　　・保育士の行う保育の専門性を背景とした保護者に対する相談、助言、情報提供、
　　　行動見本の提示等の支援（保育相談支援）について、その特性と展開を具体的に
　　　理解する。
　　・保育士の行う子育て支援について、様々な場や対象に即した支援の内容と方法及
　　　び技術を、実践事例等をとおして具体的に理解する。

　この事例には、この2つの事項のエッセンスが豊富に含まれています。事例の具体的な展開を追う中で、どこに着目したらよいか、みなさん自身で考えを巡らせながら読み解いてください。

（1）ゆりグループの事例

　3歳児健診について保健師と話をしていた保育者は、最近の健診での相談では、「どのように子育てをしたらよいかわからない」ということが多いことを知りました。社会資源の活用と自治体・関係機関や専門職との連携・協働とはこのような問題で保育所と保健所が連携することなのだと思われます。そこで「地域で子育て支援が必要な方は、保育所が行っている子育て支援のためのサービスを利用してもらうのが良いのではないか」と保育者は考えました。

① 保健所との子育て支援の連携とその手順

　職員会議で検討の結果、保健所で3歳児健診のときに相談されたことのうち、保育所や認定こども園等に通っていない親を対象に、子育て支援サービスを行うこと

第5章　保育者の行う子育て支援とその実際（内容・方法・技術）

にしました（地域の子育て家庭に対する支援）。手順は以下の通りとしました。

① 保育所が保健所より連絡をうけます（社会資源の活用と自治体・関係機関や専門職との連携・協働）。

② 親子で保育所に来てもらい個別面接を行います。面接ではニーズの把握をし、このグループでの支援が適当かどうかの判断を行います（子どもおよび保護者の状況及び状態の把握）。判断は園で行われているカンファレンス（会議）の場で、面接者が報告をし、保育者みなで意見を出し合い、決めます（支援の計画と環境の構成）。

③ 保育所での支援が適当だと判断された母子に関し、月1回（第2木曜日）に集まってもらい、子どもの保育とともに行う保護者の支援として、母子で保育に参加してもらいます。これは、子どもが多様な他者と関わる機会や場の提供として、子育て支援の内容の一つとしてあげられています（子どもの年齢のクラスに入るのを基本とします）。

保育参加後、母親たちとミーティングを行います。

④ 給食は実費をいただきます。

⑤ 在園期間は原則半年とします（支援の計画と環境の構成）。

⑥ その他、子育て支援としての留意点。

＊個々人のニーズにきめ細かく対応する。

＊自分たちの問題を自分たちで解決していくよう（自助グループとして機能する）支援する。

＊メンバー同士のつながりに留意する（相互作用を利用しながら問題を解決する）。

＊地域を基盤として、広く子育て中の人が仲間として活動できるように、考慮する（地域の中で可能な限り広がりをもてるようにする）。

⑦ 名前は、保育所のクラス名がお花の名前で統一されているので、子育て支援グループを「ゆりグループ」とする。

⑧ 受付から卒園までの流れは以下のようにする。

保健所から連絡を受ける→母子で個別面接に来てもらう（ニーズの確認・母子手帳持参のこと）→保育所のカンファレンスで受けるかどうかをきめ、保健所と保護者に連絡をする。→母子での保育への参加（動きやすい服装で来ること）→参加後の当日参加者の母親のグループワーク（ミーティング）を行う、→主訴が解消すれば半年で終了。

② 保健所と連携した子育て支援の開始

3歳児健診連絡会の次の月に、保健所から連絡があり、以下の4組の母子に対してのフォローをお願いしたいとのことであった。

それぞれの母子の主訴は次のようなものでした。

Aさん：3歳女児の母親「最近まで、親の言うことをよく聞くいい子だったのに、このところ、イヤ・ダメ・キライなど反抗的で、その扱いに困っています。これがこの子の性格として、一生続き、他人に迷惑をかける子どもになるのではないかと思うと、心配で仕方がありません。どうしたらよいのかわかりません」。

Bさん：3歳児男児の母親「うちの子は、まだお箸がうまく使えないのです。お友達に対しても思いやりがありません」と、次々に子どもの欠点を挙げながらイライラした口調で「自分がこれほど一生懸命にしつけているのに子どもは応えてくれない」と訴えてきました。

Cさん：3歳女児と0歳男児の母親「夫の両親と同居していますが、3歳の娘には友達がなく、祖父母と遊ぶことが多いので、お友達と遊ぶ経験をもたせたいと思います。まだ3歳になったばかりなので、幼稚園は来年の4月からの入園になります。幼稚園入園前にお友達と遊ぶ経験をもたせたい」というのが主訴でした。

Dさん：3歳男児の母親。「子どもがまだ二語文しか話せないこと、友達と一緒に遊べないこと、近所の子どもは同じ3歳で、三輪車をこげるのに、家の子はできないことなど、遅れが心配だ」というのが主訴でした。

（ここでは、多様な支援ニーズを抱える子育て家庭の理解が必要です。）

③ インテーク面接

インテーク面接は、次のように行われました。

＊面接室の設定：丸テーブルと子どもの遊べるおもちゃのあるコーナーを準備。

＊準備したもの：

　　・質問紙：家族関係、子どもの健康状況（特に留意点があれば書く）、主訴について書く。面接者の感想欄も有り。

　　・保育所のパンフレット

　　・保育参加の留意点をまとめたもの。

　　・初回のクラスの担任名、クラス名、クラス人数等を書いたもの。

＊施設見学：保育所の中を案内、各クラスの場所、トイレの場所、下駄箱等をお知らせし、全クラスの担任を紹介しながら園内を一周する。

＊主訴：保健所での聞き取りのとおりでした（前述の主訴参照）。

第 5 章　保育者の行う子育て支援とその実際（内容・方法・技術）

> **演習**　面接室の設定、準備するもので、あなたならこのように
> するものと思うことを書いてみましょう。また、テーブルを四角の
> 机ではなく丸テーブルにしたのはなぜでしょう、考えてみましょう。
> その後、グループで話し合ってみましょう。

④ 第 1 回目の活動

i 活動の状況

9 時に会議室に集合してもらい、お互いに主訴を含めた自己紹介をしてもらいました。配属クラスについては、定員 20 名の 3 歳児クラスに 4 組の母子（8 人）が参加するのでは保育に影響が出ることが予想されました。そのため、あらかじめ面接時に話し合いをしており、子育てに自信がないＡさん、3 歳児といえどもおとなのいうことは聞くべきであると思っているＢさんを 3 歳児クラスへ、友達の欲しいＣさんを 4 歳児クラスへ、遅れが心配なＤさんは 2 歳児クラスに、それぞれ配属になりました。

午前 9 時 30 分より母子はそれぞれのクラスに入り、11 時 30 分までの 2 時間を各クラスで過ごしました。

11 時 30 分には、母親に会議室に集合してもらい（子どもは給食を食べてから帰るので各クラスで給食に参加）、話し合いに入りました。保育所側の代表として保育者が入ることを確認したのち、保育者が司会を行うこととなりました。

まず、はじめにルールの確認をしました。

① ここでのことは他の人にしゃべらない。
② 他人の悪口は言わない。
③ 相手の気持ちを考えながら発言する。
④ 反対意見のときでも、自分と意見が違うことを理由に相手のすべてがいやだというような捉え方をしない。

ルールを確認後、一人一人に今日の感想を述べてもらいました。

Ａさんは「3 歳児クラスの保育者に第一反抗期の話を聞き、また自分でも保育所

の子どもたちの様子を見て、どの子もいや、ダメと自己主張をしている様子を見ているうちに自分の子どもだけが特別に反抗的なのではないと気づきました」とのこと。Aさんは自分の育て方が悪く、子どもが反抗的になっているのではないかと悩んでいたとのことでした。保育者は3歳児の親の集まりなので、第一反抗期についてみなに話しておいた方がよいと思い次のように説明しました。「第一反抗期は2歳ぐらいから4歳ぐらいに、発達に現れる自我の芽生えのことをいいます。自我は交通整理のお巡りさんのような役割をし、よいこと悪いことを判断しながら、子どもが自分を動かしていく力となります。自我の育ちが悪いと、自分でよいこと・悪いことを判断し自分を動かす力が弱いため、第二反抗期のころ（中学生ごろ）に、家庭内暴力や不登校につながることも多いといわれています。反抗的に見える子どもの態度は、実は子どもが自我を育てる過程であり、とても大切な発達上の課題をこなしているのです。Aさんが心配されるのはわかりますが、むしろ喜ばしいことですよ」と話しました。

　Aさんはパッと明るい顔になり、「今まで自分が心配していたのは間違いだったのですね」と言いました。参加者の他の子どもたちもみな3歳児でしたので、母親たちはそれぞれに、第一反抗期で思い当たることがあるらしく、深く頷きながら聞いていました。

　子どもに多くを求めすぎているBさんは、保育者が3歳児の特徴について「この年は、運動機能が高まり、さまざまな動作や運動を十分に経験することにより、自分の身体の動きをコントロールしたり、自らの身体感覚を高めたりしていきます。基本的な生活習慣もある程度自立できるようになり、不完全ながらも箸を使って食べようとします。Bさんのお子さんは、自分で食べようとしてお箸を使っているのですよね？」と質問すると、Bさんは「ええ」と答えました。保育者はさらに続けて「言葉の発達も、理解する語彙数が急激に増加し、日常生活の言葉のやり取りが不自由なくできるようになります。友達との遊びは並行遊びが多く、並行して遊びながら遊具を仲立ちとして子ども同士で関わったりするようになります。遊具の取り合いからけんかになることもありますが、だんだんと友達とわけ合ったり、順番に使ったりするなど決まりを覚え始めます。まだこの世に生れてたった3年です。基本的生活習慣も、運動も言葉も、人間関係も覚え始めです」と保育者が話すのを聞き、Bさんは自分の子どもだけができないのではないと、保育の話や保育の中で他児を見ることにより、気がついたようでした。「自分の子どもは、なんて言ったことがわからないのだろう、と求めすぎていた自分に気がつきました。私の育て方が悪いのではないかとも悩みました。先生の言う通り、まだこの世に3年しか生きていないのですね」と語りました。

第5章　保育者の行う子育て支援とその実際（内容・方法・技術）

友達と遊ぶ経験をさせたいとのニーズをもつCさんは「娘がはじめは、一人で遊んでいましたが、4歳児のお姉さんが声をかけてくれて、お家ごっこ遊びの仲間に入れてもらい、赤ちゃん役をやっていました。祖父母と遊んでいる時とは違う嬉しそうな生き生きした表情を見て、友達の大切さを再確認しました」と話しました。

言葉の遅れを心配しているDさんは、「息子は、1歳年下の2歳児のクラスに入ったので、うちの子の動きが気になることはありませんでした。お友達と一緒に走ったり、先生方の手づくりのトンネルをくぐったりとたくさん身体を動かし、その後、先生が準備して下さった新聞紙をお友達と一緒に破いたり、ちぎったりして楽しそうに遊んでいましたが、うちの子は3歳ですので・・・」と発言しました。

ii 1回目の活動の考察

第1回目の活動の特徴は、4組の母親が互いに知り合いになったことと、クラスの保育者および話し合いの担当保育者が母親のもつ問題に対して助言していることです。母親たちも保育に参加することにより、自分の子どもと同年齢の子どもの発達を知り、また保育者の動きにも目を向けることができました。

その後のフリートーキングの中で、お互いに意見を交わすことで自分の気づきを明確化していくことができました。グループワークでいうメンバーの相互作用が働き、保育者の助言もあり、それぞれの人が自分の子育ての中での問題に気づくことができたようです。

育児や保育の中で、待つこと、受け入れること、ほめることが大切であることを保育者は、話しました。保育の基本ですので、それに気づくように話を進めるのが保育者の役割です。教えるのではなく母親が自分で気づくやり方がよいのですが、この事例では、保育者が教えています。

⑤ 第2回目の活動

i 活動の様子

欠席者はなく、全員前回と同じクラスに入ってもらいました。保育室で子どもの保育に参加した後、会議室に集合した母親と保育者のミーティングでは、まずBさんが口を開きました。

「前回、保育の中での保育者の、子どもへの関わり方を見学して、ここでの話し合いを通して考えたのは、叱ってばかりいる自分を反省し1か月間努力してみようということでした。1か月を振り返ってみると、子どもができないとつい、叱ってしまいました。今日、保育者の様子を見ていて、自分ももっとほめてあげた方がよいと思いました。今度からできたことはほめ、できなかったことは少し待ってみることにしようと思いました。前回、待つこと、受け入れること、ほめることの大切さを知ったので、次回までにもう一度チャレンジしてみます」とのことでした。こ

こで保育者は、「1か月お母さんもよく努力なさいましたね。お子さんも幸せですね」と感想を述べると、ほかの母親も大きく頷きました。Aさんも、「先月、先生のお話を聞き、うちの子どもがとくに反抗的なのではなく第一反抗期というのがあることを知りました。家に帰って反抗期について調べ、自分の子どもが第一反抗期の真っただ中にいることを知りました。第一反抗期のことを知らずに子どもを抑えつけていたら、大変なことになっていたかもしれないと思うと、こちらに来させていただいたことに、ほんとうに感謝しています」と話しました。

続いてCさんが「子どもから、保育園にいつ行くの、いつ行くのと毎日のように聞かれて…。今日は朝から、おおはしゃぎでした。保育の中では年上のお姉さんに、かわいがってもらって、おままごとがとても楽しそうでした。前月と同じあかちゃん役をして、弟のやることをまねして、バブバブなんて言いながら、上手に赤ちゃん役をしていました。3歳児でも弟のことをよく観察して表現できるのだと、びっくりしました」と話してくれました。

Dさんは「自分の子どもは、まだ友達と上手く遊べませんが、それでも友達のまわりで、よその子のまねをしたりして楽しそうに遊んでいました」と報告してくれました。

保育者から「みなさんがそれぞれいろいろ気づき、子どもとの接し方が少しずつ変わって下さることはうれしいことです。せっかくここでお知り合いになったのですから、みなさんで集まって遊んだらいかがですか」と提案しました。

前回と今回、D君の様子を観察してきましたが、D君については少し気になるので、母親と個別に話をしました。

ⅱ 活動の考察

2回目であり、保育所にも、母親同士も少しなれてきた時期です。母親も自分の抱えている問題の本質に少しだけ気づきはじめています。

支援者である保育者は、つぎのステップにメンバーが進めるよう、みなで自主的に集まって遊ぶことを提案しています。

⑥ 第3回目の活動

ⅰ 活動の様子

今回はBさんが欠席でした。いつもと同じクラスで半日を過ごした3組の母親が、会議室に集まりました。Cさんが、きれいな缶をおずおずと差し出しながら、おととい4組の母子で集まってクッキーを焼いてクッキーパーティーを開いたとのこと、保育所の職員の分もみんなで作ったことを話してくれました。また、その場で、ゆりグループのない木曜日にみんなで集まって遊ぶことになったとのこと、雨の日は、それぞれの家を持ち回りで遊ぼうということになったことを報告してくれました。

第5章　保育者の行う子育て支援とその実際（内容・方法・技術）

保育者は、お母さんたちで遊びグループをつくったことに喜びを表し、雨の日には、保育所のおもちゃや絵本、紙芝居などを貸し出すことができること、困ったときはいつでも相談してほしいことを伝えました。

ⅱ 活動の考察

3回目のミーティングでは、自分たちで集まったときのことや、今後の自分たちの集まりについての話が中心になりました。保育者は保育所として支援できることを提示して、活動がスムーズに行くよう配慮しました。その提案の一つが、この地域で使える公園の場所や特徴、岩すべりや川遊びの穴場、鉄道博物館や動物公園等行きやすい遠足先、アスレチック公園や個人で沢山の動物を飼っているお家、公の施設で皆さんが利用できそうなところ、などの情報をまとめたものを作ってプレゼントするということでした（なるべく早く欲しいとの要望が出され、でき次第Ｃさんのところに電話をすることとなりました）。

保育への参加は、子どもたちも慣れてきたこともあり、親も安心してみていられたようでした。

⑦ 第4回目の活動

ⅰ 活動の様子

夏休みも終わり、保育所の子どもたちも全員登園するようになりました。4組の母子もすっかり友達になり、親子8人とも元気に登園してきました。4組の母子は毎週木曜日に集まり、プールへ行ったり，川遊びをしたり、公園で遊んだりと保育所からの遊び場情報なども参考にしながら、自分たちで計画を立てて楽しんだようです。4人はすっかり気心が知れ、仲よくやっているようでした。

先週は、雨だったので保育所におもちゃを借りにきました。1つ1つのおもちゃが子どもの発達にどのように役立つかを説明し、紙芝居の選び方、楽しみ方などを説明してからおもちゃを選んでもらいました。借りにきた2人の母親（Ａさん、Ｃさん）は「今まではおもちゃは子どもたちが楽しく遊ぶものという考えで、子どもの発達を促すものと考えていませんでした。そのおもちゃが、子どもの年齢でうまく使えたり、楽しめたりするかは気にかけてきましたが」と話しました。

以上のような経過があり、その日の話し合いは、子どもの遊びが中心でした。4、5歳児クラスに入ったＣさんは「保育者の遊びへの誘い方、声がけにより子どもの遊びが変化していることに気づき、今後の自分たちの遊びのための集まりに生かしたい」と発言しました。遅れを心配しているＤさんは「今までおもちゃを選ぶときは、子どもが楽しめるものかどうかとお値段（笑いながら）で決めていました。おもちゃが子どもに与える影響までは考えませんでした。これからは手先を使うもの、自分を表現するもの、お友達同士が関わっていくものなど、おもちゃの特質を考え

ながら、おもちゃを選びたいと思います」と発言しました。Bさんは、ものを作るのが大好きで、「保育所にある手作りおもちゃを見て、自分でも作れるものは作ってみたい。上手くできたら、みなさんや保育所にプレゼントしたい」と申し出てくれました。

保育者が「うちの保育園に母親クラブのお母さんたちがみえ、手作りおもちゃを作ってくださっています。近所の保育所にはもちろん、特別支援学級や言葉の教室などの注文なども受けて、布絵本、ボタンはめ、ひも通し、人形、人形の布団やおんぶひも、パネルシアターなどを作っています。Bさんは作るのがお好きなようなので参加してみてはいかがですか」と言うと、Bさんはぜひ仲間に入れてほしいとの意向を示しました。保育者は母親クラブのボランティアさんにBさんを紹介する約束をしました。

それを聞いていたAさんが、雨の日に集まったとき、子どもを遊ばせながら親はおもちゃづくりをしませんかと提案し、全員が賛成しました。Aさんの提案をきっかけに、次回からのおもちゃづくりの話に花が咲きました。(保育士は、親子であそぶのもよいのにと思いましたが、普段親子で遊んでいるのだから、保育所の子どもと違うのだと気づき、口には出しませんでした。)

ii 活動の考察

この回は、遊びの話が中心でした。何回か親子で集まって子どもを遊ばせたことや、保育者からのおもちゃについての説明により、遊具や遊びに興味が集中したのでしょう。

また、自分たちの抱えている問題が、Dさんを除いて解決されつつあることも示しています。母親にも余裕ができ、よりよい子育てに向かって進みはじめたともいえるでしょう。

⑧ 第5回目の活動

i 活動の様子

今回のミーティングには、担当保育士のほかに主任保育士も参加しました。保育者から、あと1回でゆりグループが終了になること、最後の会はお誕生会になり、修了式も同時に行われること、ぜひ、お母さん方に出し物をお願いしたいことなどが伝えられました。

そのとき、Dさんから、自分の子は少し発達が遅れていると思うので、もう少しゆりグループに通わせてほしいとの申し出がありました。担当保育士と主任保育士は相談の結果「メンバーは変わりますが、ご希望ならどうぞおいでください」と、了承しました。

Cさんが「私たちも、ぜひ続けてお願いしたいという気持ちはありますが、空く

第5章　保育者の行う子育て支援とその実際（内容・方法・技術）

のを待っていらっしゃる方もおいでですし、みなそれぞれ4月から幼稚園ですので遠慮しようと3人で話し合いました。そして、これからも毎週集まって子どもたちを遊ばせようと約束しました。遊びグループに名前をつけて、『青空クラブ』としました。青空クラブも公園で遊んでいるうちに、友達も増え、今では参加の親子が7組になっています」と発言しました。

保育者は、「困ったときはいつでも相談に乗りますし、保育所のおもちゃ・絵本・紙芝居など貸し出し用のものはお使い下さい。また、園庭開放のときなどはぜひ遊びに来て下さい」と結びました。

ⅱ 活動の考察

この回は、グループ終了に向けての準備をねらいとしました。主任保育士は、子育ての基本的な姿勢（子どもは、ほめて育てること。夫婦は仲よく、決して子どもの前ではけんかをしないこと。子どもと親は別の人格であるので、子どもを一人の人として尊重すること。子どもの問題は親の問題として考えること、など）を話しました。

Dさんの他の3組は、保育所を頼るという姿勢を卒業し、待機している人のために場を譲ることにしました。また、自分たちの力で、自分たちがつくった子育てグループ（青空クラブ）の中で子育てを楽しもうとしています。青空クラブは、保護者が元々もっている育児力を育て、さらに「自助グループ」として地域で生活するほかの子どもを支援する役割も果たすようになりました。

保育者はゆりグループ終了後、みなで手を取り合って子育てをしていく場になるであろう「青空クラブ」への支援を伝え、「どうかみなさんで協力し、助け合いながら子育てを楽しんでください」と結びました。

Aさん、Bさん、Cさんの主訴はすっかり解消しているように思われます。今では、よりよい育児をしていくには、どうしたらよいかが3人の課題になっています。

話は、来月の保育所の誕生会と合わせて行われる修了式での出し物をどうするかに移りました。母親クラブでおもちゃづくりを始めたBさんが、母親クラブから、パネルシアターを借りてくることになりました。

⑨ 修了式

ⅰ 活動の様子

今日はお誕生会です。お誕生日の子どもたちは、おめかしをして登園してきました。ゆりグループの子どもたちも緊張気味に登園し、会場で着席しています。

お誕生日の子どもを祝福したあと、グループの4人の子どもたちに（Dさんは、一度卒園とし、新しいグループのメンバーとして再度入ることとした）修了証が渡され、首に折り紙で作られたペンダントがさげられました。修了証は、保育のとき

の写真を貼り、先生方が寄せ書きをした、心のこもったものでした。

母親たちの出し物は、「赤ずきんちゃん」のエプロンシアターでした。子どもたちはみな真剣に見つめ、終わったときには大きな拍手がありました。母親たちもうれしそうでした。

ⅱ 活動の考察その1

最後のミーティングのために集まった母子は、第1回目のミーティングのときとはまったく違う輝いた顔をしているように見えました。

園長から、まずお祝いの言葉があり、6か月間の子どもの成長と子育てへの自信をもった保護者への賛辞が述べられました。また、青空クラブを組織してくれたことへのお礼と、地域の子どもをたくさん仲間に入れてあげてほしいこと、これからのゆりグループの後輩も仲間に入れてあげてほしいことなどのお願いが述べられました。そして「お母さん方と私たち保育者が、手をつないで地域の子どもたちを守り育てていかれることを願っています」と結びました。

Aさんは、「子どもさんたちの前でエプロンシアターをすることは、緊張しましたが、よい経験でした。私の娘も真剣な目で見ていました。テレビとは違い自分の親が演じているのは、興味が湧くのでしょうね」と感想を述べました。また、Aさんは6か月間の感想として「反抗期で苦労しましたが、こちらに来て反抗期の大切さについてお話を伺い、自分でも調べ、子どもの反抗期を喜べるようになりました。また、6か月のうちにお友達とよく遊べるようになり、反抗的な行動もだいぶ少なくなってきました。成長したなあとつくづく思います。ありがとうございました」と述べました。

Bさんは「保育園のみなとお友達になれたのは、楽しかったです。また、手作りおもちゃづくりにも参加することができ、趣味が増えました。ゆりグループに参加していなかったら、私はガミガミと子どもを叱ってばかりいる、いやな母親のままだったと思います。保育者のみなさんの子どもへの対応がとても参考になりました」と感謝をこめて感想をのべました。

Cさんは「自分の娘が真剣な顔をして先生から修了証をいただくとき、思わず目がうるんでしまいました。大きくなったなあと改めて実感しました。家での生活は節目がなく、このような経験はできませんので、ゆりグループに参加させて頂き、本当によかったとおもいます。ここへ通った6か月間で、Aさん、Bさん、Dさんと知り会え、青空クラブをつくることができました。公園で知り合った仲間も増え、自分自身の生活も豊かになった気がします。子どもも、友達が沢山でき、引っ込み思案も少しずつなくなってきています。本当にありがとうございました」と感慨深げに6か月を振り返っていました。

Dさんは、「これからも通わせていただく予定ですが、できれば正式に保育園に入園させていただきたいと思っています。ここへ来る前は子どものことが心配で、心配で…でも誰にも相談することができませんでした。知恵遅れと言われたらどうしよう、でも他の子と比べると遅れているような気がするし、ずっと悩んでいました。こちらに伺って津守式発達検査やMMCベビーテストをやって頂き、息子のできることと、できないことがはっきりしてきました。どんな遊びをさせたらよいか、どんな声かけがよいか、日常生活での注意などを教えて頂き、少しゆっくりだけど、この子はこの子なりに生きていけばよいのではないかと思えるようになりました。これからもよろしくお願いいたします」と述べました。

保育者から「これからも地域の中に、いろいろなグループができていくと思いますが、ぜひ、グループ同士で手をつないでいってください。保育所もできるだけ支援していきたいと思います。また、今後のゆりグループの中で、まとまれずに終了していく人たちを、ぜひ、青空クラブの仲間に入れてほしいと思います」とお願いがなされました。そのほか、Bさんには、手づくりグループに参加しているときの子どもの保育を、一時保育のクラスで引き受けることができることも伝えられました。

4組の母子から、保育所に、手作りのお人形用おんぶひもをプレゼントして頂きました。

ⅲ 活動の考察その2

6回の保育と半年の月日の中で、Aさん、Bさん、Cさんの3人は、当初の問題を解決することができました。3名とも別々の主訴でしたので、ケースワーク的に、個々に応じた対応を保育の中でしていきました。しかし、年齢からくる子育て上の困難さという共通点（3歳児としての共通点）については、ミーティングの中で問題を解決するために有効な機会となるよう、グループワーク的な対応をしました。たとえば、AさんBさんはそれぞれの発言を聞きながら自分の悩みについて考えています。お互いの相互作用を大事にしながら、各人のもつ問題に気づくよう配慮しました。また子育てのポイントや、3歳児の発達などについても、保育者が情報提供するとともに、話し合いをすることにより、お互いが3歳児について考えていることを知り自分も気づき、自分の子育てを修正していきました。

また、保育者は、意図的に地域での活動（青空クラブ設立）につながるよう話をすすめました。青空クラブの設立を援助し、その後の活動を援助していきました。

最終回では、母親たちの出し物（エプロンシアター）が大好評で、子どもも母親も大いに楽しみました。保育者は、子どもの前で演じる経験が、青空クラブのプログラム活動にも、きっと役に立つと思い母親の参加を考えたのでした。

Dさんについては、引き続きフォローが必要ですので、保育所への入所も含めて、よりよい方向を検討していきたいと思っています。

⑩ まとめ

保育者は、青空クラブが地域の中で、遊びの場や仲間を必要としている母親たちを受け入れていく柔軟性のあるグループとしてやっていけるようアドバイスしました。

遊び場マップや保育の場（園庭開放）の提供、おもちゃや本の貸し出し、グループ運営上の相談を受けるなどをして、青空クラブを支えました。また保育所側も友達がほしいなどの相談のときには、この青空クラブを利用させてもらいました。まさに、青空クラブの活動は、地域の母親を支える活動となっていきました。

青空クラブは，その後の保健所から保育所に支援を依頼されたお母さんたちが、青空クラブを見習って自主的につくったグループと連絡を取りながらダイナミックに活動を続けました。

ゆりグループ終了児の中で、グループとしてまとまりきれなかった親子の地域での受け皿にもなってくれました。

とくにCさんは、上の子どもが幼稚園に入園後も1歳になった下の子どもを青空クラブに入れてグループをリードしていきました。保育者とも連絡を取り合いながら、青空クラブと保育所は持ちつ持たれつの関係になりました。たとえば、障害のあるお子さんを母親が保育所につれてくる間、まだ小さい下の子どもを預かってくれたり、雨の日には障害のある園児の送り迎えをしてくれたりしました。

手作りグループに入ったBさんは、子どもたちのためにエプロンシアター・布絵本・お手玉・人形など、いろいろなおもちゃを作ってくれました。もちろん、雨天・厳寒・猛暑など、青空クラブが室内で集まるときは、その作品を青空クラブに貸し出すこともしました。

ゆりグループの保育所での保育は、月1回ですので、青空クラブは、なるべく多くの、ほかの子どもと遊ばせたいと思うお母さんたちの受皿にもなってくれました。

しかし、Cさんの下の子が4歳になり、2年保育の公立幼稚園に入るときに青空クラブは解散しました。

保育所のゆりグループは、その後、少しずつ変わり、6か月終了ではなく保健所から依頼されたときはすぐに受け、ニーズが解消したときに終了とし、毎週木曜日に開催されています。後から入った人は先輩たちの話を聞きながら自分の問題を考えるシステムになってきました。

青空クラブのようなグループも時々できては、また消えていきます。保育者はメンバーの資質をみながら、保育後の集まりを利用して、メンバーの組織化を図った

第5章　保育者の行う子育て支援とその実際（内容・方法・技術）

り、地域に必要だと思える社会資源（青空クラブのようなグループも含め）の創造を考えたりしながら、子育て支援を続けています。

（2）事例からの学び内容

① 自助

　子どもの保育とともに行う保護者の支援において、最も重要なことは、「保護者自身が主体的に取り組み、自身で答えを見いだすこと」です。

　この事例では、保育所の子どもたちと地域の親子が一緒に過ごすことにより、親の自分の悩みにたいする答えを親自身でだしていることが、第1回目のミーティング記録にあるAさんBさんの発言からわかります。Aさんは、自分の子どもは第一反抗期であること、他の子どもと自分の子どもはそれ程違わないことがわかり、今自分が抱えている問題は、子どもの側の問題ではなく、自分が子どもの発達について知らなかったことから起きた自分側の問題であることに気づきました。自分がそのことに気づくことで、問題は解決しました。また、Bさんも、Aさんと同様の気付きとともに、まだ生まれて3年の子どもがすぐに何でもできるわけではないことに気づきました。他の子どもの様子を見ることにより自分が急ぎすぎたことに気づいたといえます。

② 相互理解と信頼関係の形成

　保育者と保護者の関係において、お互いに主体性を尊重し合った、互恵性が重要です。

　青空クラブと保育所の関わりは、まとめでもわかるように、保育所と保護者（青空クラブのメンバー）とお互いを尊重した関係であり、そこには、相互理解と信頼関係が感じられます。保育所は援助する側、保護者は援助される側ではない関係があるのです。保育所は母親たちの悩みの解消に寄与しましたが、母親たちも、青空クラブの設立を通して、保育所の保育相談の中や新たにゆりグループに紹介された親子の中で、地域でのあそび場が必要な子どもや、お友達が欲しい親に遊びの場と仲間を提供してくれています。

　青空クラブの働きは、子ども・保護者が多様な他者と関わる機会や場の提供であり、地域の子育て家庭に対する支援でもあり、地域の孤立した親子が友達をつくるということで、子どもの虐待の予防としての役割も果たしています。ここでは保育者が直接支援しているのではなく、保護者とともに支援の場づくりをしています。

　保育所内だけの狭い子育て支援ではなく、子育て家庭が保育者の支援を受けながら、自分たちの仲間である子育て家庭と手を携えて、子育てを楽しんでいるのがわかります。

③ 子ども・保護者が多様な他者と関わる機会や場の提供

　保育所は、多様な社会資源であることが重要です。そのためには、保育所内外に多様な関係者との開かれた関係性を育むことが必要です。

　これについては、事例のゆりグループそのものがそうであります。ゆりグループから派生した青空クラブの公園での活動や保育所における保育者や子どもとのふれあい、子どもを通して、保育所に通っている地域の他児の母親とのふれあい、母親クラブでのボランティア活動など他者と関わる機会や場の提供等も行っています。ゆりグループや、ゆりグループの中からその後生まれた、青空クラブのような母親グループも含め、ここでは保護者が多様な他者と関わる機会や場の提供が行われているといえます。

④ インクルーシブであること、虐待予防につながること

　地域の子育て家庭の支援の場が、保育者との相互信頼の関係性をもち、自発的に発展・展開してくると、様々な困難や特別な配慮および支援を要する保護者や子どもたちを包含し、同時に強い子育て不安のある保護者の情緒を安定させ、虐待の予防にもつながってきます。

　事例では、ゆりグループの母親が特別支援学級に手造りのおもちゃを作ったり、雨の日に障害のある子どもの送り迎えをしてくれたりと、保育者が支援できない部分をゆりグループのメンバーが行ってくれています。母親をそこまで育てた保育者の力量には学ぶべきところがあります。

　また、Ａさんのような、子どもの発達を知らないために自分を責めてしまう親やＢさんのような、子どもの行動に過度に干渉する親は、母子だけでの閉ざされた育児環境ではともすると虐待へつながりかねない危険性が考えられます。悩みが、早期に解決したことで予防的対応ができたと思われます（保健所も虐待への移行を懸念して、保育所の利用を考えたとのことでした）。また、公園等で、青空クラブに入った親子の中には、青空クラブがなければ親子で孤立したり、親子で部屋に閉じこもり二人で壁を見て暮らすいわゆる白壁病になったりしている人もいたと思います。そのような意味では保育所から派生した青空クラブの役割は、大きなものです。また、Ｄさん親子への支援としては、保育所入所という継続的な支援につながることによって、Ｄさん親子は、より専門的な支援を受けることができるようになると思われます。

　本稿（第5章2 地域の子育て家庭に対する支援）は、長島和代「援助技術を総合的に用いた事例：イルカグループの事例」小林育子・小館静枝 編『保育者のための社会福祉援助技術（改訂第2版）』萌文書林、2007、pp.185-199 を再構成したものです。

第5章　保育者の行う子育て支援とその実際（内容・方法・技術）

3. 障害がある子どもおよびその家庭に対する支援

　ここでは、障害がある子どもや保護者に対する支援を行った事例をあげました。その子どもが子どもらしく生活していくために、保育者として必要な支援がどのようなことか考えながら学んでいきましょう。

（1）子どもの生活リズムを整える

事例5-1　軽度知的障害がある子どもへの支援

　ある日、母親から「この頃、知的障害のある3歳のアイコは夜中11時ごろまで起きていて騒ぐため、左右と階下の家から苦情が絶えず、家主さんも困っています。先日、家主さんが『『これ以上、騒ぐようなら出て行ってもらうより、しょうがないかなあ』』とつぶやくようにおっしゃいました。どうしたらよいのでしょう」との相談がありました。

　保育者は、早速、園の職員に呼び掛け、臨時のカンファレンスを開きました。アイコの保育所での様子にはとくに変わったところはありませんでした。保育所のお昼寝もほかの子どもと同じようにしていますし、日々の生活でとくに気になることはないとの担任の報告でした。一人の保育者から、「もう3歳を過ぎているので、昼寝をすると、夜遅くまで起きてしまうのではないでしょうか。昼寝をやめてみたらよいのではないでしょうか」との発言がありました。ほかの保育者からも「昼寝をしない間、体をたくさん動かすのがよいのではないでしょうか」との発言もありました。すると5歳児のクラス担任の保育者が「5歳児はお昼寝なしですので、5歳児の子どもたちの中で、体を動かして遊ぶのが好きな子どもたちのグループに入れてもらって遊べば、夜は早目にぐっすり眠るのではないでしょうか」との意見が出されました。話し合いの結果、①昼寝をやめてみる、②昼寝の時間は5歳児クラスで一緒に過ごす、③その保育時間には障害児加算の保育者がアイコとともに過ごす、④その時間の記録は担任と加算の保育者で話し合って書く、⑤毎月の会議で様子を報告する、⑥特別な問題が出たときにはまた臨時カンファレンスを開く、などでした。

　早速、保護者に昼寝をなくすことが伝えられました。

　2～3日様子をみると、アイコは毎日午後8時を過ぎると眠そうにし、9時前に寝てしまうようになったとのこと、以前のように大声で騒いだりすることもなくなり、近所からの苦情もなくなりました。

　4歳も近くなると、子どもたちの中にはお昼寝を嫌がる子どももでてきます。アイコのエネルギーが余っているのではないかということに気づき、それを支援の解

3．障害がある子どもおよびその家庭に対する支援

決に結びつけています。担任の保育者が一人で悩まずカンファレンスにかけたことで、事態が動きました。園全体で関わることが重要です。そのような視点からすると、事例では3歳児クラスで抱え込むのではなく、5歳児クラスの協力が得られたことも、クラスを越えて園全体で子どもをみることの大切さをみることができます。保護者の家庭での悩みによく耳を傾け、園の問題として、対応を考えていくことが大切です。子育て支援はこのようにチームで関わることが基本です。

（2）子どもの情緒の安定を保護者と連絡をとり合い恊働して図る

事例 5-2　家族に発達障害がある子どもがいる

　コウタの姉は発達障害で、突然夜中に家を飛び出していなくなるなどし、家庭の中がどこか安心できる場所でないようでした。そのためか、園でもいつもコウタは、家庭から持参しているタオルが離せず、指しゃぶりをし続け、生き生きと遊ぶ姿をみることがありませんでした。送迎の父親は慌ただしく迎えに来たかと思うと、遅れる連絡が急に入ることもある毎日でした。担任は、できるだけ保護者の話しを聞き、急な保育時間の変更があっても、コウタが不安にならないようにしました。もともと父親は医師で、発達障害の我が子へ気持ちが伝わるようにと絵カードを手作りするなど、努力をしながらの子育てをしていました。コウタにもきちんと接してあげたい様子でしたが、現在の姉の様子と仕事とで、余裕がないようでした。保育者も、父親が時間を気にせず読んで記入しやすいということで、連絡帳で丁寧に状況を伝えていくようにしました。指しゃぶりや大好きなタオルは、まずは無理にやめさせたり、離したりせず、自分から離せるようになるまで待つことを話し合いました。そして、登園しているときは、コウタが安心して過ごせることを第一にして、何か驚くようなことが起きても、落ち着いて事情をコウタに説明しました。保育者はどんなときも、急に置き去りにすることのないよう、とくに心がけました。すると、もともと口数は少なくおとなしいコウタでしたが、実は状況をよく見ていて理解していることがわかってきました。どこかでけんかが起きると、説明しに来てくれるなど、少しずつ明るくなり、遊びも積極的に変わってきました。

　子どもの状況について保護者と情報交換して、子どもの情緒の安定を保護者と恊働して図る事例です。コウタは発達障害がある姉との生活からか、家庭内がいつ混乱するかもしれないといった不安な気持ちを常に抱えており、指しゃぶりや保育者から離れられないなどの姿として表れていました。突然、姉はいなくなるため、家の中は混乱します。やっと見つかっても家の中で物を投げるようなときもあり、不

165

第 5 章　保育者の行う子育て支援とその実際（内容・方法・技術）

安定なこともあるそうです。そのように家庭内が大変なときでも、おとなしくして
いるというコウタにとって、お気に入りのタオルだけは、どのようなときも同じよ
うにあって安心できる温もりのある大事なものなのです。「大事なコウタくんのタ
オル、大事にしておこうね」と気持ちに寄り添った言葉をかけて、園に持参してく
ることを温かく受け入れ、笑顔がないコウタに保育者が連携して楽しく安心なよい
イメージがもてるような働きかけをします。このように、家庭での不安な生活をもっ
たまま登園してきている子どもの生活について保護者からの情報を元に、園ででき
る関わりを考えていくことは、保護者との協働した子育て支援に繋がります。

（3）専門機関との連携

> **事例 5-3　保育所と福祉型児童発達支援センターの連携**
>
> 　ハルナはもうすぐ 3 歳になる女の子です。母親の就職が決まったため、保育所に
> 通うようになりました。担任の保育者は、いつでも保育から外れてしまうハルナが
> 気になり、主任に相談していました。
>
> 　個別面談のときに母親から保育所で、同じクラスの子どもたちを見ていて、ハル
> ナができないようなことをやっているので、驚くことが多いことをぽつぽつと語り
> ました。保育者は、保育の中で感じているハルナの気になることについて話しました。
> 母親は「そうですよね、どうしたらよいでしょう」と質問してきました。保育者は、
> その場では答えず「主任に相談してみますね」と言いました。主任に相談すると「お
> 母さんも心配しているのでしたら、児童相談所に巡回相談をお願いして、児童相談
> 所の児童福祉司にハルナちゃんのことを相談してみましょう」ということになり、
> 児童相談所に申し込みの手続きをしてくれました。巡回相談のとき、児童福祉司は
> 児童心理司を同伴して来所しました。保育者と母親が園の中や生活の中で気になる
> ことをそれぞれ話し、それを参考にしながら児童心理司が発達テストを行いました。
>
> 　主任・担任保育者・児童福祉司・児童心理司・母親が話し合い、週 2 回程度、福
> 祉型児童発達支援センターに通ってみたらどうだろうということになり、児童相談
> 所を通じて申し込みを行うことになりました。
>
> 　ハルナ、母親、保育者の 3 人で福祉型児童発達支援センター（以下センターという）
> に面接に行き、週 2 回センターに通うことになり、随時必要に応じて保育所と連絡
> を取り合うことになりました。センターでは毎月 2 回木曜日に音楽療法を行ってお
> り、ハルナはそれに参加することになりました。
>
> 　保育所の担当保育者が、ハルナの様子を見にセンターに行ったとき、音楽療法の
> 時間で、ハルナはのびのびと楽しげに体を動かしており、保育所での様子とは違う
> と感じました。ハルナの様子を見た後、担当の音楽療法士と意見交換を行い、保育
> 者は保育の中でも音楽に合わせて体を動かすことを入れていくことにしました。ま

た、火曜日のセンターでの保育を見学に行ったときには、写真や絵が活用されており、それぞれ自分用のその日の予定が写真や絵でわかるようになっており、ハルナも写真を見ながら次は何をするべきかを理解して自分で動いていました。保育所での3歳児クラスはデイリープログラムが決まっており設定保育のほかはデイリーに沿って一日が動いています。子どもたちは、ほとんど同じ流れなので、みな次に何をするのかがわかっており、自発的に動いています。しかし、ハルナは一日の流れが自分の中でわかっていないため、いつもうろうろしてしまい、クラスの動きから外れていたことに保育者は気づきました。

センターでは、今何をするのかが写真で順番に貼ってあり、朝の集まりのときに保育者が一人ずつ、その子の今日の動きが写真で示されているところへ連れて行き、それを見ながら説明しています。子どもは、うれしそうに「お散歩」とか「給食」とか言いながらそれぞれその写真を見ています。保育が始まり、自分が何をしたらよいかがわからない子どもの様子が見えたら、その子を写真のところへ連れて行き今やっていること、これからやることを指さしながら確認します。子どもが納得するまで、はっきりとゆっくりと写真の前で話をしています。子どもは、納得すると写真の前を離れ保育の中に戻っていきます。

保育所の保育者はいままで、ハルナが、一日の流れを理解していないために、うろうろしていたとは思わなかった自分に気づき、ハルナに申し訳ないと思うと同時に、自分もクラスにハルナのための1日の流れの写真を貼ろうと思いました。園に帰り早速、写真を撮ってクラスに1日の流れの写真を貼りました。この写真はハルナだけでなく、早生まれの月齢の低い子どもたちの助けにもなり、クラスの流れがスムーズにいくようになりました。2歳児のクラスの保育者が「うちのクラスでもやってみよう」と取り入れました。

ハルナのおかげで、センターと連携することができ、保育者は多くのことを学びました。今後もセンターの保育士とハルナを通して、お互いに学び合っていきたいと思いました。

日常的な親との信頼関係があり、保育者と母親が率直にハルナの抱える問題について話し合うことができました。そして園の中だけでなく、専門職の児童心理司がいる児童相談所に繋げることができました。児童相談所をはじめとした、専門機関との連携により、子どもの最善の利益を考えた支援の展開をしていくことはとても大切です。

第5章　保育者の行う子育て支援とその実際（内容・方法・技術）

（4）障害がある子どもの保護者への対応

　自分の子どもは、ほかの子どもと少し違う、または、育てにくさを保護者が感じ悩んで、どのように育てたらよいか保育者に積極的に相談してくることがあります。その場合に、保育者がまずやるべきことは、日常生活の中で、年齢相応の発達をしているか子どもの様子を細かく観察し、把握することです。主任や園長に相談したり、園でのカンファレンス（会議）を開くことを提案したりして、ほかの保育者の意見も聞きましょう。カンファレンスでみんなも気になるとの結論が出たら、保育所としてどのような対応が必要か考えることになります。児童相談所に相談することも含めて、相談の中で支援の方針を決めます。また、複雑な保護者の気持ち（不安や怖れ）についても配慮することが重要です。

事例 5-4　訓練に熱心な親

　ヨシコ（4歳）は手が不自由で、肢体不自由児として障害児手帳をもっています。今まで家で訓練をしてきましたが、4歳になったので、幼児教育を受けさせたいとのことでした。児童相談所で相談もしており、発達検査などでも知的発達への配慮は必要ないとのことでした。児童福祉司に4歳なので保育所か幼稚園に通わせたほうがよいのではないかと助言され、母親は、今までやってきた訓練をあきらめることはできませんので、訓練を続けながら幼児教育も受けさせたいと思い、この保育園に入園しました。児童福祉司からは、福祉型児童発達支援センター（通所施設）はどうかとの話もありましたが、母親としては障害のある子どもとの保育より、健常な子どもたちとの保育を望んでいるとのことでした。母親は民間の機関で指導を受けており、現在30分に1回5分間、手の訓練をしています。それは続けたいので、私が付いてでもよいのでやらせてほしいとのことでした。

　保育者は、早速、園内のカンファレンスを開き、ヨシコの入園にあたり、支援体制を話し合いました。そこでの意見は以下のようでした。

＊子どものことを考えると、4歳なのでほかの子どもとともに過ごす経験が大切。
＊人間関係の基本の学び、5領域や基本的生活習慣の獲得、社会性の獲得などが訓練のために制約されることは子どもの不利益になる可能性がある。
＊母親が子どもとしての育ちの基礎の大切さ（この時期でしか獲得できないことの大切さ）を理解できるような支援を検討する必要がある。
＊4歳児の保育者から、30分に1回の訓練を1時間に1回にして貰えば、60分のうち10分ならば、訓練の内容によりお散歩の先や設定保育のとき、給食の時間などを含め、計画的に組みやすくなり、みんなと一緒に活動ができる、との意見が出された。

園長は、いろいろと検討の結果、4歳児の保育者の意見に従い訓練の回数を1時間に1回にすることを母親に提案しました。母親は、30分に1回の訓練を1時間に1回にできるかの自信もなく「訓練の計画を立ててくれている先生に相談してみる」と言って帰っていきました。1週間ほどして母親から面接の申し込みがあり、保育者が面接したところ、母親は暗い顔をして「先生に相談したところ、せっかくここまで頑張ったのだからよい結果が出るまで、訓練を続けるよう説得されました」とのこと。保育者は、「そうですか。どうなさるかは、ご両親でお決めください」と伝えました。また、1週間ほどたち、母親が父親と一緒に来園しました。父親は保育所への入所に賛成で、「ヨシコの様子を見ていると30分おきの訓練がかわいそうになる。母親も大変で、ほかのきょうだいもかわいそう。私はもう訓練はよいのではないかと思うが妻は、何としても障害を克服したいとの強い思いがあります。私は今の世の中なので手が不自由でも生活していけると思います。それより、保育所の先生が言って下さったように、この年齢で学ぶことを、友達とのかかわりや生活に必要な力を身につけてほしいと思います」とのことでした。保育者は「もう一度ご夫婦でよく話し合ってご連絡ください」と伝えました。2～3日して母親から連絡があり「訓練の先生ともう一度話し合い、1時間に1回の訓練のプログラムを組んで頂くことになりました。とても残念そうではありましたが、主人の意見もあり、できる中で訓練を続けることになりました」とのことでした。

　ヨシコは4月より入所となり、母親は、1時間に1回の訓練を続けました。そして1年が過ぎ、5歳児クラスに進級するときに、「もう訓練はやめようと思います。1年間、保育を見てきて、お友達との関係や保育の中でのヨシコの様子から、手が不自由でも生活に問題を感じないことがわかりました。私が一緒にいて、ヨシコの邪魔をするよりヨシコの力で友達と過ごした方がよいことに気づきました。クラスのお母さんたちとも仲よくなる中で、それぞれみな悩みをもっており、手の不自由が治っても悩みはあることに気づきました。手さえ治れば、ヨシコは幸せになれると思っていた自分が恥ずかしいです。できる範囲で家での訓練は続けますが、ヨシコには自分の力で保育園生活を楽しんでほしいと思います。1年間、親がいてお邪魔をしましたが、4歳児クラスでいろいろ学びました」と話しました。ヨシコは1年間保育所に通い、5歳児クラスで生き生きと過ごしました。

　そして、小学校の普通級へ、ほかの友達とともに進学していきました。

第5章　保育者の行う子育て支援とその実際（内容・方法・技術）

　保育者の仕事は、その子がよりよい生活ができるよう配慮することですので、子どもの最善の利益を念頭に一人ひとりに合った保育を考えていきましょう。その際、平成28年4月より施行された、障害を理由とする差別の解消の推進に関する法律に示されている合理的な配慮がなされるようしっかりと検討しましょう。

　保育者が悩むのは、保護者と専門家の意見が分かれたときでしょう。多くの事例をみていると、こちらは保護者の言う通りにしてよかったが、こちらから考えると専門家の言う通りにすればよかったとなり、どちらがより子どものためになるのかは、とても難しい問題です。最終的に子どもに責任をもつのは保護者ですので、基本的には、保護者の意見を大切にしましょう。しかし、保育の専門性から考えて専門家の意見に従った方が明らかに子どもの最善の利益になる場合は、保育者としての意見を伝えることも必要です。その際、バイステックの7原則の1つである自己決定の原則に従い、保護者がスムーズに自己解決できるよう、支援することも保育者の大きな役割です。

　保育者が判断しなければならないときは、園の方針に従うのが基本です。自分だけで判断せず、園の方針として、カンファレンス等できちんと方針を出して、それに従いましょう。

演習　このパートで学んだことをもとに、障害がある子どもおよび家庭に対する支援で大切なことは何だと思いますか。3つあげてみましょう。

4．特別な配慮を要する子どもおよびその家族に対する支援

　ここでは、特別な配慮を要する子どもおよびその家族に対する支援について、事例を通して考えていきます。アレルギーがある子どもや外国籍の子どもと保護者、経済的な問題、介護や看護の必要な家族がいるなど、様々です。各事例のニーズとは何か、誰にどのような支援が必要なのか、考えながら読み進めてください。

（1）アレルギーのある子ども

　現在、アレルギーのある子どもが増加しています。そのような子どもを受け入れる園も相当数に上ります。その中でも、かなり重度のアレルギーのある子どもの保育に携わることもあります。そのことを具体的な事例を通して考えていきましょう。

事例 5-5　重度のアレルギーがある子

　対象の子：タケル、5歳児男子、5歳児で保育所に入所。

　姉も同保育所に3年間在籍していたが、やはりアレルギーがあった。それほどひどくはなかったが、そのときの保育所の対応に対して保護者（母親）が信頼を寄せてくれ、タケルの入所も決定された。ただ、タケルのアレルギーは重度であり、5歳児になってからの入所となった。集団での活動を経験させたいという保護者の思いがそこにはあった。

　タケルのアレルギーについては、数多くの食品がアレルゲンとなり、またアレルギー症状も強い。まず、保護者と面談して、保育所の献立でどの程度対応できるか話し合ったが、ほとんどの献立が不可であった。おやつもほぼ全滅である。従って、保護者の作った弁当を持参し、おやつは特別なものを取り寄せることになった。

　この状態だと十分な栄養をとれそうになくひ弱そうなイメージをもつが、実際のタケルは確かに痩せてはいるが、ひ弱ではなく活動も活発な方である。しかし、それまで家庭での子育てであったので、身のこなしが不器用であり、友達との関わりも苦手な様子であった。

　あるときの食事場面である。となりの子どもの食べ物がはずみでタケルのおかずに跳び込み、そのタイミングでタケルが食べてしまい、激烈なアレルギー反応が生じたことがある。そこにいた保育者は驚き、すぐに保護者に連絡した。現れた保護者は慌てることなく、この程度のことはさほど心配いらないと言って対応し、タケルを落ち着かせてから降園した。翌日には何事もなく登園してきた。

　このことがあって、食事場面では他の子どもから離れて座った方がいいのではないかと、保育者が母親に話したが、そこまでの配慮は必要ない、むしろ友達との距離が遠くならないようにしてほしい、ということであった。子どもにいい体験をさせたいという母親の気持ちを受け、また保育者への信頼に応えるために、食事場面だけでなく、日常の場面において子ども同士の関わりを大切にするようにした。そして、お泊まり保育も、食事の配慮をしながら、タケルが参加できるような対応をとった。

　この事例から分かるのは、保育所（保育者集団）と保護者との信頼関係の深さです。タケルが小さいとき、母親は、就学前の保育はあきらめていたようです。しか

し、姉の保育を通して、ここならタケルも受け入れてもらえるかもしれないと思い、入所前よりタケルのことについて保育所に相談していました。それで、保育所側も、事前に十分な情報を得ることができ、受け入れる体制が整っていました。母親には、小学校入学前に友達との生活を少しでも経験させたいという思いがあったからです。

保育所で気をつけたことは、食事が孤立しないようにすることです。これほど重度のアレルギーがあると、ほかの子どもと距離を置きがちになりますが、あえてクラスの子どもと同様の食事体制にしています。もちろん、保護者の了解を得た上でのことであり、保育者は十分な配慮をしています。それでも事例のようなことが起きるのですが、そのことを保護者は受けとめてくれました。保育者はそれまで以上に配慮するようにしています。何より変わったのが、他の子どもたちです。ささいなことがアレルギーを引き起こすことを目の当たりにして、他の子どもたちも食事のときに慎重な姿勢を見せるようになりました。かといって、それが萎縮につながらないようにという配慮も、保育者は当然行います。

遊びにおいても、必要以上の制限は加えず、タケルの活動を第一に考えました。また、保護者と相談しながらですが、保育所の行事には全て参加しました。特別扱いするのではなく、特別な配慮を必要とする部分はあっても、日常の生活を共にすることを大事にしていきました。

一年間の保育を通して、タケルの身のこなしや友達との関わりは格段に良くなりました。保護者も納得して卒園を迎えることができました。

このように、子ども自身の抱えている問題が大きくても、保護者と保育所との信頼によって支え合う関係があれば、その子にとってふさわしい生活を形成することは可能になるのです。

（2）言葉がわからない文字が読めない外国籍の子どもの保育と保護者への子育て支援

就労や学業などのため多くの外国籍の人が生活しています。その中でも、保育を必要として、保育所に入所してくる外国籍の子どもも増えています。

両親のどちらかが日本人であれば、コミュニケーションはとりやすくなります。しかし、園へのお迎えなど、職員と接する機会の多い保護者の方が、外国籍のときは、何らかのコミュニケーションの手段（言語面またはそれに代わるもの）、そして入園に際して文化理解（手づかみ食べが一般的だったなど）が必要です。

幼稚園教育要領の前文には「多様な人々と協働しながら様々な社会的変化を乗り越え、豊かな人生を切り拓き、持続可能な社会の創り手となることができるように…」とあります。

多様な人々が連携し、子どもの育ちのために、園や保護者、地域が支えることも

4．特別な配慮を要する子どもおよびその家族に対する支援

もちろん、外国籍など幅広い視点で多様な人々との協働が求められているともいえるのではないでしょうか。

　ここでは、事例を通して、コミュニケーションの難しさや、生活における文化の違いなどの戸惑いも含めて、乗り越えていきたい、保育者が行う具体的な対応を考えてみます。

事例 5-6　外国籍の子どもの保育と保護者支援

【事例①】

　アサコの母親はロシア人で日本語は挨拶程度でした。英語で保育者と簡単なコミュニケーションをとることはできるのですが、たとえばクラス便りなど、長文で保育中の子どものエピソードが書かれた、複雑な内容に関しては、日本語でお渡ししても、もちろん難しいと思われました。父親は日本人ですが、出張が多くて自宅にほとんどいません。在宅している日も、とても忙しい様子で、クラス便りの内容を母親に翻訳して伝えることなども負担になりそうでした。

　日本語が苦手なお母さんでしたが、園の催し物には積極的に参加してくれるので、保育者が架け橋をすることで、母親たちの輪の中に少しずつ入っていくことができました。まもなく、英語の翻訳を仕事にしているクラスの保護者の一人が、何かとアサコの母親を気遣う姿を見かけるようになりました。そのような関係性の中から、クラス便りの中の、とくにアサコについて書かれているところを抽出して、翻訳してくれました。

【事例②】

　大学へ勉強に来ていたエジプト人の母親は朝も早く、お迎えは保育ママさんや大学の研究室の方に頼っていました。朝夕に保育者と会い言葉を交わすことさえ難しいようでした。

　いよいよ困ったのは排泄の自立でした。ほかの保護者のように直接、説明して協力し合う時間がとりにくいので、保護者の知り合いや、留学生を支援する大学内の人に間に入ってもらい、連絡を取り合いながら進めていくことになりました。保護者と直接の連絡手段は、一旦必ず e-mail でとの希望もありました。文章をメールで送信しながら、場合によっては間接的に支援してくれる人を介しながら進めていきました。

【事例③】

　ある日、見慣れない外国籍の親子が入園のため、見学に来ました。年長の子どもの多くが、親子を見て、その後ろ姿に、小声ではありましたが「おばけー、おばけーー！」とはやしたてはじめました。このような子どもの姿に、保育者はショックを受けて、すぐに注意しました。そして、根本的な日頃の保育を反省しました。

　これまでの保育を振り返ると、子どもに世界の人々のことを伝えるような努力を

173

第5章　保育者の行う子育て支援とその実際（内容・方法・技術）

してきていませんでした。世界には、姿も生活の仕方も文化も違う多くの人たちが
暮らしていること、そもそも人類が多様であること、をです。まず、取り組んだこ
とは、本から知らせることでした。大きな書店に行き、書店のアドバイザーにも相
談しました。そして、民族が身近に感じられる絵本『せかいのひとびと』（評論社）
『世界のだっことおんぶの絵本』（メディカ出版）、世界の「そうだったんだ」がわか
る絵本として、『ビッグピクチャー アトラス世界図絵プレミアム』（宝島社）、広義
の意味でみんな違うことがよいことと感じるような『あおくんときいろちゃん』（至
光社）など、役に立ちそうな本を選択して購入しました。
　早速、保育にいかす努力を始めました。しばらくして、親子は入園してきました。
その親子の母国は、カカオの栽培が盛んな国でしたので、ココアとクッキーのお茶
会も開くことにしました。子どもたちに地球儀を見せて、その国の場所を伝えました。

　外国籍の保護者との対応では、コミュニケーションの手段についてが、まず課題
になります。親子とも、日本語での言語的コミュニケーションが難しい場合から、
子どもだけがはじめての日本移住でコミュニケーションが難しい場合など、さまざ
まなケースがあります。

　両親は日本人で結婚後の渡航。その後、現地で出産。しばらく海外で暮らしていて、
まわりのお付き合いでは外国人が多い中での生活。そして、子どもと帰国後の入園
のため、保護者の会話には全く問題はないものの、子どもだけに戸惑いがある場合。

　また、片方の親は日本人の場合。あるいは、両親とも外国籍であっても、どのく
らい日本で暮らしてきたか、その年数でかなり違います。

　そのため、入園時の面接で日本での居住年数は確認が必要です。会話が難しい場
合は、すでに保護者がお願いしている通訳がいる場合にはその人にもはじめから同
席してもらいます。そして、保護者会や個人面談など、とくに重要な連絡事項があ
るときなどには、継続的にお願いできるように伝えておきます。

　それでも、ほかの保護者には当たり前のように伝えられる日々の小さな園内で起
きる出来事や連絡などが、難しいこともあるでしょう。

　そこで、たとえば、「子どもの成長を共に喜び分かち合う」ということなどは、
写真やイラストでお知らせする、または、ポートフォリオなどにして工夫をします。
また、朝夕の挨拶時の子どもの様子の確認も、メールでのコミュニケーションを好
まれる外国籍の保護者もいます。外国籍の保護者が送迎時に頼む保護者の知人や親
戚も外国籍で、さらにコミュニケーションが難しい場合もあるので、園側も外国語
が得意な事務職員や保育者を採用するなどして、努力します。

　また、外国籍の子どもの保育は、文化が異なる（食文化が違うなど）国の子ども

や保護者との共存を、保育に求められることでもあります。このことは、日本の子どもも保護者にも影響があるということです。乳児の発達に、共同注視や三項関係のような、社会性の芽生えともいえるような姿が表れてくる時期があります。

　保育者や保護者が、どのように感じ人と接しているのかも子どもは見ていて、その人格が形成されていくと考えると、子どもの成長過程において、多様な国の子どもやおとなと違和感をもつことなく生活し、接していく機会があるということは、自然であり好ましいことでしょう。

　保育者は、このような園での取り組みの情報をお便りや懇談会などでも積極的に発信します。冒頭にも述べたように、多様な人との協働性はこれからの子どもの未来に欠くことのできない力になるでしょう。そして、外国籍の人との生活が、普段の保育にも肯定的にいかせるような姿勢が保育者にも求められているのではないでしょうか。

　たとえば、玄関の保護者向け貸し出し図書コーナーの本の中には、保育の活動で使用した世界の文化を知らせるような本を置いたり、在園児の母国語でのお便りや、日頃の保育や掲示物にも在園児の母国語を使用し取り入れたりすることなどもあるでしょう。さらに積極的な事例として、給食メニューに世界の料理メニューを定期的に実践している園の取り組みもあります。

（3）経済的な問題を抱えている家庭の例

事例5-7　経済的な問題を抱えている家庭

　ユウヤ（3歳）の父親は、ギャンブルで多額の借金を抱えてしまいました。母親がそれに気づいたときはすでに遅く、母親は泣き泣き保育所の園長に相談にやって来ました。借金は母親に返済できる金額ではなく、どうしたらよいか途方に暮れているとのことでした。園長は福祉事務所のワーカーと相談の上、役所で開いている無料弁護士相談の情報を提供しました。夫婦は、相談に行きました。事情を聞いた弁護士は、父親が自己破産するのがよいのではないかとのアドバイスを受け、父母はそうすることにしました。いろいろな手続きは弁護士が行ってくれ、自己破産が成立しました。親子3人の生活は、父親は仕事をやめる必要はなく、母親も今まで通り勤務できるので、収入は今までと変わらないとのことでした。母親は、離婚も考えましたがユウヤのこともあり、結婚生活は続けることにしました。

　経済的問題を抱えている場合は、経済的な問題を抱えながら、公的な支援の受け方を知らない場合もあります（母子で餓死をした事例で『福祉が人を殺す時』とい

第5章　保育者の行う子育て支援とその実際（内容・方法・技術）

う書籍が、話題になったことがあります）。また、平成28年の国民生活基礎調査では、13.9％の子どもが貧困状態にあり、子どもの貧困が社会問題になっています。今後、何世代かにわたり貧困の連鎖が起こることが、心配されています。保育で関わっている親子で、生活に困窮している様子に気づいたら、園長・主任などに報告しましょう。状況としては、保育料が未納になっている、遠足の交通費や教材費等、園で個別徴収する費用の支払いがない、朝食を食べてこない、夕食を食べていない等の状況があったときや、失業や離婚などの大きな環境の変化があったときは注意が必要です。

　失業や離婚などは、園でも把握していることがほとんどですが、貧困にはいろいろな原因があり、見えにくいです。

　保護者が保育者を信頼していなければ、保護者は自分の悩みを打ち明けることはできません。支援ニーズへの気づきは、保育者の観察力、洞察力とともに、保護者と保育者の相互理解と信頼関係が基本となります。

（4）母親や家族が課題を抱えている場合

　保育の必要性の認定基準の事由（市町村が行う客観的基準に基づくもの子ども・子育て支援法19条等。本書法資料 p.232 参照）には、ひとり親家庭であること、保護者の疾病・障害、同居親族等の介護・看護、求職活動、虐待やDVのおそれがあることなどがあります。そのほか、市町村が定める事由についても保育が実施されます。保育を必要とする状況があり、保育が必要であると認定されれば、実施できる状況となります。

　一方で、このような、様々な認定の理由である問題、困っていることは、子育て家庭での母親や保護者だけでの解決、対処は、辛く厳しいものがあります。場合によっては、追いつめられてしまうこともあるでしょう。

事例 5-8　病気の家族の介護

　サキコは、祖母が重い要介護状態の家庭でした。母親は朗らかで、送迎時にも明るく仕事も子育ても頑張っていました。ところが排泄の自立が始まり、サキコが排泄を知らせてきても、母親の介護でどうしても、その場から離れられなくて、サキコがその場で漏らしてしまうということが続きました。そのことをきっかけにして、サキコはなんとなくいつも不安が増して、母親から離れなくなりました。日頃の園での様子は、甘えたい気持ちを保育者がしっかり受けとめてあげると満足して、遊びにいくことができました。自分からカラッと気持ちを立て直して、遊びだすサキコ。もともと何事も積極的な子どもでしたから、不安がなくなり自信を取り戻すことが

できれば、排泄も成功し、自立できると思われました。そこで、まずは、母親との間にできてしまった不信感のようなものを取り除き、安心できるという体験の積み重ねを園内で支援したい、ということを提案しました。それは、保育時間をしばらくはできるだけ長くとってもらうようにすることで、祖母へのたいへんな介護はできるだけサキコが園にいる間に行ってもらえるようにすること。そして、お迎え時には、できれば少し園にいて、サキコが排泄を知らせてきたら、おばあさんの介護の気兼ねがない園のトイレに連れていってあげ、成功をほめて喜んであげる時間をつくれないかというものでした。園では、排泄の自立が保育者と成功しているため、母親は、あと一歩の今の期間を乗り切るために、一時的にヘルパーさんをお願いすることにしました。その効果はすぐあらわれました。その後、保育者が助言したように、サキコが排泄を知らせた際に、母親はトイレには付いていけないときでも、トイレに届くように声をかけ、離れていても「いつもママは一緒」と声をかけ続けることで、サキコが失敗することはなくなりました。

事例 5-9 統合失調症の母親の子育て

　母親が、統合失調症であることを役所や園に伝えず、子どもが入園してきてしまったということがありました。0歳児クラスで、生後まだ4か月の乳児が頻繁に吐き、ミルクを園では飲みたがらない状況におかしいと感じた担任が、母親に家での様子を聞きました。すると「ミルクはきちんと10分ごとにあげています」と言います。そこで、飲ませてあげる間隔が短すぎであることを説明し、資料なども渡すと、嬉しそうに帰宅していきました。心配で次の日に聞いてみると、「昨日はお腹がすいていないので、全くあげませんでした」と言います。

　祖母（母親の母親）から事情を聞くと、子どもの母親は、実は統合失調症とのことを伺いました。園では市町村へも報告。保育者がひとり担当でつくことになりました。

　事例5-8では、重い高齢者の介護を母親がしているため、自宅にいながら母親は、子どもを優先的にみることができません。そのため、子どもの成長・発達の節目の段階である、排泄の自立の経験を、保護者は支えにくい状況にあります。

　また、事例5-9では母親自体が統合失調症という精神の病気です。正しい判断で、ミルクを調乳したり、授乳したりしてあげることは困難でした。まもなく離乳食も始めなければなりません。家庭内でも支援が必要な母親でした。

第 5 章　保育者の行う子育て支援とその実際（内容・方法・技術）

　このほか、家族や母親に問題となるケースが様々に出てきた場合、保育者はまず子どもと家族に、家庭にどのようなことが起こっているのかを知る努力をします。多くの情報が必要です。入所面談時のアセスメント記録や、保護者に記入してもらい提出された調査書などを参照し、事態の把握をします。

　また、日常の保育での支援に限界があるときには、無理をしないという判断も重要です。たとえば、事例 5 － 9 の母親が統合失調症だったケースでは、もともとこの親子のクラスの保育者の配置人数では、対応に無理がありました。また、母親の病気を理解したうえで、家庭を含めた全面支援が必要なため、専門性のある保育者からのサポートが必要であること、保育を実施している市町村や関係諸機関などとの連携が急務になります。小さな民間保育所では対応が難しく、この親子は公立保育所にまもなく移動となりました。

5　子ども虐待の予防と対応

　ここでは、子ども虐待の事例を取り扱います。子ども虐待は特別な家庭に起こることではなく、どこの家庭にも起こりうることだと認識しましょう。

　保育所、幼稚園、認定こども園等は子どもの日常生活に密接に関わり、小さな変化に気づきやすい場所です。子ども虐待の予防、早期発見、早期対応の大きな役割を担っています。小さな変化に気づき、保育者として専門性が発揮できるように学びを深めましょう。

（1）虐待とは

　児童虐待の防止等に関する法律において、虐待については、①身体的虐待、②性的虐待、③ネグレクト（養育の怠慢・拒否）、④心理的虐待の 4 つをあげています。

　虐待相談件数は、平成 23 年度には 59,919 件だったものが平成 29 年度に 133,778 件（速報値）と増えています。平成 9 年頃からずっと増え続けています。

　また、厚生労働省より「子ども虐待対応の手引き」（平成 25 年 8 月 改正版）が出ています。子ども虐待の定義（図表 5 － 1）および「虐待に至るおそれのある要因・虐待のリスクとして留意すべき点」（図表 5 － 2）について、重要ですので、ここに掲出しておきます。子どもに関わる専門職として、留意してください。

図表5-1 子ども虐待の定義

　子ども虐待については様々な定義が試みられてきたが、児童虐待防止法においては、「児童虐待」を殴る、蹴るなどの身体的暴行や、性的暴行によるものだけでなく、心理的虐待やネグレクトも含むものであることを明確に定義している。具体的には、児童虐待防止法第2条において、「この法律において、『児童虐待』とは、保護者（親権を行う者、未成年後見人その他の者で、児童を現に監護するものをいう。以下同じ。）がその監護する児童（18歳に満たない者をいう。以下同じ。）について行う次に掲げる行為をいう。」
と規定され、

　　一　児童の身体に外傷が生じ、又は生じるおそれのある暴行を加えること。

　　二　児童にわいせつな行為をすること又は児童をしてわいせつな行為をさせること。

　　三　児童の心身の正常な発達を妨げるような著しい減食又は長時間の放置、保護者以外の同居
　　　　人による前2号又は次号に掲げる行為と同様の行為の放置その他の保護者としての監護を
　　　　著しく怠ること。

　　四　児童に対する著しい暴言又は著しく拒絶的な対応、児童が同居する家庭における配偶者に
　　　　対する暴力（配偶者（婚姻の届出をしていないが、事実上婚姻関係と同様の事情にある者
　　　　を含む。）の身体に対する不法な攻撃であって生命又は身体に危害を及ぼすもの及びこれに
　　　　準ずる心身に有害な影響を及ぼす言動をいう。）その他の児童に著しい心理的外傷を与える
　　　　言動を行うこと。

以上の4つの行為類型が規定された。

上記の一から四を具体的に例示すると以下のものが該当する。

一　身体的虐待

・打撲傷、あざ（内出血）、骨折、頭蓋内出血などの頭部外傷、内臓損傷、刺傷、たばこなど
　による火傷などの外傷を生じるような行為。

・首を絞める、殴る、蹴る、叩く、投げ落とす、激しく揺さぶる、熱湯をかける、布団蒸しに
　する、溺れさせる、逆さ吊りにする、異物をのませる、食事を与えない、戸外にしめだす、
　縄などにより一室に拘束するなどの行為。

・意図的に子どもを病気にさせる。　など

二　性的虐待

・子どもへの性交、性的行為（教唆を含む）。

・子どもの性器を触る又は子どもに性器を触らせるなどの性的行為（教唆を含む）。

・子どもに性器や性交を見せる。

・子どもをポルノグラフィーの被写体などにする。　など

第 5 章　保育者の行う子育て支援とその実際（内容・方法・技術）

三 ネグレクト

・子どもの健康・安全への配慮を怠っているなど。

例えば、

(1) 重大な病気になっても病院に連れて行かない、

(2) 乳幼児を家に残したまま外出する、

　　なお、親がパチンコに熱中したり、買い物をしたりするなどの間、乳幼児等の低年齢の子どもを自動車の中に放置し、熱中症で子どもが死亡したり、誘拐されたり、乳幼児等の低年齢の子どもだけを家に残したために火災で子どもが焼死したりする事件も、ネグレクトという虐待の結果であることに留意すべきである。

・子どもの意思に反して学校等に登校させない。子どもが学校等に登校するように促すなどの子どもに教育を保障する努力をしない。

・子どもにとって必要な情緒的欲求に応えていない（愛情遮断など）。

・食事、衣服、住居などが極端に不適切で、健康状態を損なうほどの無関心・怠慢、など

　例えば、

　　(1) 適切な食事を与えない、

　　(2) 下着など長期間ひどく不潔なままにする、

　　(3) 極端に不潔な環境の中で生活をさせる、など。

・子どもを遺棄したり、置き去りにする。

・祖父母、きょうだい、保護者の恋人などの同居人や自宅に出入りする第三者が一、二又は四に掲げる行為を行っているにもかかわらず、それを放置する。など

四 心理的虐待

・ことばによる脅かし、脅迫など。

・子どもを無視したり、拒否的な態度を示すことなど。

・子どもの心を傷つけることを繰り返し言う。

・子どもの自尊心を傷つけるような言動など。

・他のきょうだいとは著しく差別的な扱いをする。

・配偶者やその他の家族などに対する暴力や暴言。

・子どものきょうだいに、一〜四の行為を行う。　など

厚生労働省雇用均等・児童家庭局総務課「子ども虐待対応の手引き」（平成 25 年 8 月 改正版）pp.2-3

図表 5 - 2　虐待に至るおそれのある要因・虐待のリスクとして留意すべき点

1．保護者側のリスク要因

・妊娠そのものを受容することが困難（望まない妊娠）

・若年の妊娠

・子どもへの愛着形成が十分に行われていない。（妊娠中に早産等何らかの問題が発生したことで胎児への受容に影響がある。子どもの長期入院など。）

・マタニティーブルーズや産後うつ病等精神的に不安定な状況

・性格が攻撃的・衝動的、あるいはパーソナリティの障害

・精神障害、知的障害、慢性疾患、アルコール依存、薬物依存等

・保護者の被虐待経験

・育児に対する不安（保護者が未熟等）、育児の知識や技術の不足

・体罰容認などの暴力への親和性

・特異な育児観、脅迫的な育児、子どもの発達を無視した過度な要求　　　　等

2．子ども側のリスク要因
・乳児期の子ども
・未熟児
・障害児
・多胎児
・保護者にとって何らかの育てにくさを持っている子ども　　　等
3．養育環境のリスク要因
・経済的に不安定な家庭
・親族や地域社会から孤立した家庭
・未婚を含むひとり親家庭
・内縁者や同居人がいる家庭
・子連れの再婚家庭
・転居を繰り返す家庭
・保護者の不安定な就労や転職の繰り返し
・夫婦間不和、配偶者からの暴力（DV）等不安定な状況にある家庭　　　等
4．その他虐待のリスクが高いと想定される場合
・妊娠の届出が遅い、母子健康手帳未交付、妊婦健康診査未受診、乳幼児健康診査未受診
・飛び込み出産、医師や助産師の立ち会いがない自宅等での分娩
・きょうだいへの虐待歴
・関係機関からの支援の拒否 等

厚生労働省雇用均等・児童家庭局総務課「子ども虐待対応の手引き」（平成 25 年 8 月 改正版）p.29

（2）保育現場における、虐待兆候への気づき

　虐待に関して、保育者は何をすべきでしょうか。それは、まず、気づくこと（発見）です。保育者は、子どもと生活の一部を共有しているのですから、一番はじめに子どもの変化に気がつける立場にいます。気づくためのチェックリストを次に掲出します。

　チェックリストにあげられている項目以外にも子どもの変化に気づけるように日頃から丁寧に子どもをみるように心掛けましょう。

第5章　保育者の行う子育て支援とその実際（内容・方法・技術）

早期発見のためのチェックリスト

子ども、親、家庭の様子について、それぞれ「緊急的な支援を要するもの」「虐待を疑わせるもの」「虐待の視点を持つ必要のあるもの」とし、チェック項目を示しています。「緊急的な支援を要するもの」については、特に注意を要する項目として児童相談所への通告を考慮して下さい。ここに示してある項目は、虐待以外の理由によっても起こりうるものも含まれていますが、虐待の原因、兆候であったり、虐待の影響として起こる可能性の高い事項なので、注意深く見守ってください。なお、本チェックリストは地域、学校、保健、医療などに共通する項目を示しています。

	項目	状況	内容（具体例）
子どもの様子	緊急的な支援を要するもの	□保護を求めている	差し迫った事情が認められ、子ども自身が保護、救済を求めている
		□不自然なケガ	複数新旧の傷やアザ、骨折、打撲傷、入院歴、乳幼児揺さぶられ症候群（※シェイクンベイビーシンドローム）
		□低栄養を疑わせる症状	低身長、低体重（※−2SD以下）、栄養失調、衰弱、脱水症状、医療放棄、治療拒否
		□性的被害	性交、性行為の強要、妊娠、性感染症罹患
		□自殺未遂	自殺を企てる、ほのめかす
		□不自然な長期の欠席	長期間まったく確認できない状況にある
	虐待を疑わせるもの	□ケガを隠す行動	話をしない、一貫しない説明、脱衣の拒否、夏に長袖
		□異常な食欲	給食などむさぼるように食べ、際限なくおかわりする、異食
		□強い不安	衣類を着替える際など異常な不安を見せる
		□突然の行動の変化	ボーッとしている、話をしなくなる、うつうつとする
		□治癒しないケガ、虫歯	治療をしていないため治癒しない、治癒が不自然に遅い
		□繰り返される症状	膀胱炎症状の反復、尿路感染や膣炎（性的虐待を疑う）
		□繰り返される事故	不自然な事故が繰り返し起きている
		□性的興味が強い	年齢不相応な性知識、自慰行為、他児の性器を触る、自分の性器を見せる
		□過去の介入歴	複数の通告、相談歴、一時保護歴、施設入所歴、入院歴
		□保護者への拒否感	おそれ、おびえ、不安を示す、大人に対しての執拗な警戒心
		□抑制的な行動が強い	無表情、凍り付くような凝視
		□恒常的な不衛生	不潔な衣服、異臭、シラミなどによる湿疹
	虐待の視点を持つ必要のあるもの	□攻撃性が強い	いじめ、動物虐待、他児への暴力
		□孤立	友達と一緒に遊べなかったり、孤立する
		□体調の不調を訴える	※不定愁訴、反復する腹痛、便通などの異常
		□睡眠の障害	夜驚、悪夢、不眠、夜尿（学童期以降に発現する夜尿は要注意）
		□不安	暗がりやトイレを怖がるようになる
		□過度の甘え行動が強い	年齢不相応な幼稚さ、担任などを独占したがるなど、過度のスキンシップ
		□丁寧すぎる態度	年齢不相応の言葉遣い、態度
		□性的関心が高い	豊富な性知識、性体験の告白、セクシーな雰囲気
		□性的逸脱	不特定多数を相手にした性交渉、性的暴力、性的いじめ
		□精神的に不安定である	精神的、情緒的に不安定な言動がある
		□反社会的な行動（非行）	深夜徘徊、喫煙、窃盗、シンナー吸引、不純異性交遊
		□嘘が多い	繰り返し嘘をつく、空想的言動が増える
		□保護者の態度を窺う様子	親の顔色を窺う、意図を察知して行動、親と離れると笑顔を見せる

※　「乳幼児揺さぶられ症候群」（シェイクンベイビーシンドローム）　脳の成長が未成熟な乳幼児を激しく揺さぶり、衝撃を与え、頭蓋内出血や脳の断裂を起こすこと

※　「−2SD以下」　標準成長曲線に示される値（SD＝標準偏差）−2SDは出現率2.3％の低い値

※　「不定愁訴」　体のあらゆる部分のだるさ、気持ち悪さなど、違和感の持続的訴え。家庭の不和、悩みなどの心理的要因が背景にある場合がある

5　子ども虐待の予防と対応

親（保護者）の様子	緊急的な支援を要するもの	□子どもの保護を求めている	差し迫った事情が認められ、子どもの緊急の保護を求めている
		□生命に危険な行為	頭部打撃、顔面打撃、首締め、シェイキング、道具を使った体罰、逆さづり、戸外放置、溺れさせる
		□性的虐待	性器挿入に至らない性的虐待も含む
		□養育拒否の言動	「殺してしまいそう」「叩くのを止められない」など差し迫った訴え
		□医療ネグレクト	診察、治療が必要だが受診しない、個人的な考えや信条などによる治療拒否
		□放置	乳幼児を家に置き外出、車内に置き去りにする
		□養育能力の著しい不足	著しく不適切な生活状況となっている
		□子どもを監禁	継続的な拘束、監禁、登校禁止
		□虐待の認識、自覚なし	しつけとして行っていると主張し、罪障感がない
		□子どものケガの不自然な説明	一貫しない説明、症状との明らかな食い違い、詐病（※代理によるミュンヒハウゼン症候群）
	虐待を疑わせるもの	□偏った養育方針（しつけ）	体罰の正当化、非常識な養育観
		□子どもへの過度の要求	理想の押しつけ、年齢不相応な要求
		□育児への拒否的な言動	「かわいくない」「憎い」差別的言動
		□DVがある	激しい夫婦間暴力の繰り返しが認められる
		□子どもへの愚弄（ぐろう）	繰り返し自分の子どもを愚弄する
		□きょうだいとの差別	きょうだいに対しての差別的言動、特定の子どもへの拒否
		□必要な支援の拒否	保護者自身の治療拒否、必要な社会資源の活用の拒否
	虐待の視点を持つ必要のあるもの	□精神状態	うつ的、不安定、妊娠・出産のストレス、育児ノイローゼ
		□性格的問題	一方的な被害感、偏った思いこみ、衝動的、未熟である
		□攻撃性が強い	一方的な学校などへの非難、脅迫行為、他児の親との対立
		□交流の拒否	行事などの不参加、連絡をとることが困難
		□アルコール、薬物等の問題	現在常用している、過去に経験がある、依存
家庭の様子	緊急的な支援を要するもの	□ライフラインの停止等	食事が取れない、電気、水道、ガスが止まっている
		□異常な音や声	助けを求める悲鳴、叫び
		□家族が視認できない	家庭の状況が全くわからない
	虐待を疑わせるもの	□継続的な夫婦間の問題	日常的な夫婦間の口論、言い争い
		□不衛生	家中ゴミだらけ、異臭、シラミがわく、放置された多数の動物
		□経済的な困窮	頻繁な借金の取り立て
		□確認できない長期の不在	原因不明の長期の留守、夜逃げ
	虐待の視点を持つ必要のあるもの	□近隣からの孤立・非難	近隣との付き合いを拒否、非難される
		□家族間の暴力、不和	家族、同居者間に暴力、不和がある
		□頻繁な転居	理由のわからない頻繁な転居
		□関係機関に拒否的	特に理由もなく関わりを拒む
		□子どもを守る人の不在	日常的に子どもを守る人がいない
		□生活リズムの乱れ	昼夜の逆転など生活リズムが乱れている
その他	虐待のリスクを高める要因	□乳幼児	就学前の幼い子ども
		□子どもの育てにくさ	子どもの生来の気質などの育てにくさ
		□子どもの問題行動	諸々の問題行動（盗み、虚言、自傷など）
		□生育上の問題	発達や発育の遅れ、未熟児、障害、慢性疾患
		□複雑な家族構成	親族外の同居人の存在、不安定な婚姻状況
		□きょうだいが著しく多い	養育の見通しもないままの無計画な出産による多子
		□保護者の生育歴	被虐待歴、愛されなかった思い、何らかの心的外傷を抱えている
		□養育技術の不足	知識不足、家事・育児能力の不足
		□養育に協力する人の不在	親族や友人などの養育支援者が近くにいない
		□望まない妊娠、出産	予期しない、不本意な妊娠・出産、祝福されない妊娠・出産
		□若年の妊娠、出産	１０代の妊娠、親としての心構えが整う前の出産

※「代理によるミュンヒハウゼン症候群」　子どもに不必要な、あるいは有害な薬などを飲ませて
　子どもに不自然な症状を頻回に出現させる

神奈川県「早期発見のためのチェックリスト」2009

第5章　保育者の行う子育て支援とその実際（内容・方法・技術）

> **事例5-10**　巡回指導での事例
>
> 　教員として、保育実習の巡回指導に行っているときのことでした。保育所に入り、実習生と顔を合わせると、実習生が「先生！」と言って、突然、泣きだしました。びっくりして「どうしたのですか」と聞きました。実習生の中には、実習先で心細く、教員の顔を見ると安心し感情が高ぶり、泣きだす学生もいます。
>
> 　学生の話は、次のようなことでした。
>
> 　昨日は、遅番の実習でした。最後まで残っていたフミヤと実習生と二人で楽しく遊び、お迎えが来たので、お母さんと先生が簡単な挨拶をし、実習生が玄関まで見送り「さようなら、また明日ね」と声かけをして、別れました。
>
> 　今朝、実習に来てみると、フミヤが亡くなったとのこと。昨夜お父さんに殴られ転び、救急車で運ばれたが、打ち所が悪く、亡くなったとのことでした。
>
> 　「フミヤと、この保育園で一番最後に会ったのは自分なのです」とまた、おいおいと泣きます。教員は彼女を抱きしめ、「それは大変だったわね。あなたもつらい思いをしましたね」と声をかけました。園長をはじめ、みなが父親のフミヤへの関わり方について知っており、児童相談所に相談する方向性で検討がなされていた矢先のことでした。

　保育所で親子関係をよく見ていると、子どもの接し方や声かけの仕方について、気になる保護者の言動に気づくことがあります。その日の親の機嫌や体調なども考え合わせながら様子をしっかり見るようにしましょう。朝から夫婦げんかをしてきたり、体調がすぐれずイライラしていたり、職場の人間関係がうまくいかなかったりするような状況は誰にでもあるものです。保護者のことを気づかった声かけが保護者の気持ちを軽くすることもあります。

　保育所で保護者への支援が必要だと思った場合は、子どもに「おかたづけをしてきて、お友達と遊ぼうね」とか、近くにいる保育者に「○○ちゃんおねがいします」と預けたり、子どもたちの遊びに「◎◎ちゃんも入れて」と言って、ほかの子どもに頼んだりして、保護者と話す機会をつくります。「お仕事が忙しいのですか」など、たわいのない会話から関係をつくり、信頼（ラポール）を形成しましょう。保護者が重いストレスをかかえている様子が長く続くような場合には、子どもの様子を注意して見ておきましょう。気になるときは主任や園長にすぐ相談するか、カンファレンスに議題として出すようにします。

（3）ＤＶの親の場合

ＤＶについて、内閣府によると以下のように示されています。

①「ドメスティック・バイオレンス」とは

「ドメスティック・バイオレンス」とは英語の「domestic violence」をカタカナで表記したものです。略して「ＤＶ」と呼ばれることもあります。

「ドメスティック・バイオレンス」の用語については、明確な定義はありませんが、日本では「配偶者や恋人など親密な関係にある、又はあった者から振るわれる暴力」という意味で使用されることが多いです。配偶者からの暴力を防止し、被害者の保護等を図ることを目的として制定された「配偶者からの暴力の防止及び被害者の保護等に関する法律」は、「ＤＶ防止法」と呼ばれることもあります。

② 問題の重要性

配偶者暴力防止法においては、被害者を女性には限定していません。しかし、配偶者からの暴力の被害者は、多くの場合女性です。

配偶者からの暴力などの女性に対する暴力は、女性の人権を著しく侵害する重大な問題です。相談件数や調査結果等から、少数の人だけが被害を受けているのではなく、多くの人が被害を受けていることがわかります。

また、暴力の原因としては、夫が妻に暴力を振るうのはある程度は仕方がないといった社会通念、妻に収入がない場合が多いといった男女の経済的格差など、個人の問題として片付けられないような構造的問題も大きく関係しています。男女が社会の対等なパートナーとして様々な分野で活躍するためには、その前提として、女性に対する暴力は絶対にあってはならないことなのです。

③ 暴力の形態

一口に「暴力」といっても様々な形態が存在します。これらの様々な形態の暴力は単独で起きることもありますが、多くは何種類かの暴力が重なって起こっています。また、ある行為が複数の形態に該当する場合もあります。

身体的なもの

殴ったり蹴ったりするなど、直接何らかの有形力を行使するもの。

刑法第204条の傷害や第208条の暴行に該当する違法な行為であり、たとえそれが配偶者間で行われたとしても処罰の対象になります。

平手でうつ	げんこつでなぐる	首をしめる
足でける	髪をひっぱる	腕をねじる
身体を傷つける可能性のある物でなぐる	刃物などの凶器をからだにつきつける	引きずりまわす 物をなげつける

第 5 章　保育者の行う子育て支援とその実際（内容・方法・技術）

精神的なもの

心無い言動等により、相手の心を傷つけるもの。

精神的な暴力については、その結果、PTSD（心的外傷後ストレス障害）に至るなど、刑法上の傷害とみなされるほどの精神障害に至れば、刑法上の傷害罪として処罰されることもあります。

大声でどなる

「誰のおかげで生活できるんだ」「かいしょうなし」などと言う

実家や友人とつきあうのを制限したり、電話や手紙を細かくチェックしたりする

何を言っても無視して口をきかない

人の前でバカにしたり、命令するような口調でものを言ったりする

大切にしているものをこわしたり、捨てたりする

生活費を渡さない

外で働くなと言ったり、仕事を辞めさせたりする

子どもに危害を加えるといっておどす

なぐるそぶりや、物をなげつけるふりをして、おどかす

※生活費を渡さない、もしくは仕事を制限するといった行為は、「経済的なもの」と分類される場合もあります。

性的なもの

嫌がっているのに性的行為を強要する、中絶を強要する、避妊に協力しないといったもの。

夫婦間の性交であっても、刑法第 177 条の強制性交等罪に当たる場合があります（夫婦だからといって、暴行・脅迫を用いた性交が許されるわけではありません）。

見たくないのにポルノビデオやポルノ雑誌をみせる

いやがっているのに性行為を強要する

中絶を強要する

避妊に協力しない

（注：例示した行為は、相談の対象となり得るものを記載したものであり、すべてが配偶者暴力防止法第 1 条の「配偶者からの暴力」に該当するとは限りません。）

④ 暴力の特徴

ⅰ なぜ逃げることができないのか

恐怖感

被害者は、「逃げたら殺されるかもしれない」という強い恐怖から、家を出る決心がつかないこともあります。

無力感

被害者は暴力を振るわれ続けることにより、「自分は夫から離れることができない」「助けてくれる人は誰もいない」といった無気力状態に陥ることもあります。

複雑な心理

「暴力を振るうのは私のことを愛しているからだ」「いつか変わってくれるのではないか」との思いから、被害者であることを自覚することが困難になっていることもあります。

経済的問題

夫の収入がなければ生活することが困難な場合は、今後の生活を考え逃げることができないこともあります。

子どもの問題

子どもがいる場合は、子どもの安全や就学の問題などが気にかかり、逃げることに踏み切れないこともあります。

失うもの

夫から逃げる場合、仕事を辞めなければならなかったり、これまで築いた地域社会での人間関係など失うものが大きいこともあります。

ⅱ 被害者に与える影響

被害者は暴力により、ケガなどの身体的な影響を受けるにとどまらず、PTSD（post-traumatic stress disorder：心的外傷後ストレス障害）に陥るなど、精神的な影響を受けることもあります。

PTSDとは

地震や台風といった自然災害、航空機事故や鉄道事故といった人為災害、強姦、強盗、誘拐監禁などの犯罪被害等の後に生じる特徴的な精神障害ですが、配偶者からの繰り返される暴力被害の後にも発症することがあります。PTSDの症状としては、自分が意図しないのにある出来事が繰り返し思い出され、そのときに感じた苦痛などの気持ちがよみがえったり、体験を思い出すような状況や場面を、意識的または無意識的に避け続けたり、あらゆる物音や刺激に対して過敏に反応し、不眠やイライラが続いたりすることなどがあります。

iii 子どもに与える影響

暴力を目撃したことによって、子どもに様々な心身の症状が表れることもあります。また、暴力を目撃しながら育った子どもは、自分が育った家庭での人間関係のパターンから、感情表現や問題解決の手段として暴力を用いることを学習することもあります。

iv 加害者のタイプ

暴力を振るう加害者については、一定のタイプはなく、年齢、学歴、職種、年収に関係がないといわれます。人当たりが良く、社会的信用もあり、周囲の人からは「家で妻に対して暴力を振るっているとは想像できない」と思われている人もいます。

加害者の中には、家庭という密室の中でのみ暴力を振るう人もいますが、普段から誰に対しても暴力的で、見知らぬ人に対しても言いがかりをつけて暴力を振るう人もいます。

また、アルコール依存や薬物依存、精神障害等が関連して暴力を振るっていると考えられる人もいます。加害者が暴力を振るう理由は様々あると考えられますが、その背景には社会における男尊女卑の考え方の残存があると言われています。

内閣府男女共同参画局ホームページより
http://www.gender.go.jp/policy/no_violence/e-vaw/dv/index.html (2018.9.5)

保育所の中でDVの親子に出会ったときは、まず子どもと保護者の安全（心身共の安全）を考えましょう。子どもの目の前で激しく口論したり、暴力をふるわれている姿を見たりすることは、子どもにとって心理的な虐待であり深く心が傷つきます（面前DV）。子どもを護ることが保育者の仕事ですから、速やかに主任や園長に相談し、カンファレンスにかける等、みなで考えることが大切です（決して一人で抱え込まないでください）。

DV支援に必要な社会資源として、配偶者暴力相談支援センターや福祉事務所、児童相談所などがあげられます。必要な支援に応じた社会資源について日頃から情報収集をしておくようにしましょう。また、保育者として自分ができる支援、保育所等として提供できる支援についても、きちんと保護者に説明ができるようにしておきましょう。

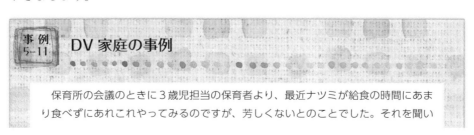

事例 5-11　DV家庭の事例

保育所の会議のときに3歳児担当の保育者より、最近ナツミが給食の時間にあまり食べずにあれこれやってみるのですが、芳しくないとのことでした。それを聞い

ていたナツミの姉の４歳児マユミのクラスの保育者が「おや」という顔をしながら「そういえばマユミちゃんも給食の時間になると元気がない気がして」と言いました。司会が、「ほかに何か変わったことはありませんか」と聞くと、二人の保育者が異口同音に「お昼寝が待ち遠しいらしくすぐ寝入ってしまい、なかなか起きないことがあります。睡眠時間が足りないのではないでしょうか」と話しました。

　お昼寝がしたくて食欲がないのか、ほかにも原因があるかもしれないので、両親に事情を聞く前に４歳児のマユミに家の様子をそれとなく聞いてみることになりました。マユミは、「夜、お父さんと夕飯を食べているとき、ときどきお父さんが食卓をひっくり返すことがある」と話してくれました。保育者は「マユミちゃんびっくりしたわね」とマユミの気持ちを受容しながら、話を聞きました。また、お母さんは、お父さんが眠るまで、ナツミとマユミの手をつないで、外に出て、夜中まで町の中を歩くことがあることなどを話してくれました。この前は雪だったので、よその家の雪が当たらないところ（軒下）にいたこと、とても寒かったことを話してくれました。

　ナツミの保育者とマユミの保育者はそうだったのかと思い、子どもがそのような思いをしていて、今まで気づかなかった自分たちを反省しました。

　園長は母親に事情を聞きました。母親は「そうでしたか」と言いながら、次のように話しました。「夫の暴力は今始まったことでなく、結婚当初からでした。マユミがお腹にできたので、結婚しました。本人は、まだ結婚したくなかったのだと思います。しかも、つづけてナツミができて…。父親の暴力から逃げて、子どもと親子三人でアパートを借りて住んだこともあるのですが、すぐ見つかって、連れ戻されました。その時は、もう二度と暴力は振わないと泣いて謝り、私も情にほだされて、この人には私が必要なのだと思い、そのときは夫のもとに戻りました。しばらくの間は何事もなく過ぎていったのですが、また夫が暴れるようになりました。あとは、マユミの言ったとおりです」。

　園長はすぐに福祉事務所に連絡し、担当のケースワーカーに相談しました。ケースワーカーは早速、母親と面接をしました。そして、母親ができたら別れたいと考えているが、経済的裏づけもなく実行に移せないでいること、子どもたちの心に悪い影響が表れている事実を知り、夫とは別れたいと、真剣にケースワーカーに相談したとのことでした。ケースワーカーは、担当保育者、園長とも相談の結果、子どもの問題でもあるが、夫婦間の問題でもあるため、母子生活支援施設を考えた方がよいとの方針を立てました。

　また、福祉事務所で調べた結果、現在入所可能な母子生活支援施設は、現住所とは離れた場所であり、DV親子の保護にも精通していますので、母親の了承も得て、そこへの入所が決まりました。

　措置後、母子三人は母子生活支援施設の生活にも慣れ、マユミもナツミも同じ法人の保育所に通い、母親もパートの仕事に出て、安定した生活を送れるようになりました。

第 5 章　保育者の行う子育て支援とその実際（内容・方法・技術）

（4）ミュンヒハウゼン症候群

　ミュンヒハウゼン症候群とは、虚偽性障害に分類される精神疾患の一種類といわれています。虚偽の病気に罹患している対象については、患者自身が病者に仕立て上げられるミュンヒハウゼン症候群と近親者（母親の子どもに対するケースが多い）を病気に仕立て上げる代理ミュンヒハウゼン症候群の2種類が存在するといわれています。平成20年の厚生労働省の統計では、心中以外で虐待死した児童67人のうち4.5%に当たる3人の児童が代理ミュンヒハウゼン症候群により死亡しています。無視できない数字です。

　ここでは、子どもを患者に仕立てて、周囲の関心や同情をひくため病気を装った代理ミュンヒハウゼン症候群の事例を紹介します。母親の代理ミュンヒハウゼン症候群に保育者が気づき、子どもを救った事例です。

事例 5-12　代理ミュンヒハウゼン症候群の母親

　3歳の男の子シンジは母子家庭で生活保護を受けていることを入所理由として、4月から入園してきました。2週間ほどで保育所にも慣れ、元気に通って来ていました。1か月ほどたった頃から、朝、シンジがふらふらとしながら来る日がありましたが、昼過ぎにはいつもの元気なシンジに戻るのでした。母親に聞くと、この子は小さいときから体が弱く「風邪をひいたので、お医者様から頂いた薬を飲ませている」とのことでした。「園でも何か対応の必要なことがあれば言って下さい」と伝えましたが、母親はその必要はないと断りました。1週間ほど過ぎましたが、朝になるとふらふらしながら園にくるシンジをみていた保育者が、母親に「まだ風邪は治らないのですか」と聞きました。母親は「この子は昔から腎臓が悪く、体調が悪いときは薬を飲ませています」とのこと。保育者は母親から、確か風邪と聞いていたのにと思いました。また、1週間位が過ぎました。シンジはここのところ、いつも汚れた服を着て風呂にも満足に入っていない様子でした。保育者は体調が悪いので、風呂にも入っていないのかと思っていました。

　朝ふらふらしながら来て、帰りにはしゃんとして帰るシンジに、保育者もだんだんとおかしいと思うようになりました。保育者は母親に「シンジ君の腎臓の様子はいかがですか」と聞くと「腎臓より、小児ぜんそくがこの頃出て」との話でした。保育者は風邪、腎臓、ぜんそくと次々変わる母親の言葉を不思議に思い、園のカンファレンスにシンジの問題を出しました。これはおかしいということで、園長が児童相談所に相談しました。

　その後シンジは児童相談所の一時保護所に保護されることになりました。

　1か月後、児童相談所一時保護所でシンジは、すっかり元気になり、落ち着いて生活していました。その後、児童養護施設に措置されました。

コラム　目黒女児虐待事件に思うこと

　2018年3月の寒い日に、ひとりの小さな5歳の女の子がこの世を去りました。この小さな女の子の死は、日本中に大きな衝撃を与えました。

　この小さな女の子の死を通じて、多くの人が胸を痛め、様々なことを感じ、様々な意見を発信しています。親を責め、厳罰化を求める意見が多いことが気にかかりました。虐待は、どんなことをしても肯定できることではありませんが、親を責め、厳罰化を求めることはきっとたやすいでしょう。しかし、そのことが却ってただでさえ見えにくい家庭の中で起こる子ども虐待をさらに発見しにくくする要因にもなりえます。虐待をしてしまう親は、様々な課題や生きづらさを抱えており、その結果が子ども虐待につながってしまうという負のスパイラルの中にいて、ひとりでは到底、解決しきれません。その抱える課題が大きい人ほど社会とのつながりも希薄で、支援を自ら求めてくることが少ない傾向がみられます。厳罰化するだけでは、虐待を隠すような環境をより強化することになりかねません。今後の虐待対応を検討する上で、厳罰化の議論だけでなく様々な保護者の立場を想定した虐待予防策を講じることが必要です。家族のあり方も多様化していく社会の中で、従来の一般化された支援では、子どもや親を救うことは困難です。

　子育ての第一義的責任を負うのは、もちろん親ですが、子育てを国民が社会全体で支えることは児童福祉法で規定がなされています。"国民"つまり、私たち全員に子どもたち、家庭を支える義務があるということです。

　保育者を目指している学生であるみなさんにぜひ、考えてほしいのです。保育者は、保護者を責めたり、審判したりするのではなく、寄り添い支援（サポート）することが大きな役割です。他人ごとではない、私たちがこれから幸せに暮らせる社会とはどういうものか当事者のひとりとして考えること、皆さんの柔軟な発想を活用した予防策を考え、身近に自分たちでできることからはじめましょう。子ども虐待に敏感に気づくことも、もちろん大切ですが、それ以前に虐待につながらない、困ったときにSOSが出しやすい環境、地域に共に暮らす人として、"共感"を大切にし、思いやりあえる環境を作ることが大切ではないでしょうか。だれもが経験する子どもの時間を社会全体で支え護ることは、私たちみんなの責任であり、義務です。

第 5 章　保育者の行う子育て支援とその実際（内容・方法・技術）

　　小さな女の子の死をきっかけにして、子ども虐待を取り巻く課題が大きく取り上げられ、社会的関心が高まりました。この大きなうねりは、社会を動かし、「児童相談所の児童福祉司の大幅増員」、「虐待リスクのある子どもの情報共有を児童相談所と市町村が行う」などの子ども虐待対応の体制強化の推進につながりました。

　　小さな女の子が身をもって教えてくれたことは、虐待で苦しみ亡くなる子どもをもう出さないためにこの問題と社会が向き合い続けることだと感じました。
　　私は、結愛ちゃんのことを絶対に忘れません。

6　多様な支援ニーズを抱える子育て家庭の理解

　ここで取り上げる事例は、保護者にいろいろな障害や生活上の困難があるために、保育所が支援をしていく必要があったものを中心に紹介しています。

（1）障害がある保護者の場合

　子どもの保育について、家族や他者の協力を得られるかを確認しましょう。
　グループホームや社会福祉法人の配慮のもとにあるアパートなどで生活している家庭、母子生活支援施設などで生活している家庭に対しては、その家庭を担当している職員と連携しましょう。
　保育者は、保護者との会話などを通じて、保護者自身の要望、できること、できないことを把握しましょう。保護者の障害によっては、こちらの要望を工夫して、伝えることが必要な場面も出てきます。写真で示したり、イラストを使ったり、メモを使い筆談したり、ボランティアを活用するなど、わかりやすく伝える合理的配慮を行います。

事例 5-13　知的障害がある保護者への支援

　　1歳児ナオミの母親キョウコさんは、知的障害があり、母子生活支援施設で生活しています。母子生活支援施設の母子支援員から、子育ての支援を受けていますが、母親の就労が決定し、地域での自立生活をふまえての支援の一環として、保育所に入所してきました。
　　保育所の1歳児クラスは2名担任です。入所前の面接では2名の担任と母子支援員との話し合いがもたれ、ナオミとキョウコさんの支援については、保育所と母子

生活支援施設が連携して対応することが確認されました。毎日の連絡帳は基本的に、母親であるキョウコさんが書くこと、保育所からの連絡帳の記入はわかりやすい表現で書くこと、母子生活支援施設の母子支援員もなるべく目を通すことなどのほか、園だより、保健だより等、おたより類には、母子支援員が必ず目を通すことが確認されました。行事のときの弁当などは母子支援員が手伝って、美味しそうな弁当を毎回もってきます。

　ナオミは保育所にも慣れ、とくに大きな問題もなく、順調に育っています。また、母子支援員との連絡も連絡帳を中心に連携ができています。年1回の家庭訪問のときなども担当保育者は、母子支援員との話し合いの場をもち、情報交換や今後の連携のあり方について話し合いました。母親の担当のケースワーカーも、ときどき保育所に顔を出し協力してくれます。

事例 5-14　統合失調症の母親のいる家庭への支援

　入園して数週間した、ある朝、泣きじゃくるリエの手を引いた父親が「お前が悪いのではないよ。お前が悪いのではないよ」と繰り返しながら、保育所の玄関に入ってきました。

　保育者は、リエに「朝の準備をしようね」と優しく声かけをしてから、小さな声で父親に「どうなさったのですか？」と尋ねました。父親は「実は、今朝、母親がリエのお弁当のご飯を詰めていたのですが、突然こんなものと言ってご飯の入った弁当箱を床に投げつけました。リエはそれを見て激しく泣きだしました。私はリエを抱きしめ、母親から離し、急いでご飯を詰め直し、家を出てきました。妻は統合失調症のため、ときどきこのような行動をとるのです」とのこと。保育者は「そうでしたか」と答え、リエに「上手にお片づけができて偉いわね」と声かけしてから、小さな声で、父親に向かって「リエちゃんはお預かり致しますので、ご心配なさらないでください。もしご心配でしたら、お昼頃お電話下さい」と伝えました。そして、リエと一緒に父親に「いってらっしゃい」を言い、リエと手をつなぎ、友達がままごとをしているところに入れてもらい、一緒に遊びました。保育者はしばらく、リエの様子を見ていましたが、いつもと同じ様子なので、その場を離れ、園長に報告に行きました。園長は、「早いうちに一度カンファレンスを開きましょう」と提案し、カレンダーを見て日程を決めました。

　昼食のとき、リエは「お母さんがご飯を投げてしまったけれど、お父さんがまた入れてくれたの」と保育者に話しかけました。保育者は、「お母さんはご病気だから、こぼしてしまったのね。でもお父さんがまた入れてくれてよかったわね、美味しい？」と話しかけると、リエは「うん、美味しい」とにこにことお弁当を食べていました。

第5章　保育者の行う子育て支援とその実際（内容・方法・技術）

友達が「うちのお母さんもお弁当を詰めるときに、こぼしたことがあったよ」などと話しをしていました。お迎えのときに父親から、「家に戻って妻を連れて病院に行きましたら、即入院になりました。また、しばらく父子家庭になりますがよろしくお願いします」とのことでした。

その後、リエは保育所と父親の連携もあり、安定した園生活を送りました。

演 習　リエの安定した園生活のために保育者としてできることをあげてみよう。

事例 5-15　両親に聴覚障害がある家庭の支援

クミは0歳のときに両親の聴覚障害を理由に保育所に入所してきました。クミは両親、祖父母と生活しています。両親とも耳が聞こえず、家の中では手話が多いのですが、同居している祖父母は耳が聴こえるので、クミの言葉の発達には大きな支障はありませんでした。

入所前に、両親の担当の身体障害者更生相談所の担当ワーカーとも話し合い、助言されたことは、連絡帳の記入の際、言葉だけでなく、なるべく視覚的なことを取り入れるのがよいということでした。確かに連絡帳に言葉だけで書いたときより、保育室の見取り図を描いたときの方が理解してもらえたと保育者は感じました。そこで、保育者はクミの両親により効果的に伝えるため、クラスの中の見取り図に加え、園全体の見取り図、園庭の見取り図、いつも行く公園の見取り図などをコピーして持っており、必要に応じて使っていました。実習で、指導計画案の環境構成を図示するのと同じです。

クミは6年後に、小学校に進学していきました。保育者は、祖父母や障害者担当のワーカー、手話通訳のボランティアなどの協力があり、それらの人びとに助けられて、クミの保育と両親の支援をすることができました。

> **事例 5-16** 　母親に視覚障害がある家庭の支援
>
> 　エイトの母親は視覚障害者です。母親はエイトの育児記録を残したいとのことでした。保育者は、連絡帳を書いていますが、連絡帳の内容は毎日、簡単に口頭でも担当の保育者から親に伝えられています。連絡帳、園だより、健康だより、給食だよりなどは、とくに大切なところやエイトに関係のあるところに保育者が丸印を付け、点字ボランティアに点字化をお願いしました。
>
> 　母親担当の身体障害者更生相談所担当ワーカーと保育者は連携し合い、必要な支援をしています。たとえば園内環境整備において、ほかの保護者への周知も含め、園内での車の駐車の仕方、自転車の置き方、靴の脱ぎ方などのルールを徹底し、通路の安全確保をしました。また、保育室内の物の置き場所を変えないように注意し、机や椅子の場所の変更は危険が伴うため、新年度など、保育室の環境が変わる際に行うようにし、環境の変更については、その都度、個別に案内しました。衝突の危険があるため、保護者同士の立ち話などにも注意しました。外で白杖を使っている場合には、保護者だけでなく園の子どもにも注意するよう伝えました。
>
> 　母親が5年間保育所に通うことを考え、自治体に掛け合って駅から園までの間の交差点のところに、点字ブロックを引いてもらいました。
>
> 　そのような時、園長は母親たちから「合唱サークルを立ち上げたが、練習場所が無い」と相談されました。そこで、週に1回ピアノのある部屋を貸し出し、自主サークルの活動を支援しました。エイトの母親もこのサークルに加入し、活動を続け、ほかの保護者たちとの関係もひろがりました。
>
> 　エイトは、小学校に行くようになりました。小学校の担任の先生からこの保育所の父母はとても仲良く、また結束力もあると聞かされたとき、保育者は、子どもたちが小学校に通うときも保護者同士の助け合いが必要だと思い、保護者同士のコミュニケーションがとれるよう、配慮したことは間違いではなかったとうれしく思いました。そして、保護者支援がこのような形でつながっていくことに、保育者は保護者支援の大切さを実感しました。

（2）難病（色素性乾皮症）の子どもの保育

　色素性乾皮症（指定難病159）という難病があります。以下、その説明を難病情報センターのホームページより紹介します。

　　この病気は、露光部の皮膚にしみがたくさん生じ、皮膚が乾燥し、皮膚がんが普通の人の数千倍多く生じる病気で、半数以上の患者さんで神経症状が現れます。また多くの

患者さんで日に当たると異常に激しい日焼けの反応が生じ、それが引くのに1－2週間かかります。この病気にはA－G群とV型の8つの病型が知られていますが、それらの症状はどの病型かによってもその程度や現れ方が異なります。色素性乾皮症の患者さんの割合は日本では人口2万2千人に1人の割合と考えられています。いくつかの資料、文献から得た情報に、現在通院中の方などを加えますと、おそらく300－600名の患者さんがいると推定されます。病型によって症状は異なります。共通する症状は、日光露光部に発生する皮膚がんです。しかし、すぐに皮膚がんが生じるわけではなく、最初のうちは日光に繰り返しあたるうちに、露光部の皮膚にしみが増え、皮膚が乾燥します。A群では光線過敏症状が非常に強く、生後初めての日光曝露後に健常人と比べてはるかに激しい日焼けの反応が生じます。たとえば、5分外出しただけでも真っ赤に顔が腫れ、涙が出て、翌日には水ぶくれも生じ、その症状は日を追うごとに増し、4日後あたりがピークとなります。眼の白目の部分も紅く充血します。このようなことを繰り返すうちに日に当たる部位に1－2歳でそばかす様の色素斑が目立ってきます。

　C群やV型については、日焼けの反応がひどいという症状ははっきりしないことも多く、日の当たる部位に10歳までにしみがたくさん生じ、日光曝露量にもよりますが、20歳頃から露光部に皮膚がんが生じ始めます。中年以降皮膚がんが多発して初めてXPと診断される場合もあります。

　神経症状については、日本ではA群の患者さんで多くみられます。頚のすわり、寝返り、つかまり立ち、歩行などは、通常よりやや遅れが見られるもののほぼ年齢相応の機能が獲得できます。運動機能のピークは6歳頃で、次第に転びやすいなどの神経症状が出始めますが、通常の意思の疎通は十分に行なえます。学童期前半で聴力レベルの低下が見られ、学童期後半では補聴器装用が必要となります。知的障害の進行と聴力低下に伴い、15歳ころに言語機能は消失します。体のバランスを保ちにくいことも特徴でよく転びます。

公益財団法人　難病医学研究財団 難病情報センター
http://www.nanbyou.or.jp/entry/112（2018/08/18）

　次の事例は、この難病の子どもの保育事例です。保育者は「ただ日に当たってはいけないだけでこんなに大変なのだと、普段何気なく太陽のもとで生活していた」と回顧していますが、ほかの子どもと一緒に保育を展開しにくい現実がある中で、保育者がみなで知恵を出し合い連携して様々なハードルを乗り越えています。

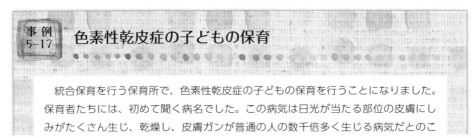

事例5-17　色素性乾皮症の子どもの保育

　統合保育を行う保育所で、色素性乾皮症の子どもの保育を行うことになりました。保育者たちには、初めて聞く病名でした。この病気は日光が当たる部位の皮膚にしみがたくさん生じ、乾燥し、皮膚ガンが普通の人の数千倍多く生じる病気だとのこ

とで、保育の中で注意することは太陽に当てないということでした。

　３歳男児マサキはサンスクリーン（日焼け止め）を厚く塗り、頭から厚い布をかぶって遮光フイルムを貼った車より玄関に走って入ってきました。

　保護者の話によると、太陽の光線に当たると皮膚ガンになる可能性が高いため外へ出すことができないとのことでした。今までは、家で祖母が面倒を見ていたのですが、３歳になるので友達と一緒に過ごさせたいとのことが入園理由でした。

　マサキは、年齢相応に運動能力、言語能力も獲得していました。太陽に当たってはいけないことと、サンスクリーンを塗ることがマサキのために特別にしなければならないことでした。

　マサキの入園に際し、まず、３歳児の保育室をなるべく直射日光が当たらない部屋にすることと、３歳児の保育室の窓には遮光フイルムを貼ることになりました。園全体に遮光フイルムを張る予算はとれないため、園舎全体について、時間帯による太陽光の差し方を調べ、日の当たらないスペースを探して、上手に園舎を利用することとなりました。

　マサキの保育の計画は、個別計画となりました。各クラス週１回は室内での保育とし、３歳児が外での保育のときは、園内保育のクラスと一緒に過ごすことになりました。

　雨天の日は、３歳児クラスは傘をさして、お散歩したり、外で遊んだりすることが多くなりました。厚い雲で覆われた薄暗い日はマサキにとってはうれしい日でした。園庭で遊んだり、近くの公園に散歩に行ったりしました。

（3）保護者の突然の喪失

　保護者である親を喪失してしまう場合（死亡、失踪、拘禁など）、子どもにとっては大変な出来事であり、心のケアを考える必要があります。生活環境が大きく変わります。とくに家の中の雰囲気が暗くなることがあります。保育者は子どもの心の動きに、一層細かい配慮が必要になります。児童相談所の心理司に相談することも方法の一つです。とにかく、園生活では、安心安全を確保した支援を行います。

事例 5-18　両親が拘禁された事例

　ケンタ（男児４歳）の祖母が孫を送りに来て、「園長先生に、少しお話があるのですが」と保育所の事務室に入ってきました。

　園長が「どうなさいました？」と伺うと、「実は、息子夫婦が昨日二人とも逮捕されました」。「それは大変ですね」と驚き、その報告を受けました。内心「ケンタの見ているところでなくってよかった」と思いました。

　ケンタの両親は 20 代前半で、明るい感じのする保育所の中ではとくに問題を感じ

第 5 章　保育者の行う子育て支援とその実際（内容・方法・技術）

させない、子煩悩な両親でした。祖母は「実は、初めてではないので、今回はしばらくかかるかもしれない」とのことでした。

　保育所としては、両親が戻ってくるまで祖母を支え、ケンタの育ちを支えていくことが大切です。

　園長が「この話は、担任保育者とケンタくんの保育をしていく保育者に伝えてもいいですか。もちろん守秘義務は守ります」とお話しして、了解を得ました。

　祖母とケンタを支えるために、園でできることは何かを中心に緊急カンファレンスをもちました。

7．要保護児童等の家庭に対する支援

　ここでは、要保護児童等の家庭に対する支援として、社会的養護のもとに生活をする子どもの家庭を対象にした保護者への子育て支援について理解を深めていきます。社会的養護の中心的な役割を果たしている児童養護施設や乳児院は、児童福祉法に規定されている児童福祉施設です。子どもや家庭に直接関わり支援をする専門的な職員として保育士が配置されています。社会的養護を必要としている家庭への子育て支援において保育者に求められる役割は大きく、様々です。

　また、坪井等が行った調査によると、児童養護施設の 3 歳児の 40.6％、4 歳児の 70.9％、5 歳児の 77.4％がそれぞれ幼稚園を利用しているという結果があります。このことからもわかるように、社会的養護の必要な子どもたち、その保護者への支援を提供することは、幼稚園教諭、認定こども園の保育教諭にも同様に求められています。

（1）要保護児童の状況（社会的養護の現状）

　社会的養護とは、保護者のない児童や、保護者に監護させることが適当でない児童を、公的責任で社会的に養育し、保護するとともに、養育に大きな困難を抱える家庭への支援を行うことです（厚生労働省 HP より）。つまり、保護者の病気や子ども虐待、経済的理由等様々な事情により家庭で生活することが難しい子どもとその家庭に対して社会的な支援を提供する社会の仕組みです。

　社会福祉行政報告例（平成 29 年 3 月末現在）によると、社会的養護の必要な子ども（要保護児童）は、全国に約 4 万 5 千人、その多くが、施設養護を受けています。施設養護の中心的な施設は児童養護施設（26,449 人）、乳児院（2,801 人）、母子生活支援施設（3,330 世帯、子ども 5,479 人）、児童自立支援施設（1,395 人）、児童心理治療施設（情緒障害児短期治療施設）（1,399 人）などがあげられます。また、里親（5,190 人）、ファミリーホーム（1,356 人）などの家庭養護を受ける子どもた

コラム　つながりを大切に

　社会的養護のもとに生活する子どもたちのほとんどが、幼稚園や学校などに通い、みなさんと同じように地域で生活しています。

　このコラムを読んでいる人の中には、いずれ、施設や保育所の保育士として、幼稚園教諭、認定こども園の保育教諭として子どもたちに出会う人もいるでしょう。立場はそれぞれ違いますが、子どもに関わるおとなとしてつながりを積極的にもつことを意識しておきましょう。

　幼稚園や認定こども園の教諭としてなら、子どもの担任として関わるかもしれません。子育て支援を必要とする相手は、今まで想定していた子どもの保護者（父母、祖父母など）だけでなく、子どもの生活する施設の職員や里親の場合もあります。それは、基本的な社会的養護の知識が必要なことを意味しています。資格取得にあたり、必要な科目が多いのは、保育士や幼稚園教諭が、それだけ様々な支援を求められ、それに応えていかなければならない専門職であるという証です。また、施設職員となった場合、子どもの担当職員として、保育参観、行事に参加をし、子育て支援を受ける側に立ちます。ひとりの子どもの成長を共に喜び合えるパートナーとしての関係は、子どもが安心して成長をしていく環境づくりに欠かせません。

　私が現場にいたころも、幼稚園の担任の先生との送迎時の会話で、子どもの成長を温かく見守っていてくれていることに気づき、自分の日常の支援を振り返ることにつながったり、子どもが課題を乗り越えるために協力してもらったり、子育て支援の大切さを実感しました。

　子どもにとって、身近に接しているおとなの影響は大きいです。

　一人でも多くの良き理解者が地域に増えることが必要ではないでしょうか。子どもが生活する場には、たくさんの人がいます。保育所、幼稚園、学校の先生、地域で暮らす人々、すべてが社会資源（福祉の問題を解決するために活用することができる全ての人、もの、機関の総称）です。ということは、みなさんは、地域の人として、子どもたちにとっての社会資源の一つとしての大切な役割を担っているということです。もう、すでに子どもたちとつながっているということを忘れないでくださいね。

第5章　保育者の行う子育て支援とその実際（内容・方法・技術）

ちも増えてきています。

（2）社会的養護における保護者支援（子育て支援・保育相談支援）

① 保護者の状況を理解する

　厚生労働省実施の児童養護施設入所児童等調査の結果（平成25年2月1日現在）から、社会的養護を必要とすることになった理由をみていくと、一般的に「虐待」とされる「放任・怠だ」「虐待・酷使」「棄児」「養育拒否」を合計すると、児童養護施設児37.9％、乳児院児27.1％と施設の入所理由に虐待を主訴（主たる理由）とするものが増加しています。また、保護者の病気（とくに精神疾患が多い）を主訴とする入所や重ねて貧困などの経済的理由による入所も増加しています。この調査の結果からもわかるように社会的養護の必要な子どもの家庭の保護者は、保護者自身が複雑な課題（生活、就労、人間関係、疾患、貧困など）を抱えており、その課題を理由に子どもが施設に入所をしているケースが少なくありません。言ってみれば、社会的養護の現場で求められる保護者への支援は、課題を抱える保護者が、自ら課題と向き合い、解決を図ることを様々なかたちで支えていくという捉え方もできます。行われる支援には、ケースワークの手法を用いて保育者が保護者に直接的に働きかけるものもあれば、間接援助技術、関連援助技術などを用い、チームで多角的に行う実践があります。とりわけ大きな役割のひとつに、施設で保育者が子どもを養護することがあげられます。保育者が施設で子どもに関わり行うすべての支援が保護者支援になると考えるとわかりやすいでしょう。つまり、子どもが安心安全な環境で生活をし、成長していくことをサポートすることが、保護者の気持ちの安定につながり、自身の課題と向き合うことの土台づくりにつながっていくということです。

② 子どもと家族との交流

　社会的養護における子育て支援の重要なポイントに子どもと家族の交流をいかに行っていくのかということがあげられます。児童福祉法が制定された昭和22年当時の施設の入所児童は、ほとんどが戦争や災害による孤児でした。現在の施設に入所している子どもたちには両親、ひとり親等保護者がおり、そのほとんどが面会等の交流を行っています。

　前出の調査によると、施設入所児童では保護者等の「交流あり」のうち「帰省」の割合が高く、養護施設児で45.9％、情緒障害児で55.4％、自立施設児で49.8％となっていますが、乳児院児では「面会」の割合が多く、54.1％となっている（面会とは、施設内外の場において保護者と数時間過ごし交流をすることです）。

7．要保護児童等の家庭に対する支援

演習　「虐待をした保護者」のイメージ整理

① 「虐待をした保護者」をイメージする事柄をあげる。

② イメージした事柄について意見交換する。

③ 専門職としてどうとらえるべきか考える。

④ 演習をやって感じたことを振り返ろう。

考えるヒントとポイント
- どういうイメージを自分自身抱いているのか考えて、自覚しよう。
- 個人の価値観と専門職としての価値観について考えてみよう。
- 専門職としての価値観の確立の必要性について考えてみよう。
☆子どもにとって保護者はいかなる場合も意義深い、大切な存在であることを忘れない。

第5章　保育者の行う子育て支援とその実際（内容・方法・技術）

図表5−3　家族との交流状況

施設名	児童養護施設	乳児院	児童自立支援施設	情緒障害児短期治療施設
交流あり	45.9%	54.1%	49.8%	55.4%
交流なし	18.0%	19.4%	10.4%	14.8%

児童養護施設入所児童等調査の結果（平成25年2月1日現在）をもとに筆者作成

（3）親子関係再構築への支援

　施設養護における自立支援目標の最終ゴールは、親子関係再構築です。

　親子関係再構築とは、「社会的養護関係施設における親子関係再構築支援ガイドライン」によると、養育の問題を抱えている、ともに暮らす家族と分離中の家族と双方を対象として、「子どもと親との相互の肯定的なつながりを主体的に回復する」ことと定義しています。つまり、同じ屋根の下に再び戻り暮らすことだけがゴールではなく、その家族の状況により目指すべき親子関係再構築の在り方も変わっていくということです。ガイドラインの中でも、親子関係再構築を支援していくにあたり親への支援として以下のようなポイントを挙げています。

社会的養護関係施設における
親子関係再構築支援ガイドライン

① 親と協働関係を形成し、親子再構築支援の見通しを示す。親も支援プラン作成に関わる。

② 協働養育者として親を尊重し、親との信頼関係を築き、施設が親の安心できる居場所になるように支援する。

③ 親の抱えている問題を理解し、他機関と連携して親が経済的にも社会的にも心理的にもゆとりを取り戻せるよう支援する。

④ 親自身が精神的な問題（未解決なトラウマ体験や衝動コントロールや精神医学的な問題など）を有している場合は、治療の必要性の自覚を促し、児童相談所と連携して治療につなげる。

⑤ 養育の振り返りを共にし、子どもに与えた影響を理解し、子どもとの関係改善への動機づけを行う。

⑥ 具体的な養育方法について学べるように、モデルとなって示したり、ペアレントトレーニングを実施したりして教育的な支援をする。

「社会的養護関係施設における親子関係再構築支援ガイドライン」平成26年3月 厚生労働省
第4章 施設による親子関係再構築支援 第1節 児童養護施設・情緒障害児短期治療施設・児童自立支援施設における親子関係再構築支援 2．入所中の支援（2）家族への支援の実施
p.37 より

また、「児童養護施設運営指針」においても、家族に対する支援として①児童相談所や家族の住む市町村と連携し、子どもと家族との関係調整を図る、家族からの相談に応じる体制づくりを行う。②子どもと家族の関係づくりのために、面会、外出、一時帰宅などを積極的に行うことをあげています。具体的内容として、家族に対して、面会、外出、一時帰宅はもちろん、学校行事等への参加を働きかける。一時帰宅は児童相談所と協議を行う。親子が必要な期間を一緒に過ごせるような宿泊設備を施設内に設けるとしています。

　面会、外出、一時帰宅などの親子の交流が親子関係再構築につながる支援ですが、保護者の心情、状況、子どもの気持ちを踏まえて、丁寧にケースごとに検討し、実践することが大切です。多くの保護者が施設に子どもを預けていることに対してうしろめたく、子どもに対して申し訳ないという気持ちをもっています。保育者に対しても同様の思いをもつ傾向がみられます。そのため、保育者や子どもに遠慮して思っていることが言えない保護者や子どもとうまく関われない保護者もいます。また、保護者の中には、子どもと生活を共にしていないことによる様々な戸惑いも感じています。保育者は、子どもの日々の生活や成長を細やかに伝え、共に子どもの成長の喜びを共有できるようにすることも大切ですが、伝え方などを工夫していくことも同時に求められます。「交流のあり方、親子はこうあるべきだ」の考えを押し付けることなく、ケースに合わせて、保護者の状況、心情に配慮をし、保護者と子どもが無理なく交流できるように支援していくことが大切です。とくに、思春期の子どもは、保護者との関係に変化も生じやすいものです（事例5－19を参照）。子どもの気持ちへの配慮、気持ちの代弁も大切です。その際、家庭支援専門相談員や児童相談所の児童福祉司と連携し、社会資源を活用し親子関係再構築の計画を立て実践していくことが必要です。

事例5-19　父と娘への支援

　フミノ（中学2年生、女子）父子家庭のケース。父の職業柄、出張が多く、子育てを祖父母に委ねていた。しかし、手助けしてくれていた祖父母も高齢のため日常的な養育が困難となり、4歳の時に児童養護施設に入所。入所当初より、親子関係に問題はなく、週末など休みが取れると、必ず父親は面会に来て、フミノと連れ立ち、遊園地や映画館、公園などへ外出していた。フミノも父親との面会を心待ちにしており、「次は、いつパパに会えるかな」とカレンダーに印をつけるのが恒例だった。父親は行事などにも積極的に参加をし、小学校に入学してからもよい関係は継続していた。高学年になり、フミノが父との外出を渋るようになる。「パパとは行くところがいつも同

第5章 保育者の行う子育て支援とその実際（内容・方法・技術）

じでつまらない、話すこともあんまりないし…」と保育者には時折、不満をこぼしていた。中学生になり、友達と外出をしたい気持ちが強くなってきたフミノが、「次の週末は、友達と遊びたい」と父親に電話で告げると父親が激怒して、電話が一方的に切られてしまった。しばらくして、保育者から父親に連絡をしたところ「貴重な休日、親子で交流できる時間を無駄にしたくない、フミノは、私との外出をいつも楽しんでいる。一緒に出掛ける友達には、男子が含まれているということも心配で、許可できない。男女交際なんて、まだ早すぎる！何かあってからでは遅い、あなた方は責任がとれないだろう」とのことだった。

◎具体的対応策として・・・

フミノと父親の関係に大きな溝ができてしまわないように、面会の迎えの際に堅苦しくならない程度に職員（ここでは、あえて担当職員ではなく、家庭支援専門相談員）が父親と話す機会をつくった。日々の成長の様子や年齢相応の自立の必要性などを交えて、フミノの気持ちを伝えてみた。父親は、入所当初より関わりのある家庭支援専門相談員にフミノの成長が嬉しく思うこと、不安に思うこと、施設に預けていることのうしろめたさを吐露し、もう一度、フミノと話をしてみたいとのことだった。フミノと外出し、友達との外出は、約束を決めて承諾することになった。

決めた約束は、「門限を守る、事前に行き先をきちんと決めて職員・父親に伝える」この2つだった。職員からは、「後で大切な人たちにうそをつかなければならないことは決してしない」を追加し、約束は3つとした。

思春期の子どもと保護者の気持ちのズレは、どの家庭にも起こるものです。とくに、日々の生活を共にしていないことは、よりこのズレを大きくする要因にもなります。保護者の心配な気持ちを受け止め、保育者は、保護者と子どもとの間に入り、交流ができるように配慮することが求められます。このケースのように、担当職員だけでなく、保護者との関係において信頼関係を形成している他の職員、家庭支援専門相談員等の職員が対応することでスムーズに話が進むこともあります。担当者だけが、ケースに関わるのではなく、チーム、施設全体で子ども、保護者の支援をしていることを意識しておくことも大切です。

事例 5-20　不安定な保護者への支援—①

カオル（小学1年男児）の母親から施設に電話がかかってきた。担当の保育者が電話に出ると、いきなり「また、私が電話をかけてきたって思ったでしょう？迷惑？子どものことが心配で電話をかけてるだけなのに」とすごい剣幕でまくしたて始めた。

保育者は驚いてしまい「そんなつもりはなかったんです、普通に電話にでたつもり
でしたが、不快な思いをさせてしまったんなら謝ります、ごめんなさい」と伝えると、
「ほら、謝るってことは、認めてるんだ。迷惑だってことでしょう、私のこと嫌いでしょ
う？どうせ私はだめなんだよ」とさらに収まらない怒りを訴え、一方的に電話が切
れてしまった。情緒的に落ち着かないカオルの母親は時々、このような電話を施設
にかけてくることがあった。
　しばらくの間、この担当保育者は、電話が鳴るたびに、緊張してしまい、気持ち
が落ち着かなくなり、仕事にまで支障をきたすようになってきた。

　保護者を支援していくにあたり、保育者としていかに保護者との間に信頼関係を
築いていくのかが大きな鍵となります。そこには、人としての信頼関係が根底にあっ
て、初めて支援の関係も構築されていきます。これは、すべての保護者への支援に
共通しています。前述したとおり、社会的養護の必要な家庭の保護者は、保護者自
身が複雑な課題を抱えており、それを理由に子どもが施設に入所をしているケース
が少なくありません。その保護者と信頼関係を構築していくことは、決して容易な
ことではありません。信頼関係を築いていくためには、保護者のもつ課題について
知ることがとくに大切です。保護者自身がどのように育ってきたのか、課題をなぜ
抱えることになったのかについて目を向けて支援の計画を検討していく必要があり
ます。保護者の話にしっかりと耳を傾け、一見、理不尽とも思えるような行動にも、
問題行動だと決めつけてしまうのではなく、なぜ、そのような行動に至ってしまっ
たのかなど、行動の背景にしっかりと目を向けるようにしましょう。さらに、自身
の支援の振り返り（声かけ、態度、振る舞い等）も合わせて行うようにしましょう。
支援が必要な人ほど、助けを求めることが苦手、素直にSOSを発することができ
ない傾向にあることも覚えておきましょう。
　このように、保護者の言動や行動に戸惑い、保育者が様々な感情にとらわれ、振
り回されてしまうことも少なくありません。そのような時には、保育者ひとりで抱
え込まずにチームで話し合い、どのように支援をしていくのか検討することが大切
です。チームで日頃から、意見交換ができる円満な関係をつくっておくこともとて
も大切です。

第5章　保育者の行う子育て支援とその実際（内容・方法・技術）

事例 5-21　不安定な保護者への支援─②

　今後の対応について施設内で検討会議をおこなった。（主な議題は2つ）

・カオルの母親の情緒が落ち着かない理由の分析
・電話がかかってくることへの緊張感で不安が強くなっている保育者の話を聞く

◎**具体的対応策として・・・**
・児童相談所の担当児童福祉司に保護者の状況を定期的に確認してもらい、家庭支援専門相談員とも連携し、情報共有をする。
・落ち着いていない状況の電話には、こちらからかけ直すようにする。限られた時間の中での対応になることをあらかじめ伝えるようにする。

　このように、検討会議を開いたことで、保育者も気持ちをチーム内で共有したこと、具体的対応策を講じたことで落ち着きを取り戻すことができました。

（4）連携する専門職

　次に、施設内で保護者支援を円滑に行っていくための専門職との連携について理解を深めていきます。

① 家庭支援専門相談員（ファミリーソーシャルワーカー）

　虐待等の家庭環境上の理由により入所している児童の保護者等に対し、児童相談所との密接な連携のもとに電話、面接等により児童の早期家庭復帰、里親委託等を可能とするための相談援助等の支援を行い、入所児童の早期の退所を促進し、親子関係の再構築等が図られることを目的として配置されている職員です。

事例 5-22　家庭支援専門相談員との連携

　ハルキ（2歳男児）は、10代でシングルマザーになった母親が出産直後に、うつ病に罹患、養育困難となり生後1か月で乳児院入所になった。この2年でハルキの祖父母の支えもあり、母親の状況も落ち着いてきた。ハルキが3歳を迎える前に家庭引き取りをしたいとの意向が示された。家庭支援専門相談員が、母親、祖父母に面接を行い、児童相談所の担当福祉司に家庭訪問の実施を依頼し、母親の主治医と連携し、今後の支援について検討がなされた。不定期に行われていた面会を、週に一度にし、

演習　親子関係再構築を考える

事例3：虐待ケース（父子家庭　カイト4歳　父37歳　母死去）
　カイトが2歳の時、母が育児不安を理由に自殺、両親祖父母健在だが、関係が悪く手助けを得られない、父一人で子育てをするが仕事との両立がうまくいかず職場を解雇、貧困状態に陥る。カイトが3歳の時に公園で路上生活を開始。路上生活の際、父はアルコールが入ると、暴力をふるう、食事を満足に与えない、不衛生な環境での養育などの虐待行為がみられた。カイトが深夜、路上を歩いているところを警察に保護され児童養護施設に入所に至った。

① 入所5か月経過、父の生活も落ち着き、面会交流を検討することになった。どのようなことからはじめたらよいかを考え、あげてみよう。

② 意見交換してみよう。

③ 面会交流の具体的方法を検討してみよう。

④ 演習をやって感じたことを振り返ろう。

考えるヒントとポイント
・交流を焦らずに、子どもの気持ち、保護者の状況を踏まえて検討する。
・親子の交流の方法には、面会だけではなく電話や手紙などもある。
・活用できる社会資源を探ってみよう。
・施設内の宿泊施設等場所の提供も行い、親子関係再構築の支援を積極的に行う。

第5章　保育者の行う子育て支援とその実際（内容・方法・技術）

> 担当保育者とハルキとで一緒に過ごすことから交流を始めた。不安そうにハルキに関わる母親も食事介助や遊び方、声かけの仕方などを具体的に保育者が側でやっているのをみることで、徐々にハルキと自然な関わりがもてるようになった。段階を踏んでいき、面会から数時間の外出、園内での宿泊、帰宅外泊と時間をかけて行っていった。家庭引き取りの後も、アフターケアとして家庭支援専門相談員が定期的に連絡をしており、子育てについての喜びや悩みを母親が話せる相手としてつながりをもっている。施設には、ハルキの成長が垣間見える年賀状が退園後ずっと届いている。

② 心理療法担当職員

　虐待等による心的外傷等のため心理療法を必要とする児童等および夫等からの暴力等による心的外傷等のため心理療法を必要とする母子に、遊戯療法、カウンセリング等の心理療法を実施し、心理的な困難を改善し、安心感・安全感の再形成および人間関係の修正等を図ることにより、対象児童等の自立を支援することを目的として配置されている職員です。

事例 5-23　心理療法担当職員との連携

　児童養護施設に入所している、ミク（小学6年女児）は、保護者との関係改善が徐々に進み、帰宅外泊を進めることになった。

　初めの数回は、特に調子を崩すことはなかったが、回数を重ねていくと帰宅外泊から戻ると数日間は体調を崩し、不安定になることが増えていった。週に1度の心理療法担当職員との面接でも、帰宅外泊を負担に感じていることがうかがえるような発言がみられた。ケース会議をもち今後の対応を検討することになった。帰宅外泊の際、家庭訪問を実施する、心理療法担当職員の面接日程を帰宅外泊の直後に変更する等の具体策が提案された。

　事例5-23、24、25のように、施設内の専門職と連携して支援を実践していくことで、円滑に子育て支援が進んでいきます。日常的に専門職とコミュニケーションをはかり、情報の共有を行うことも大切です。

③ 個別対応職員

　虐待を受けた児童等の施設入所の増加に対応するため、被虐待児等の個別の対応が必要な児童への1対1の対応、保護者への援助等を行う職員を配置し、虐待を受けた児童等への対応の充実を図ることを目的として配置されている職員です。

④ 里親支援専門相談員

　児童養護施設および乳児院に地域の里親およびファミリーホームを支援する拠点としての機能をもたせ、児童相談所の里親担当職員、里親委託等推進員、里親会等と連携して、(a) 所属施設の入所児童の里親委託の推進、(b) 退所児童のアフターケアとしての里親支援、(c) 所属施設からの退所児童以外を含めた地域支援としての里親支援を行い、里親委託の推進及び里親支援の充実を図ることを目的として配置されている職員です。

事例5-24　予期しない妊娠

　サラは高校1年生の時にSNSで知り合った年上の男性と周囲には黙って交際するようになった。交際4か月目、サラは体調の異変に気付き妊娠が判明する。交際男性に相談するが、連絡が全く取れなくなる。誰にも相談できないまま、時間だけが過ぎていき、途方に暮れていたとき、偶然、電車の中でS.O.S妊娠相談（予期しない妊娠により悩みを抱えている人のための相談窓口）について知る。電話をかけて、様々な支援が受けられることがわかり、両親に話をした。サラの両親は共働きで経済的に厳しい状況にあり、サラの子どもを育てる援助は難しいことがわかった。サラも、高校を退学して中卒のまま、子育てをしていく将来を考えることは困難とのことで、出産後、赤ちゃんは乳児院に入所し、養子縁組を前提として里親委託を優先的に検討していくことが決まった。

　サラの出産した子どもが入所した乳児院では、里親支援専門相談員がおり、家庭支援専門相談員とも連携し、できるだけ早いうちに里親委託ができるように支援計画が立てられていった。

　予期しない妊娠が子どもの虐待につながる大きなリスク要因としてあげられることもあり、社会資源の一つとして妊娠SOS等の相談機関を知っておくことも必要です。また、この事例のように養子縁組や里親委託のケースも増加しています。国も社会的養護の在り方の見直しをはかり、里親委託の推進、特別養子縁組制度の強化等を行っています。

⑤ 医療的ケアを担当する職員（看護師）

　被虐待児や障害児等継続的な服薬管理などの医療的ケアおよび健康管理（以下「医療的ケア」という）を必要とする児童に対し、日常生活上の観察や体調把握、緊急時の対応などを行い医療的支援体制の強化を図ることを目的として配置されている職員です。なお、医療的ケアを担当する職員を配置する施設は、医療的ケアを必要

第 5 章　保育者の行う子育て支援とその実際（内容・方法・技術）

とする児童が 15 人以上入所している児童養護施設とされ、乳児院には、看護師が直接、子どもに関わる職員として配置がなされています。

⑥ 栄養士、調理員など

　子どもたちの健やかな発育、発達を促す食事の提供、社会的自立に向けた栄養、食生活支援につながる食育を推進する目的で栄養士が配置され、栄養士の考えた献立を調理するために調理員が施設には、配置されています。

事例 5-25　栄養士のアフターケア

　ハルカ（1 歳 3 か月）は、母親の病気治療のため、乳児院に生後すぐに入所。母親の体調が落ちついたので、家庭引き取りの準備を進めることになった。ハルカは、重度ではないが食物アレルギーがあり、施設では栄養士がきめ細かな対応を行っていた。ハルカの母親は、初産で育児に不慣れなこともあり、ハルカの食物アレルギーへの家庭での対応に大きな不安を抱えていた。それを聞いた栄養士が、施設でハルカが食べてきた食事の献立、レシピを書いたノートを作り、ハルカの母親に渡すことにした。家庭引き取りの後も、食事について相談があると栄養士に助言を求めてくるなど、アフターケアは継続されている。

（5）社会的養護の現場

　ここからは、社会的養護の中心的な現場としてあげられる施設、里親の概要と実践について事例を通して理解を深めていきます（事例にて既出の施設は概要のみの記載です）。

① 乳児院

　乳児院は、保護者の養育を受けられない乳幼児を養育する施設です。乳幼児の基本的な養育機能に加え、被虐待児・病児・障害児などに対応できる専門的養育機能を持ちます。

② 児童養護施設

　児童養護施設は、保護者のない児童や保護者に監護させることが適当でない児童に対し、安定した生活環境を整えるとともに、生活指導、学習指導、家庭環境の調整等を行いつつ養育を行い、児童の心身の健やかな成長とその自立を支援する機能をもちます。

③ 児童自立支援施設

　子どもの行動上の問題、とくに非行問題を中心に対応する児童自立支援施設は、

平成9年の児童福祉法改正により、「教護院」から名称を変更し、「家庭環境その他の環境上の理由により生活指導等を要する児童」も対象に加えました。通所、家庭環境の調整、地域支援、アフターケアなどの機能充実を図りつつ、非行ケースへの対応はもとより、他の施設では対応が難しくなったケースの受け皿としての役割を果たしています。

④ 児童心理治療施設（情緒障害児短期治療施設）

児童心理治療施設（情緒障害児短期治療施設）は、心理的・精神的問題を抱え日常生活の多岐にわたり支障をきたしている子どもたちに、医療的な観点から生活支援を基盤とした心理治療を行います。施設内の分級など学校教育との緊密な連携を図りながら、総合的な治療・支援を行います。またあわせて、その子どもの家族への支援を行います。比較的短期間（平均在園期間2年1か月）で治療し、家庭復帰や、里親・児童養護施設での養育につなぐ役割をもちます。また、通所部門をもち、在宅通所での心理治療等の機能をもつ施設です。

⑤ 母子生活支援施設

母子生活支援施設は、従来は、生活に困窮する母子家庭に住む場所を提供する施設であり、「母子寮」の名称でしたが、平成9年の児童福祉法改正で、施設の目的に「入所者の自立の促進のためにその生活を支援すること」を追加し、名称も変更されました。

近年では、DV被害者（入所理由が夫等の暴力）が入所者の約半数を占めています。また、精神障害や知的障害のある母や、発達障害など障害のある子どもも増加しています。「母子が一緒に生活しつつ、共に支援を受けることができる唯一の児童福祉施設」という特性を生かし、保護と自立支援の機能の充実が求められています。

一人ひとりの状況に合わせて支援をするのは、大変なことも多いですが、このように利用者自身が本来の力を取り戻して、自立をする意欲を引き出すエンパワメント実践が行えるよう、チームで連携し、支援を工夫していくことが大きな成果を生み、利用者の自立につながります。

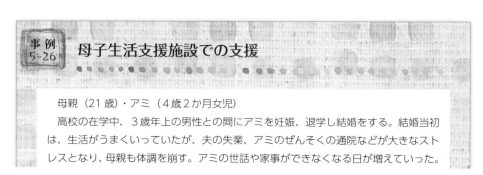

事例 5-26　母子生活支援施設での支援

母親（21歳）・アミ（4歳2か月女児）
　高校の在学中、3歳年上の男性との間にアミを妊娠、退学し結婚をする。結婚当初は、生活がうまくいっていたが、夫の失業、アミのぜんそくの通院などが大きなストレスとなり、母親も体調を崩す。アミの世話や家事ができなくなる日が増えていった。

第5章　保育者の行う子育て支援とその実際（内容・方法・技術）

このようなことも重なり、次第に夫婦仲が悪くなり、夫から暴言や暴力を受けるようになる。生活が苦しくなり、市役所に生活保護の相談に行った際に、トイレでドメスティック・バイオレンス（DV）の相談窓口案内のカードを目にする。生活保護申請が進まないことで、夫から激しく暴力を受け、アミにまで手をあげるようになったことで、DVの相談窓口とつながり、母子生活支援施設に入所することになった。アミは、同年齢の子どもたちにくらべても体がとても小さく、おむつもしていた。母親は、アミを4歳の現在も、"赤ちゃんのように育てている"状況だった。言葉かけは、すべて幼児語、食事も離乳食のままで、固形食の嚥下が十分にできない、排せつもおむつにしていた。母親は決して、ネグレクトしているわけではなく、アミの世話をむしろ一生懸命行っていた様子だった。

　保育者は、生活が落ち着いてきた3週間が過ぎたあたりで、母親とアミに園内保育の参加を促してみた。保育室に入室するまでにもかなりの時間を要した。2人は緊張した表情で保育室のほかの子どもたちや保育者の様子をうかがっていた。母親の担当保育者から引き継ぎを受けていた園内保育者が、緊張をときほぐすように側で雑談をしたり、子どもたちの相手をしたりして場に慣れることを優先し支援を行った。時間がたつにつれ、アミもおもちゃや絵本に興味をもち、母親と楽しむことができるようになった。ほかの子どもとの関わりもでき始める。母親は、アミがほかの子どもたちと関わることになじめない様子を示すこともあったが、アミの成長をうれしいと保育者に報告してくれるようになった。保育者と子どもの関わりを側で見ることで、母親とアミの関係にも変化が見られ、会話が幼児語でなくなり、排せつのトレーニングに積極的に取り組む様子が見られ始めた。

　側で、子育てモデルを見ながら、実践し、困ったときには手助けを得ながら母親とアミは課題をクリアしていった。入所して、半年が過ぎると、母親から高校卒業の資格を取得して、保育士の資格を取る学校に進学したいとの目標が聞かれるようになった。

⑥ 障害児入所施設

　障害児入所施設は、福祉型と医療型に分かれており、福祉型は、施設に入所している障害児に対して、保護、日常生活の指導および知識技能の付与を行う目的の施設です。また、医療型の障害児入所施設は、施設に入所または指定医療機関に入院している障害児に対して、保護、日常生活の指導および知識技能の付与並びに治療を行う目的の施設です。

7. 要保護児童等の家庭に対する支援

事例 5-27　障害児入所施設

　ソウタ（5歳6か月男児）は、児童養護施設から福祉型の障害児入所施設へ措置変更で入所してきた。ソウタは、2歳になったばかりのころ、父親の虐待が原因で知的障害と身体障害を負うことになった。両親も離婚、ソウタの養育を放棄、祖父母も高齢で支援を受けることが難しいため、将来の自立を考え措置変更となった。

　ソウタは、今後、家庭引き取りが困難なケースだったので、生活経験が豊かになるようにフレンドホーム（東京都が実施、施設で生活している子どもを、学校などがお休みの期間に、数日間預かる制度）を探し、交流をもつことになった。月に1度程度の交流から始まり、長期の休みには外泊もできるようになった。措置変更直後のソウタは、表情に乏しく、うつ傾向がみられ、体調不良が続いていた。

　フレンドホームとの交流が開始されてからは、活動や会話も増え、表情も明るくなっていった。

　この事例のように、虐待が要因となり、子どもが障害を負うケースも少なくありません。現在、障害児入所施設に入所している子どもの中に、出生時は健常であったが、虐待を受けたことで重度の障害を負うことになったケースが増加しているという調査結果があります。

　障害児入所施設は、障害がある子どもへの支援だけでなく、虐待を受けた子どもに対する支援、その保護者への支援も同時に求められるようになり、そこで働く保育者に求められる専門性が非常に高いものとなってきています。

事例 5-28　里親家庭で

　児童養護施設から里親の山村家へ委託されたサトル（小3男児）は、生後すぐに乳児院に預けられ、児童養護施設に移り生活をしていた。施設での生活が長かったため、里親家庭での生活に戸惑うことが多かった。里母が驚いたことの一つに、食事の習慣の違いがあった。夕飯に作った煮物をサトルが「おいしい、おいしい」と喜んでたくさん食べていたので、残っていた煮物を翌朝の食卓に並べ、サトルに食べるように促したところ、サトルが「ぼくのこと嫌いだから、ご飯ちゃんと作らないんでしょ！」と泣きながら怒り出し、口をきかなくなってしまった。困った里母が、この話をサトルの担当だった保育者にしたところ、サトルの怒った理由がわかってきた。サトルの

第5章　保育者の行う子育て支援とその実際（内容・方法・技術）

いた施設は大舎制で食堂に行きご飯を食べるため、その日の食事はその日のうちに食べ、残ったものが次の食事に出るようなことがない仕組みだった。サトルの今までの生活を考えると、食べ残しが出されたと感じてしまったと理解した里母が、「おいしいものは何回も食べたいし、食べてもらいたい、それに一晩寝かせた煮物は味がよくしみて一段とおいしいし、それを食べないなんてもったいないよ」と話し、施設と家庭での食事の管理の仕方の違いについて合わせて伝えたところ、自分のことが嫌いでそのようなことがされたわけではないことがわかったことと、ほんとうに煮物がおいしかったことがサトルの気持ちを動かし、わだかまりが解けた。サトルはその日の日記に、「一晩寝かせた煮物がこんなにおいしいなんて知らなかった」と書いていた。

　この事例のように、今後、施設から里親へ委託される子どもも増えていくでしょう。施設と里親が連携し、子どもの最善の利益が保障される支援が不可欠です。子どもがスムーズに里親家庭で生活することができるように里親と子どもの間に入り支援することも保育者の大切な役割です。子育て支援を多角的に解釈し、里親への支援も子育て支援と捉え実践していくことが必要でしょう。

コラム 保育者の心も体も大切にしよう！

　保育者の仕事は、人に関わることが仕事です。人に関わる仕事は、みなさんが考えている以上に子どもたちや関わる人たちからの影響を受けやすく、それらは、大きなやりがいにも、ストレスにもつながりやすいものです。このような福祉現場の対人援助職は、「感情労働者」と呼ばれています。アメリカの社会学者Ａ.Ｒ.ホックシールドによって提示された、働く人のあり方を示した概念です。このような労働には、人に関わることにより自分の感情のコントロールが求められ、ストレスを多く抱えやすいとされています。ストレスを抱えたまま働き続けることは、マルトリートメント（不適切な関わり）やバーンアウト（燃え尽き症候群）を招きやすくなります。せっかく資格を取り、現場に出るのですから、やりがいをもち心も体も健康に働き続けることができるように自分自身を大切にしていくことは、とても重要です。

　そこで、子育て支援を学ぶみなさんにお願いがあります！　できるだけたくさんのストレス解消法（心のトゲトゲを滑らかにする方法）を見つけておいて欲しいのです！　自分自身に余裕がなくなると、些細なことが気になってイライラ…そんな経験、みなさんもありますよね？

　生活の中に小さな喜びや発見を見いだす…たとえば、子どもたちの笑顔、成長、季節を感じる風、気持ちの良い日差し、夕暮れの景色、ひんやりとした夜の静けさ、入道雲、まっしろい雪、紅葉、きれいに咲く花や緑、輝く雨、虹…なんでもいいです!!

　心のトゲトゲを滑らかにする方法は、人それぞれです。おいしいものを食べる、きれいなものを観る、好きな音楽を聴く、好きな本を読む、友達とおしゃべりする、お気に入りの場所に出かける…好きなことを思うとき、自然と気持ちもほぐれていきますよね。

　たくさんの好きなことを見つけておいてくださいね。

　その心がけで、あなたも心も豊かになります！

　自分の好きなところを見つける、大切にできることは、人として、保育者として大きな強みであり、かけがえのない財産になります。

引用・参考文献

【全章にわたるもの】

厚生労働省「保育所保育指針」2017 年

厚生労働省 編『保育所保育指針解説 平成 30 年 3 月』フレーベル館、2018 年

文部科学省「幼稚園教育要領」2017 年

文部科学省『幼稚園教育要領解説 平成 30 年 3 月』フレーベル館、2018 年

内閣府・文部科学省・厚生労働省「幼保連携型認定こども園教育・保育要領」2017 年

内閣府・文部科学省・厚生労働省『幼保連携型認定こども園教育・保育要領解説 平成 30 年 3 月』
　フレーベル館、2018 年

■第 1 章

大嶋恭二・金子恵美 編著『保育相談支援』建帛社、2011 年

柏女霊峰・橋本真紀 編著『保育相談支援』ミネルヴァ書房、2011 年

西村重稀・青井夕貴 編『保育相談支援』中央法規出版、2015 年

田代節子『保育原理』近畿大学九州短期大学通信教育部、2012 年

森上史朗・小林紀子・若月芳浩　編『最新保育講座 保育原理』ミネルヴァ書房 2011 年

森上史朗・柏女霊峰　編『保育用語辞典 第 7 版』ミネルヴァ書房、2013 年

■第 2 章

網野武博『児童福祉学』中央法規出版、2002 年、p.80

ステファニー・フィーニィ、ドリス・クリステンセン、エヴァ・モラヴィック／ Who am I 研
　究会 訳『保育学入門―子どもたちと共に生きる保育者』ミネルヴァ書房、2010 年、p.15,
　pp.575-582

『改訂新版 世界大百科事典』平凡社、2014 年、ジャパンナレッジ (電子版)

『デジタル大辞泉』小学館、2012 年、ジャパンナレッジ (電子版)

『日本国語大辞典 第二版』、小学館、2000 年、ジャパンナレッジ (電子版)

『日本大百科全書』、小学館、2001 年、ジャパンナレッジ (電子版)

『ランダムハウス英和大辞典 第 2 版』小学館、1994 年、ジャパンナレッジ (電子版)

■第 3 章

伊藤友宣『「言いたいこと」が言える子に』PHP 研究所、2004 年

伊藤友宣『親とはなにか』中央公論社、1972 年

大豆生田啓友・太田光洋・森上史朗 編『よくわかる子育て支援・家族援助論』ミネルヴァ書房、
　2011 年

尾崎新 編『「現場」のちから』誠信書房、2002 年

柏女霊峰・橋本真紀『保育者の保護者支援―保育指導の原理と技術』フレーベル館、2008 年

Katz, G. L., "Talks with teachers of young children: A collection" Ablex, 1995

草野いづみ 編著『みんなで考える家族・家庭支援論』同文書院、2013 年

Kraut, R., Patterson, M., Lundmark, V., Kiesler, S., Mukopadhyay, T.,& Scherlis, W.'Internet
　paradox: A social technology that reduces social involvement and psychological well-
　being?' "American Psychologists" 1998, vol.53, No.9, 1017-1031

クロード・レヴィ＝ストロース／大橋保夫 訳『野生の思考』みすず書房、1976 年
柴崎正行 編著『実践例でわかる援助のポイント 100』フレーベル館、1994 年
新保育士養成講座編纂委員会 編『家庭支援論　家庭支援と保育相談支援』全国社会福祉協議会、
　2011 年
高山静子『環境構成の理論と実践－保育の専門性に基づいて』エイデル研究所、2014 年
戸田雅美・鳥海順子 編著『保育者論』相川書房、2000 年
パトリシア・ベナー／井部俊子 監訳『ベナー看護論 新訳版』医学書院、2005 年
平井信義『子ども中心保育のすべて』企画室、1994 年
マルティン・ハイデッガー／関口浩 訳『技術への問い』平凡社、2013 年
無藤隆・古賀松香『社会情動的スキルを育む「保育内容人間関係」』北大路書房、2016 年
矢藤誠慈郎『保育の質を高めるチームづくり』わかば社、2017 年
山田敏『遊びと教育』明治図書、1994 年

■第 4 章

池田徳子・梁取礼子「津波、そして避難所として」『保育の友』全国社会福祉協議会、2011 年 12 月号、
　pp.13-14
大塚達雄・硯川真旬・黒木保博 編著『グループワーク論』ミネルヴァ書房、1986 年
尾崎新『社会福祉援助技術演習』誠信書房、1992 年
古川孝順『社会福祉の運営』有斐閣、2004 年
武田建・立木茂雄『親と子の行動ケースワーク』ミネルヴァ書房、1981 年
直島正樹・原田旬哉 編著『図解で学ぶ保育 社会福祉』萌文書林、2015 年
ルーシー・A・サッチマン／佐伯胖 監訳 上野直樹 , 水川喜文 , 鈴木栄幸 訳『プランと状況的行為』
　産業図書、1999 年

■第 5 章

青木久子・間藤侑・河邉貴子『子ども理解とカウンセリングマインド 第 4 版』萌文書林、2018
　年
阿部和子『子どもの心の育ち－ 0 歳から 3 歳』萌文書林、2002 年
阿部和子『乳児保育－子どもの豊かな育ちを求めて』萌文書林、2009 年
阿部和子・前原寛 編著『保育課程の研究－子ども主体の保育の実践を求めて』萌文書林、2009
　年
石崎朝世 監修・著『多動な子どもへの教育・指導』明石書店、2001 年
岩間伸之『逐語で学ぶ 21 の技法　対人援助のための相談面接技術』中央法規、2008、pp.32-
　72
ヴァスデヴィ・レディ／佐伯胖訳『驚くべき乳幼児の心の世界』ミネルヴァ書房、2015 年
NPO 法人社会的養護の当事者参加推進団体 日向ぼっこ 編著『施設で育った子どもたちの居場所
　「日向ぼっこ」と社会的養護』明石書店、2009 年
エリック・ショプラー／佐々木正美 監修『自閉症の療育者　TEACCH プログラムの教育研修』
　神奈川県児童医療福祉財団、1990 年
大嶋恭二・金子恵美 編著『保育相談支援』建帛社、2011 年
大場幸夫『こどもの傍らに在ることの意味－保育臨床論考』萌文書林、2007 年
大場牧夫『表現原論－幼児の「あらわし」と領域「表現」』萌文書林、2009 年

引用・参考文献

小保内俊雄・五島弘樹・遠藤郁夫・帆足英一・仁志田博司「保育施設内で発生した死亡事案」『日本小児科学会雑誌』118（11）日本小児科学会 、2014年、pp.1628-1635
笠師千恵・小橋明子『相談援助　保育相談支援』中山書店、2014年
柏女霊峰・山縣文治 編『家族援助論』ミネルヴァ書房、2002年
神奈川県ホームページ　児童虐待早期発見に関するチェックリストの紹介　2009年
http://www.pref.kanagawa.jp/docs/w6j/gyakutaitaisakusienka/soukihakken.html（2018/9/13）
カフカヤマモト『家族ほど笑えるものはない』KADOKAWA、2017年
久保田競『脳の発達と子どものからだ』築地書館、1981年
厚生労働省　社会的養護の施設等について
http://www.mhlw.go.jp/stf/seisakunitsuite/bunya/kodomo/kodomo_kosodate/syakaiteki_yougo/01.html（2018/9/13）
厚生労働省『児童福祉法施行規則等の一部を改正する省令（平成28年厚生労働省令第141号）』2019年
厚生労働省『保育所における感染症対策ガイドライン（2018年改訂版）』2018年
https://www.mhlw.go.jp/file/06-Seisakujouhou-11900000-Koyoukintoujidoukateikyoku/0000201596.pdf（2018/9/13）
厚生労働省新たな社会的養育の在り方に関する検討会『新しい社会的養育ビジョン』2017年
厚生労働省親子関係再構築支援ワーキンググループ『社会的養護関係施設における親子関係再構築支援ガイドライン（平成26年3月）』2014年
厚生労働省子ども家庭局家庭福祉課『社会的養育の推進に向けて（平成29年12月）』2017年
厚生労働省雇用均等・児童家庭局『平成25年 児童養護施設入所児童等調査結果』2013年
厚生労働省ホームページ　社会的養護とは
http://www.mhlw.go.jp/stf/seisakunitsuite/bunya/kodomo/kodomo_kosodate/syakaiteki_yougo/index.html（2018/9/13）
厚生労働省ホームページ　「母子健康手帳について」
https://www.mhlw.go.jp/stf/seisakunitsuite/bunya/kodomo/kodomo_kosodate/boshi-hoken/kenkou-04.html（2018/9/13）
巷野悟郎　監修 日本保育園保健協議会 編『最新保育保健の基礎知識　第8版改訂』日本小児医事出版社、2013年
小林育子『演習 保育相談支援』萌文書林、2018年
斎藤学『子供の愛し方がわからない親たち』講談社、1992年
佐伯胖 編『共感　育ちあう保育のなかで』ミネルヴァ書房、2007、p.24
ジェズ・オールバラ作・絵『ぎゅっ』徳間書店、2011年
庄司順一『保育の周辺』明石書店、2008年
新保育士養成講座編纂委員会 編『家庭支援論　家庭支援と保育相談支援』全国社会福祉協議会、2011年
高橋京子『決定版！12か月の自然あそび87』新星出版社、2017年
坪井瞳「児童養護施設の就学前教育機関利用をめぐる様相―「児童養護施設の幼児の生活実態調査・2015」の分析を通して」『子ども社会研究』第23号、日本子ども社会学会、2017年、pp.87-110
桐朋幼稚園『桐朋幼稚園の教育－幼児の生活とカリキュラム』2009年

内閣府子ども・子育て本部ホームページ　子ども・子育て支援新制度について
http://www8.cao.go.jp/shoushi/shinseido/outline/pdf/setsumei.pdf （2018.9.13)
内閣府男女共同参画局ホームページ　配偶者からの暴力被害者支援情報
http://www.gender.go.jp/policy/no_violence/e-vaw/index.html （2018/9/13)
内閣府ホームページ「教育・保育施設等における事故防止及び事故発生時の対応のためのガイド
　ライン【事故防止のための取組み】〜施設・事業者向け〜」2016 年
http://www8.cao.go.jp/shoushi/shinseido/meeting/kyouiku_hoiku/pdf/guideline1.pdf
　（2018.9.13)
中沢和子『新訂 子どもと環境』萌文書林、2008 年
長島和代 編『わかる・書ける・使える保育の基本用語』わかば社、2017 年
難病情報センターホームページ
http://www.nanbyou.or.jp/entry/112 （2018/09/13)
西村章次『実践と発達の診断　障害児の発達と育児・保育・教育実践』ぶどう社、1979 年
F.P. バイステック／尾崎新・福田俊子・原田和幸 訳『ケースワークの原則』誠信書房、2006年
　p.33、51、74、105、140、159、189
平井信義・本吉圓子『いじめと幼児期の子育て−親・保育者の責任と役割』萌文書林、1996 年
ベネッセ「第 2 回乳幼児の親子のメディア活用調査」
https://berd.benesse.jp/up_images/publicity/press_release20171016_2media.pdf
　（2018/9/13)
萌文書林編集部編 『子どもに伝えたい年中行事・記念日』萌文書林、2015 年
A. R. ホックシールド／石川准・室伏亜希 訳『管理される心—感情が商品になるとき』世界思想社、
　2000 年
まつおかりかこ 作『たからもののあなた』岩崎書店、2017 年
無藤隆『幼児教育のデザイン』東京大学出版会、2013 年
無藤隆・汐見稔幸・砂上史子『ここがポイント！3 法令ガイドブック』フレーベル館、2017 年
望月嵩・本村汎『現代家族の危機』有斐閣、1980 年
森上史朗 編著『情緒障害児の保育』医歯薬出版、1982 年
森上史朗・柏女霊峰『保育用語辞典［第 7 版］』ミネルヴァ書房、2013 年、pp.230-231
山縣文治・柏女霊峰編集委員代表『社会福祉用語辞典［第 9 版]』ミネルヴァ書房、2013 年、
　pp.162-163
レイチェル・カーソン／上遠恵子 訳 森本二太郎 写真『センス・オブ・ワンダー』新潮社、1999
　年

法資料

児童の権利条約（児童の権利に関する条約）
(抄)（外務省訳、1994年批准）

第1部

第1条 （児童の定義）
　この条約の適用上、児童とは、18歳未満のすべての者をいう。ただし、当該児童で、その者に適用される法律によりより早く成年に達したものを除く。

第2条 （差別の禁止）
1　締約国は、その管轄の下にある児童に対し、児童又はその父母若しくは法定保護者の人種、皮膚の色、性、言語、宗教、政治的意見その他の意見、国民的、種族的若しくは社会的出身、財産、心身障害、出生又は他の地位にかかわらず、いかなる差別もなしにこの条約に定める権利を尊重し、及び確保する。
2　締約国は、児童がその父母、法定保護者又は家族の構成員の地位、活動、表明した意見又は信念によるあらゆる形態の差別又は処罰から保護されることを確保するためのすべての適当な措置をとる。

第3条 （児童に対する措置の原則）
1　児童に関するすべての措置をとるに当たっては、公的若しくは私的な社会福祉施設、裁判所、行政当局又は立法機関のいずれによって行われるものであっても、児童の最善の利益が主として考慮されるものとする。
2　締約国は、児童の父母、法定保護者又は児童について法的に責任を有する他の者の権利及び義務を考慮に入れて、児童の福祉に必要な保護及び養護を確保することを約束し、このため、すべての適当な立法上及び行政上の措置をとる。
3　締約国は、児童の養護又は保護のための施設、役務の提供及び設備が、特に安全及び健康の分野に関し並びにこれらの職員の数及び適格性並びに適正な監督に関し権限のある当局の設定した基準に適合することを確保する。

第4条 （締約国の義務）
　締約国は、この条約において認められる権利の実現のため、すべての適当な立法措置、行政措置その他の措置を講ずる。締約国は、経済的、社会的及び文化的権利に関しては、自国における利用可能な手段の最大限の範囲内で、また、必要な場合には国際協力の枠内で、これらの措置を講ずる。

第5条 （父母等の責任、権利及び義務の尊重）
　締約国は、児童がこの条約において認められる権利を行使するに当たり、父母若しくは場合により地方の慣習により定められている大家族若しくは共同体の構成員、法定保護者又は児童について法的に責任を有する他の者がその児童の発達しつつある能力に適合する方法で適当な指示及び指導を与える責任、権利及び義務を尊重する。

第6条 （生命に対する固有の権利）
1　締約国は、すべての児童が生命に対する固有の権利を有することを認める。
2　締約国は、児童の生存及び発達を可能な最大限の範囲において確保する。

第7条 （登録、氏名及び国籍等に関する権利）
1　児童は、出生の後直ちに登録される。児童は、出生の時から氏名を有する権利及び国籍を取得する権利を有するものとし、また、できる限りその父母を知りかつその父母によって養育される権利を有する。
2　締約国は、特に児童が無国籍となる場合を含めて、国内法及びこの分野における関連する国際文書に基づく自国の義務に従い、1の権利の実現を確保する。

第8条 （国籍等身元関係事項を保持する権利）
1　締約国は、児童が法律によって認められた国籍、氏名及び家族関係を含むその身元関係事項について不法に干渉されることなく保持する権利を尊重することを約束する。
2　締約国は、児童がその身元関係事項の一部又は全部を不法に奪われた場合には、その身元関係事項を速やかに回復するため、適当な援助及び保護を与える。

第12条 （意見を表明する権利）
1　締約国は、自己の意見を形成する能力のある児童がその児童に影響を及ぼすすべての事項について自由に自己の意見を表明する権利を確保する。この場合において、児童の意見は、その児童の年齢及び成熟度に従って相応に考慮されるものとする。
2　このため、児童は、特に、自己に影響を及ぼすあらゆる司法上及び行政上の手続において、国内法の手続規則に合致する方法により直接に

又は代理人若しくは適当な団体を通じて聴取される機会を与えられる。

第13条（表現の自由）

1　児童は、表現の自由についての権利を有する。この権利には、口頭、手書き若しくは印刷、芸術の形態又は自ら選択する他の方法により、国境とのかかわりなく、あらゆる種類の情報及び考えを求め、受け及び伝える自由を含む。

2　1の権利の行使については、一定の制限を課することができる。ただし、その制限は、法律によって定められ、かつ、次の目的のために必要とされるものに限る。

(a)　他の者の権利又は信用の尊重

(b)　国の安全、公の秩序又は公衆の健康若しくは道徳の保護

第14条（思想、良心及び宗教の自由）

1　締約国は、思想、良心及び宗教の自由についての児童の権利を尊重する。

2　締約国は、児童が1の権利を行使するに当たり、父母及び場合により法定保護者が児童に対しその発達しつつある能力に適合する方法で指示を与える権利及び義務を尊重する。

3　宗教又は信念を表明する自由については、法律で定める制限であって公共の安全、公の秩序、公衆の健康若しくは道徳又は他の者の基本的な権利及び自由を保護するために必要なもののみを課することができる。

第15条（結社及び集会の自由）

1　締約国は、結社の自由及び平和的な集会の自由についての児童の権利を認める。

2　1の権利の行使については、法律で定める制限であって国の安全若しくは公共の安全、公の秩序、公衆の健康若しくは道徳の保護又は他の者の権利及び自由の保護のため民主的社会において必要なもの以外のいかなる制限も課することができない。

第16条（私生活等に対する不法な干渉からの保護）

1　いかなる児童も、その私生活、家族、住居若しくは通信に対して恣意的に若しくは不法に干渉され又は名誉及び信用を不法に攻撃されない。

2　児童は、1の干渉又は攻撃に対する法律の保護を受ける権利を有する。

第17条（多様な情報源からの情報及び資料の利用）

締約国は、大衆媒体（マス・メディア）の果たす重要な機能を認め、児童が国の内外の多様な情報源からの情報及び資料、特に児童の社会面、精神面及び道徳面の福祉並びに心身の健康の促進を目的とした情報及び資料を利用することができることを確保する。このため、締約国は、

(a)　児童にとって社会面及び文化面において有益であり、かつ、第29条の精神に沿う情報及び資料を大衆媒体（マス・メディア）が普及させるよう奨励する。

(b)　国の内外の多様な情報源（文化的にも多様な情報源を含む。）からの情報及び資料の作成、交換及び普及における国際協力を奨励する。

(c)　児童用書籍の作成及び普及を奨励する。　(d)少数集団に属し又は原住民である児童の言語上の必要性について大衆媒体（マス・メディア）が特に考慮するよう奨励する。

(e)　第13条及び次条の規定に留意して、児童の福祉に有害な情報及び資料から児童を保護するための適当な指針を発展させることを奨励する。

第18条（児童の養育及び発達についての父母の責任と国の援助）

1　締約国は、児童の養育及び発達について父母が共同の責任を有するという原則についての認識を確保するために最善の努力を払う。父母又は場合により法定保護者は、児童の養育及び発達についての第一義的な責任を有する。児童の最善の利益は、これらの者の基本的な関心事項となるものとする。

2　締約国は、この条約に定める権利を保障し及び促進するため、父母及び法定保護者が児童の養育についての責任を遂行するに当たりこれらの者に対して適当な援助を与えるものとし、また、児童の養護のための施設、設備及び役務の提供の発展を確保する。

3　締約国は、父母が働いている児童が利用する資格を有する児童の養護のための役務の提供及び設備からその児童が便益を受ける権利を有することを確保するためのすべての適当な措置をとる。

第19条（監護を受けている間における虐待からの保護）

1　締約国は、児童が父母、法定保護者又は児童を監護する他の者による監護を受けている間において、あらゆる形態の身体的若しくは精神的

法資料

な暴力、傷害若しくは虐待、放置若しくは怠慢
な取扱い、不当な取扱い又は搾取（性的虐待を
含む。）からその児童を保護するためすべての適
当な立法上、行政上、社会上及び教育上の措置
をとる。

2　1の保護措置には、適当な場合には、児童及
び児童を監護する者のために必要な援助を与え
る社会的計画の作成その他の形態による防止の
ための効果的な手続並びに1に定める児童の不
当な取扱いの事件の発見、報告、付託、調査、
処置及び事後措置並びに適当な場合には司法の
関与に関する効果的な手続を含むものとする。

**第 20 条（家庭環境を奪われた児童等に対する保
護及び援助）**

1　一時的若しくは恒久的にその家庭環境を奪わ
れた児童又は児童自身の最善の利益にかんがみ
その家庭環境にとどまることが認められない児
童は、国が与える特別の保護及び援助を受ける
権利を有する。

2　締約国は、自国の国内法に従い、1の児童のた
めの代替的な監護を確保する。

3　2の監護には、特に、里親委託、イスラム法
のカファーラ、養子縁組又は必要な場合には児
童の監護のための適当な施設への収容を含むこ
とができる。解決策の検討に当たっては、児童
の養育において継続性が望ましいこと並びに児
童の種族的、宗教的、文化的及び言語的な背景
について、十分な考慮を払うものとする。

**第 23 条（心身障害を有する児童に対する特別の
養護及び援助）**

1　締約国は、精神的又は身体的な障害を有する
児童が、その尊厳を確保し、自立を促進し及び
社会への積極的な参加を容易にする条件の下で
十分かつ相応な生活を享受すべきであることを
認める。

2　締約国は、障害を有する児童が特別の養護に
ついての権利を有することを認めるものとし、
利用可能な手段の下で、申込みに応じた、かつ、
当該児童の状況及び父母又は当該児童を養護し
ている他の者の事情に適した援助を、これを受
ける資格を有する児童及びこのような児童の養
護について責任を有する者に与えることを奨励
し、かつ、確保する。

3　障害を有する児童の特別な必要を認めて、2の
規定に従って与えられる援助は、父母又は当該

児童を養護している他の者の資力を考慮して可
能な限り無償で与えられるものとし、かつ、障
害を有する児童が可能な限り社会への統合及び
個人の発達（文化的及び精神的な発達を含む。）
を達成することに資する方法で当該児童が教育、
訓練、保健サービス、リハビリテーション・サー
ビス、雇用のための準備及びレクリエーション
の機会を実質的に利用し及び享受することがで
きるように行われるものとする。

4　締約国は、国際協力の精神により、予防的な
保健並びに障害を有する児童の医学的、心理学
的及び機能的治療の分野における適当な情報の
交換（リハビリテーション、教育及び職業サー
ビスの方法に関する情報の普及及び利用を含
む。）であってこれらの分野における自国の能力
及び技術を向上させ並びに自国の経験を広げる
ことができるようにすることを目的とするもの
を促進する。これに関しては、特に、開発途上
国の必要を考慮する。

第 24 条（健康を享受すること等についての権利）

1　締約国は、到達可能な最高水準の健康を享受
すること並びに病気の治療及び健康の回復のた
めの便宜を与えられることについての児童の権
利を認める。締約国は、いかなる児童もこのよ
うな保健サービスを利用する権利が奪われない
ことを確保するために努力する。

2　締約国は、1の権利の完全な実現を追求するも
のとし、特に、次のことのための適当な措置を
とる。

(a)　幼児及び児童の死亡率を低下させること。

(b)　基礎的な保健の発展に重点を置いて必要な
医療及び保健をすべての児童に提供することを
確保すること。

(c)　環境汚染の危険を考慮に入れて、基礎的な
保健の枠組みの範囲内で行われることを含めて、
特に容易に利用可能な技術の適用により並びに
十分に栄養のある食物及び清潔な飲料水の供給
を通じて、疾病及び栄養不良と闘うこと。

(d)　母親のための産前産後の適当な保健を確保
すること。

(e)　社会のすべての構成員特に父母及び児童
が、児童の健康及び栄養、母乳による育児の利点、
衛生（環境衛生を含む。）並びに事故の防止につ
いての基礎的な知識に関して、情報を提供され、
教育を受ける機会を有し及びその知識の使用に

ついて支援されることを確保すること。(f) 予防的な保健、父母のための指導並びに家族計画に関する教育及びサービスを発展させること。

3 締約国は、児童の健康を害するような伝統的な慣行を廃止するため、効果的かつ適当なすべての措置をとる。

4 締約国は、この条において認められる権利の完全な実現を漸進的に達成するため、国際協力を促進し及び奨励することを約束する。これに関しては、特に、開発途上国の必要を考慮する。

第28条（教育についての権利）

1 締約国は、教育についての児童の権利を認めるものとし、この権利を漸進的にかつ機会の平等を基礎として達成するため、特に、

(a) 初等教育を義務的なものとし、すべての者に対して無償のものとする。

(b) 種々の形態の中等教育（一般教育及び職業教育を含む。）の発展を奨励し、すべての児童に対し、これらの中等教育が利用可能であり、かつ、これらを利用する機会が与えられるものとし、例えば、無償教育の導入、必要な場合における財政的援助の提供のような適当な措置をとる。

(c) すべての適当な方法により、能力に応じ、すべての者に対して高等教育を利用する機会が与えられるものとする。

(d) すべての児童に対し、教育及び職業に関する情報及び指導が利用可能であり、かつ、これらを利用する機会が与えられるものとする。

(e) 定期的な登校及び中途退学率の減少を奨励するための措置をとる。

2 締約国は、学校の規律が児童の人間の尊厳に適合する方法で及びこの条約に従って運用されることを確保するためのすべての適当な措置をとる。

3 締約国は、特に全世界における無知及び非識字の廃絶に寄与し並びに科学上及び技術上の知識並びに最新の教育方法の利用を容易にするため、教育に関する事項についての国際協力を促進し、及び奨励する。これに関しては、特に、開発途上国の必要を考慮する。

第29条（教育の目的）

1 締約国は、児童の教育が次のことを指向すべきことに同意する。

(a) 児童の人格、才能並びに精神的及び身体的な能力をその可能な最大限度まで発達させること。

(b) 人権及び基本的自由並びに国際連合憲章にうたう原則の尊重を育成すること。

(c) 児童の父母、児童の文化的同一性、言語及び価値観、児童の居住国及び出身国の国民的価値観並びに自己の文明と異なる文明に対する尊重を育成すること。

(d) すべての人民の間の、種族的、国民的及び宗教的集団の間の並びに原住民である者の理解、平和、寛容、両性の平等及び友好の精神に従い、自由な社会における責任ある生活のために児童に準備させること。

(e) 自然環境の尊重を育成すること。

2 この条又は前条のいかなる規定も、個人及び団体が教育機関を設置し及び管理する自由を妨げるものと解してはならない。ただし、常に、1に定める原則が遵守されること及び当該教育機関において行われる教育が国によって定められる最低限度の基準に適合することを条件とする。

第31条（休息、余暇及び文化的生活に関する権利）

1 締約国は、休息及び余暇についての児童の権利並びに児童がその年齢に適した遊び及びレクリエーションの活動を行い並びに文化的な生活及び芸術に自由に参加する権利を認める。

2 締約国は、児童が文化的及び芸術的な生活に十分に参加する権利を尊重しかつ促進するものとし、文化的及び芸術的な活動並びにレクリエーション及び余暇の活動のための適当かつ平等な機会の提供を奨励する。

第34条（性的搾取、虐待からの保護）

締約国は、あらゆる形態の性的搾取及び性的虐待から児童を保護することを約束する。このため、締約国は、特に、次のことを防止するためのすべての適当な国内、二国間及び多数国間の措置をとる。

(a) 不法な性的な行為を行うことを児童に対して勧誘し又は強制すること。

(b) 売春又は他の不法な性的な業務において児童を搾取的に使用すること。

(c) わいせつな演技及び物において児童を搾取的に使用すること。

第35条（児童の誘拐、売買等からの保護）

締約国は、あらゆる目的のための又はあらゆる形態の児童の誘拐、売買又は取引を防止するためのすべての適当な国内、二国間及び多数国間の措置をとる。

法資料

児童福祉法（抄）（平成29年6月23日公布《平成29年法律第71号》改正）

第1章　総則

第1条　全て児童は、児童の権利に関する条約の精神にのつとり、適切に養育されること、その生活を保障されること、愛され、保護されること、その心身の健やかな成長及び発達並びにその自立が図られることその他の福祉を等しく保障される権利を有する。

第2条　全て国民は、児童が良好な環境において生まれ、かつ、社会のあらゆる分野において、児童の年齢及び発達の程度に応じて、その意見が尊重され、その最善の利益が優先して考慮され、心身ともに健やかに育成されるよう努めなければならない。

2　児童の保護者は、児童を心身ともに健やかに育成することについて第一義的責任を負う。

3　国及び地方公共団体は、児童の保護者とともに、児童を心身ともに健やかに育成する責任を負う。

第3条　前二条に規定するところは、児童の福祉を保障するための原理であり、この原理は、すべて児童に関する法令の施行にあたつて、常に尊重されなければならない。

第1節　国及び地方公共団体の責務

第3条の2　国及び地方公共団体は、児童が家庭において心身ともに健やかに養育されるよう、児童の保護者を支援しなければならない。ただし、児童及びその保護者の心身の状況、これらの者の置かれている環境その他の状況を勘案し、児童を家庭において養育することが困難であり又は適当でない場合にあつては児童が家庭における養育環境と同様の養育環境において継続的に養育されるよう、児童を家庭及び当該養育環境において養育することが適当でない場合にあつては児童ができる限り良好な家庭的環境において養育されるよう、必要な措置を講じなければならない。

第3条の3　市町村（特別区を含む。以下同じ。）は、児童が心身ともに健やかに育成されるよう、基礎的な地方公共団体として、第十条第一項各号に掲げる業務の実施、障害児通所給付費の支給、第二十四条第一項の規定による保育の実施その他この法律に基づく児童の身近な場所における児童の福祉に関する支援に係る業務を適切に行わなければならない。（以下、2、3略）

第2節　定義

第4条　この法律で、児童とは、満十八歳に満たない者をいい、児童を左のように分ける。

一　乳児　満一歳に満たない者

二　幼児　満一歳から、小学校就学の始期に達するまでの者

三　少年　小学校就学の始期から、満十八歳に達するまでの者

○2　この法律で、障害児とは、身体に障害のある児童、知的障害のある児童、精神に障害のある児童（発達障害者支援法（平成十六年法律第百六十七号）第二条第二項に規定する発達障害児を含む。）又は治療方法が確立していない疾病その他の特殊の疾病であつて障害者の日常生活及び社会生活を総合的に支援するための法律（平成十七年法律第百二十三号）第四条第一項の政令で定めるものによる障害の程度が同項の厚生労働大臣が定める程度である児童をいう。

第5条　この法律で、妊産婦とは、妊娠中又は出産後一年以内の女子をいう。

第6条　この法律で、保護者とは、第十九条の三、第五十七条の三第二項、第五十七条の三の三第二項及び第五十七条の四第二項を除き、親権を行う者、未成年後見人その他の者で、児童を現に監護する者をいう。

第6条の3　（1、8略）

○2　この法律で、放課後児童健全育成事業とは、小学校に就学している児童であつて、その保護者が労働等により昼間家庭にいないものに、授業の終了後に児童厚生施設等の施設を利用して適切な遊び及び生活の場を与えて、その健全な育成を図る事業をいう。

○3　この法律で、子育て短期支援事業とは、保護者の疾病その他の理由により家庭において養育を受けることが一時的に困難となつた児童について、厚生労働省令で定めるところにより、児童養護施設その他の厚生労働省令で定める施設に入所させ、その者につき必要な保護を行う事業をいう。

○4　この法律で、乳児家庭全戸訪問事業とは、一の市町村の区域内における原則として全ての乳児のいる家庭を訪問することにより、厚生労働省令で定めるところにより、子育てに関する情報の提供並びに乳児及びその保護者の心身の状況及び養育環境の把握を行うほか、養育につ

いての相談に応じ、助言その他の援助を行う事業をいう。

○5　この法律で、養育支援訪問事業とは、厚生労働省令で定めるところにより、乳児家庭全戸訪問事業の実施その他により把握した保護者の養育を支援することが特に必要と認められる児童（第八項に規定する要保護児童に該当するものを除く。以下「要支援児童」という。）若しくは保護者に監護させることが不適当であると認められる児童及びその保護者又は出産後の養育について出産前において支援を行うことが特に必要と認められる妊婦（以下「特定妊婦」という。）（以下「要支援児童等」という。）に対し、その養育が適切に行われるよう、当該要支援児童等の居宅において、養育に関する相談、指導、助言その他必要な支援を行う事業をいう。

○6　この法律で、地域子育て支援拠点事業とは、厚生労働省令で定めるところにより、乳児又は幼児及びその保護者が相互の交流を行う場所を開設し、子育てについての相談、情報の提供、助言その他の援助を行う事業をいう。

○7　この法律で、一時預かり事業とは、家庭において保育（養護及び教育（第三十九条の二第一項に規定する満三歳以上の幼児に対する教育を除く。）を行うことをいう。以下同じ。）を受けることが一時的に困難となつた乳児又は幼児について、厚生労働省令で定めるところにより、主として昼間において、保育所、認定こども園（就学前の子どもに関する教育、保育等の総合的な提供の推進に関する法律（平成十八年法律第七十七号。以下「認定こども園法」という。）第二条第六項に規定する認定こども園をいい、保育所であるものを除く。第二十四条第二項を除き、以下同じ。）その他の場所において、一時的に預かり、必要な保護を行う事業をいう。

○9　この法律で、家庭的保育事業とは、次に掲げる事業をいう。

一　子ども・子育て支援法（平成二十四年法律第六十五号）第十九条第一項第二号の内閣府令で定める事由により家庭において必要な保育を受けることが困難である乳児又は幼児（以下「保育を必要とする乳児・幼児」という。）であつて満三歳未満のものについて、家庭的保育者（市町村長（特別区の区長を含む。以下同じ。）が行う研修を修了した保育士その他の厚生労働省令

で定める者であつて、当該保育を必要とする乳児・幼児の保育を行う者として市町村長が適当と認めるものをいう。以下同じ。）の居宅その他の場所（当該保育を必要とする乳児・幼児の居宅を除く。）において、家庭的保育者による保育を行う事業（利用定員が五人以下であるものに限る。次号において同じ。）

二　満三歳以上の幼児に係る保育の体制の整備の状況その他の地域の事情を勘案して、保育が必要と認められる児童であつて満三歳以上のものについて、家庭的保育者の居宅その他の場所（当該保育が必要と認められる児童の居宅を除く。）において、家庭的保育者による保育を行う事業

○10　この法律で、小規模保育事業とは、次に掲げる事業をいう。

一　保育を必要とする乳児・幼児であつて満三歳未満のものについて、当該保育を必要とする乳児・幼児を保育することを目的とする施設（利用定員が六人以上十九人以下であるものに限る。）において、保育を行う事業

二　満三歳以上の幼児に係る保育の体制の整備の状況その他の地域の事情を勘案して、保育が必要と認められる児童であつて満三歳以上のものについて、前号に規定する施設において、保育を行う事業

○11　この法律で、居宅訪問型保育事業とは、次に掲げる事業をいう。

一　保育を必要とする乳児・幼児であつて満三歳未満のものについて、当該保育を必要とする乳児・幼児の居宅において家庭的保育者による保育を行う事業

二　満三歳以上の幼児に係る保育の体制の整備の状況その他の地域の事情を勘案して、保育が必要と認められる児童であつて満三歳以上のものについて、当該保育が必要と認められる児童の居宅において家庭的保育者による保育を行う事業

○12　この法律で、事業所内保育事業とは、次に掲げる事業をいう。

一　保育を必要とする乳児・幼児であつて満三歳未満のものについて、次に掲げる施設において、保育を行う事業

イ　事業主がその雇用する労働者の監護する乳児若しくは幼児及びその他の乳児若しくは幼児を保育するために自ら設置する施設又は事業主か

法資料

ら委託を受けて当該事業主が雇用する労働者の
監護する乳児若しくは幼児及びその他の乳児若
しくは幼児の保育を実施する施設

ロ　事業主団体がその構成員である事業主の雇用
する労働者の監護する乳児若しくは幼児及びそ
の他の乳児若しくは幼児を保育するために自ら
設置する施設又は事業主団体から委託を受けて
その構成員である事業主の雇用する労働者の監
護する乳児若しくは幼児及びその他の乳児若し
くは幼児の保育を実施する施設

ハ　地方公務員等共済組合法（昭和三十七年法律
第百五十二号）の規定に基づく共済組合その他
の厚生労働省令で定める組合（以下ハにおいて
「共済組合等」という。）が当該共済組合等の構
成員として厚生労働省令で定める者（以下ハに
おいて「共済組合等の構成員」という。）の監護
する乳児若しくは幼児及びその他の乳児若しく
は幼児を保育するために自ら設置する施設又は
共済組合等から委託を受けて当該共済組合等の
構成員の監護する乳児若しくは幼児及びその他
の乳児若しくは幼児の保育を実施する施設

二　満三歳以上の幼児に係る保育の体制の整備の
状況その他の地域の事情を勘案して、保育が必
要と認められる児童であつて満三歳以上のもの
について、前号に規定する施設において、保育
を行う事業

○13　この法律で、病児保育事業とは、保育を必
要とする乳児・幼児又は保護者の労働若しくは
疾病その他の事由により家庭において保育を受
けることが困難となつた小学校に就学している
児童であつて、疾病にかかつているものについ
て、保育所、認定こども園、病院、診療所その
他厚生労働省令で定める施設において、保育を
行う事業をいう。

○14　この法律で、子育て援助活動支援事業とは、
厚生労働省令で定めるところにより、次に掲げ
る援助のいずれか又は全てを受けることを希望
する者と当該援助を行うことを希望する者（個
人に限る。以下この項において「援助希望者」
という。）との連絡及び調整並びに援助希望者へ
の講習の実施その他の必要な支援を行う事業を
いう。

一　児童を一時的に預かり、必要な保護（宿泊を
伴つて行うものを含む。）を行うこと。

二　児童が円滑に外出することができるよう、そ

の移動を支援すること。

第7節　保育士

第18条の4　この法律で、保育士とは、第十八
条の十八第一項の登録を受け、保育士の名称を用い
て、専門的知識及び技術をもつて、児童の保育及び
児童の保護者に対する保育に関する指導を行うこと
を業とする者をいう。

第18条の21　保育士は、保育士の信用を傷つ
けるような行為をしてはならない。

第18条の22　保育士は、正当な理由がなく、
その業務に関して知り得た人の秘密を漏らしてはな
らない。保育士でなくなつた後においても、同様と
する。

第2章　福祉の保障
第2節　居宅生活の支援
第6款　子育て支援事業

第21条の8　市町村は、次条に規定する子育て
支援事業に係る福祉サービスその他地域の実情に応
じたきめ細かな福祉サービスが積極的に提供され、
保護者が、その児童及び保護者の心身の状況、これ
らの者の置かれている環境その他の状況に応じて、
当該児童を養育するために最も適切な支援が総合的
に受けられるように、福祉サービスを提供する者又
はこれに参画する者の活動の連携及び調整を図るよ
うにすることその他の地域の実情に応じた体制の整
備に努めなければならない。

第21条の9　市町村は、児童の健全な育成に資
するため、その区域内において、放課後児童健全育
成事業、子育て短期支援事業、乳児家庭全戸訪問事
業、養育支援訪問事業、地域子育て支援拠点事業、
一時預かり事業、病児保育事業及び子育て援助活動
支援事業並びに次に掲げる事業であつて主務省令で
定めるもの（以下「子育て支援事業」という。）が
着実に実施されるよう、必要な措置の実施に努めな
ければならない。

一　児童及びその保護者又はその他の者の居宅に
おいて保護者の児童の養育を支援する事業

二　保育所その他の施設において保護者の児童の
養育を支援する事業

三　地域の児童の養育に関する各般の問題につき、
保護者からの相談に応じ、必要な情報の提供及
び助言を行う事業

第21条の10　市町村は、児童の健全な育成に
資するため、地域の実情に応じた放課後児童健全育
成事業を行うとともに、当該市町村以外の放課後児

童健全育成事業を行う者との連携を図る等により、第六条の三第二項に規定する児童の放課後児童健全育成事業の利用の促進に努めなければならない。

第21条の10の2 市町村は、児童の健全な育成に資するため、乳児家庭全戸訪問事業及び養育支援訪問事業を行うよう努めるとともに、乳児家庭全戸訪問事業により要支援児童等（特定妊婦を除く。）を把握したとき又は当該市町村の長が第二十六条第一項第三号の規定による送致若しくは同項第八号の規定による通知若しくは児童虐待の防止等に関する法律（平成十二年法律第八十二号）第八条第二項第二号の規定による送致若しくは同項第四号の規定による通知を受けたときは、養育支援訪問事業の実施その他の必要な支援を行うものとする。

○2　市町村は、母子保健法（昭和四十年法律第百四十一号）第十条、第十一条第一項若しくは第二項（同法第十九条第二項において準用する場合を含む。）、第十七条第一項又は第十九条第一項の指導に併せて、乳児家庭全戸訪問事業を行うことができる。

○3　市町村は、乳児家庭全戸訪問事業又は養育支援訪問事業の事務の全部又は一部を当該市町村以外の厚生労働省令で定める者に委託することができる。

○4　前項の規定により行われる乳児家庭全戸訪問事業又は養育支援訪問事業の事務に従事する者又は従事していた者は、その事務に関して知り得た秘密を漏らしてはならない。

第21条の10の3　市町村は、乳児家庭全戸訪問事業又は養育支援訪問事業の実施に当たつては、母子保健法に基づく母子保健に関する事業との連携及び調和の確保に努めなければならない。

第21条の10の4　都道府県知事は、母子保健法に基づく母子保健に関する事業又は事務の実施に際して要支援児童等と思われる者を把握したときは、これを当該者の現在地の市町村長に通知するものとする。

第21条の10の5　病院、診療所、児童福祉施設、学校その他児童又は妊産婦の医療、福祉又は教育に関する機関及び医師、看護師、児童福祉施設の職員、学校の教職員その他児童又は妊産婦の医療、福祉又は教育に関連する職務に従事する者は、要支援児童等と思われる者を把握したときは、当該者の情報をその現在地の市町村に提供するよう努めなければならない。

○2　刑法の秘密漏示罪の規定その他の守秘義務に関する法律の規定は、前項の規定による情報の提供をすることを妨げるものと解釈してはならない。

第21条の11　市町村は、子育て支援事業に関し必要な情報の収集及び提供を行うとともに、保護者から求めがあつたときは、当該保護者の希望、その児童の養育の状況、当該児童に必要な支援の内容その他の事情を勘案し、当該保護者が最も適切な子育て支援事業の利用ができるよう、相談に応じ、必要な助言を行うものとする。

○2　市町村は、前項の助言を受けた保護者から求めがあつた場合には、必要に応じて、子育て支援事業の利用についてあつせん又は調整を行うとともに、子育て支援事業を行う者に対し、当該保護者の利用の要請を行うものとする。

○3　市町村は、第一項の情報の収集及び提供、相談並びに助言並びに前項のあつせん、調整及び要請の事務を当該市町村以外の者に委託することができる。

○4　子育て支援事業を行う者は、前三項の規定により行われる情報の収集、あつせん、調整及び要請に対し、できる限り協力しなければならない。

第21条の12　前条第三項の規定により行われる情報の提供、相談及び助言並びにあつせん、調整及び要請の事務（次条及び第二十一条の十四第一項において「調整等の事務」という。）に従事する者又は従事していた者は、その事務に関して知り得た秘密を漏らしてはならない。

第3節　助産施設、母子生活支援施設及び保育所への入所等

第24条　市町村は、この法律及び子ども・子育て支援法の定めるところにより、保護者の労働又は疾病その他の事由により、その監護すべき乳児、幼児その他の児童について保育を必要とする場合において、次項に定めるところによるほか、当該児童を保育所（認定こども園法第三条第一項の認定を受けたもの及び同条第十一項の規定による公示がされたものを除く。）において保育しなければならない。

○2　市町村は、前項に規定する児童に対し、認定こども園法第二条第六項に規定する認定こども園（子ども・子育て支援法第二十七条第一項の確認を受けたものに限る。）又は家庭的保育事業等（家庭的保育事業、小規模保育事業、居宅

法資料

訪問型保育事業又は事業所内保育事業をいう。以下同じ。）により必要な保育を確保するための措置を講じなければならない。

○3　市町村は、保育の需要に応ずるに足りる保育所、認定こども園（子ども・子育て支援法第二十七条第一項の確認を受けたものに限る。以下この項及び第四十六条の二第二項において同じ。）又は家庭的保育事業等が不足し、又は不足するおそれがある場合その他必要と認められる場合には、保育所、認定こども園（保育所であるものを含む。）又は家庭的保育事業等の利用について調整を行うとともに、認定こども園の設置者又は家庭的保育事業等を行う者に対し、前項に規定する児童の利用の要請を行うものとする。

○4　市町村は、第二十五条の八第三号又は第二十六条第一項第五号の規定による報告又は通知を受けた児童その他の優先的に保育を行う必要があると認められる児童について、その保護者に対し、保育所若しくは幼保連携型認定こども園において保育を受けること又は家庭的保育事業等による保育を受けること（以下「保育の利用」という。）の申込みを勧奨し、及び保育を受けることができるよう支援しなければならない。

○5　市町村は、前項に規定する児童が、同項の規定による勧奨及び支援を行つても、なおやむを得ない事由により子ども・子育て支援法に規定する施設型給付費若しくは特例施設型給付費（同法第二十八条第一項第二号に係るものを除く。次項において同じ。）又は同法に規定する地域型保育給付費若しくは特例地域型保育給付費（同法第三十条第一項第二号に係るものを除く。次項において同じ。）の支給に係る保育を受けることが著しく困難であると認めるときは、当該児童を当該市町村の設置する保育所若しくは幼保連携型認定こども園に入所させ、又は当該市町村以外の者の設置する保育所若しくは幼保連携型認定こども園に入所を委託して、保育を行わなければならない。

○6　市町村は、前項に定めるほか、保育を必要とする乳児・幼児が、子ども・子育て支援法第四十二条第一項又は第五十四条第一項の規定によるあつせん又は要請その他市町村による支援等を受けたにもかかわらず、なお保育が利用で

きないなど、やむを得ない事由により同法に規定する施設型給付費若しくは特例施設型給付費又は同法に規定する地域型保育給付費若しくは特例地域型保育給付費の支給に係る保育を受けることが著しく困難であると認めるときは、次の措置を採ることができる。

一　当該保育を必要とする乳児・幼児を当該市町村の設置する保育所若しくは幼保連携型認定こども園に入所させ、又は当該市町村以外の者の設置する保育所若しくは幼保連携型認定こども園に入所を委託して、保育を行うこと。

二　当該保育を必要とする乳児・幼児に対して当該市町村が行う家庭的保育事業等による保育を行い、又は家庭的保育事業等を行う当該市町村以外の者に当該家庭的保育事業等により保育を行うことを委託すること。

○7　市町村は、第三項の規定による調整及び要請並びに第四項の規定による勧奨及び支援を適切に実施するとともに、地域の実情に応じたきめ細かな保育が積極的に提供され、児童が、その置かれている環境等に応じて、必要な保育を受けることができるよう、保育を行う事業その他児童の福祉を増進することを目的とする事業を行う者の活動の連携及び調整を図る等地域の実情に応じた体制の整備を行うものとする。

第6節　要保護児童の保護措置等

第25条　要保護児童を発見した者は、これを市町村、都道府県の設置する福祉事務所若しくは児童相談所又は児童委員を介して市町村、都道府県の設置する福祉事務所若しくは児童相談所に通告しなければならない。ただし、罪を犯した満十四歳以上の児童については、この限りでない。この場合においては、これを家庭裁判所に通告しなければならない。

○2　刑法の秘密漏示罪の規定その他の守秘義務に関する法律の規定は、前項の規定による通告をすることを妨げるものと解釈してはならない。

第25条の2　地方公共団体は、単独で又は共同して、要保護児童（第三十一条第四項に規定する延長者及び第三十三条第八項に規定する保護延長者（次項において「延長者等」という。）を含む。次項において同じ。）の適切な保護又は要支援児童若しくは特定妊婦への適切な支援を図るため、関係機関、関係団体及び児童の福祉に関連する職務に従事する者その他の関係者（以下「関係機関等」という。）により構成される要

保護児童対策地域協議会（以下「協議会」という。）を置くように努めなければならない。

○2　協議会は、要保護児童若しくは要支援児童及びその保護者（延長者等の親権を行う者、未成年後見人その他の者で、延長者等を現に監護する者を含む。）又は特定妊婦（以下この項及び第五項において「支援対象児童等」という。）に関する情報その他要保護児童の適切な保護又は要支援児童若しくは特定妊婦への適切な支援を図るために必要な情報の交換を行うとともに、支援対象児童等に対する支援の内容に関する協議を行うものとする。

○3　地方公共団体の長は、協議会を設置したときは、厚生労働省令で定めるところにより、その旨を公示しなければならない。

○4　協議会を設置した地方公共団体の長は、協議会を構成する関係機関等のうちから、一に限り要保護児童対策調整機関を指定する。

○5　要保護児童対策調整機関は、協議会に関する事務を総括するとともに、支援対象児童等に対する支援が適切に実施されるよう、厚生労働省令で定めるところにより、支援対象児童等に対する支援の実施状況を的確に把握し、必要に応じて、児童相談所、養育支援訪問事業を行う者、母子保健法第二十二条第一項に規定する母子健康包括支援センターその他の関係機関等との連絡調整を行うものとする。

○6　市町村の設置した協議会（市町村が地方公共団体（市町村を除く。）と共同して設置したものを含む。）に係る要保護児童対策調整機関は、厚生労働省令で定めるところにより、専門的な知識及び技術に基づき前項の業務に係る事務を適切に行うことができる者として厚生労働省令で定めるもの（次項及び第八項において「調整担当者」という。）を置くものとする。

○7　地方公共団体（市町村を除く。）の設置した協議会（当該地方公共団体が市町村と共同して設置したものを除く。）に係る要保護児童対策調整機関は、厚生労働省令で定めるところにより、調整担当者を置くように努めなければならない。

○8　要保護児童対策調整機関に置かれた調整担当者は、厚生労働大臣が定める基準に適合する研修を受けなければならない。

第3章　事業、養育里親及び養子縁組里親並びに施設

第39条　保育所は、保育を必要とする乳児・幼児を日々保護者の下から通わせて保育を行うことを目的とする施設（利用定員が二十人以上であるものに限り、幼保連携型認定こども園を除く。）とする。

○2　保育所は、前項の規定にかかわらず、特に必要があるときは、保育を必要とするその他の児童を日々保護者の下から通わせて保育することができる。

第39条の2　幼保連携型認定こども園は、義務教育及びその後の教育の基礎を培うものとしての満三歳以上の幼児に対する教育（教育基本法（平成十八年法律第百二十号）第六条第一項に規定する法律に定める学校において行われる教育をいう。）及び保育を必要とする乳児・幼児に対する保育を一体的に行い、これらの乳児又は幼児の健やかな成長が図られるよう適当な環境を与えて、その心身の発達を助長することを目的とする施設とする。

○2　幼保連携型認定こども園に関しては、この法律に定めるもののほか、認定こども園法の定めるところによる。

第40条　児童厚生施設は、児童遊園、児童館等児童に健全な遊びを与えて、その健康を増進し、又は情操をゆたかにすることを目的とする施設とする。

第41条　児童養護施設は、保護者のない児童（乳児を除く。ただし、安定した生活環境の確保その他の理由により特に必要のある場合には、乳児を含む。以下この条において同じ。）、虐待されている児童その他環境上養護を要する児童を入所させて、これを養護し、あわせて退所した者に対する相談その他の自立のための援助を行うことを目的とする施設とする。

第48条の4　保育所は、当該保育所が主として利用される地域の住民に対してその行う保育に関し情報の提供を行い、並びにその行う保育に支障がない限りにおいて、乳児、幼児等の保育に関する相談に応じ、及び助言を行うよう努めなければならない。

○2　保育所に勤務する保育士は、乳児、幼児等の保育に関する相談に応じ、及び助言を行うために必要な知識及び技能の修得、維持及び向上に努めなければならない。

法資料

児童福祉施設の設備及び運営に関する基準（抄）（平成 29 年 4 月 1 日時点 施行内容）

第 2 条（最低基準の目的）

法第四十五条第一項の規定により都道府県が条例で定める基準（以下「最低基準」という。）は、都道府県知事の監督に属する児童福祉施設に入所している者が、明るくて、衛生的な環境において、素養があり、かつ、適切な訓練を受けた職員の指導により、心身ともに健やかにして、社会に適応するように育成されることを保障するものとする。

第 5 条（児童福祉施設の一般原則）

児童福祉施設は、入所している者の人権に十分配慮するとともに、一人一人の人格を尊重して、その運営を行わなければならない。

2 児童福祉施設は、地域社会との交流及び連携を図り、児童の保護者及び地域社会に対し、当該児童福祉施設の運営の内容を適切に説明するよう努めなければならない。

3 児童福祉施設は、その運営の内容について、自ら評価を行い、その結果を公表するよう努めなければならない。

4 児童福祉施設には、法に定めるそれぞれの施設の目的を達成するために必要な設備を設けなければならない。

5 児童福祉施設の構造設備は、採光、換気等入所している者の保健衛生及びこれらの者に対する危害防止に十分な考慮を払つて設けられなければならない

第 7 条（児童福祉施設における職員の一般的要件）

児童福祉施設に入所している者の保護に従事する職員は、健全な心身を有し、豊かな人間性と倫理観を備え、児童福祉事業に熱意のある者であつて、できる限り児童福祉事業の理論及び実際について訓練を受けた者でなければならない。

第 34 条（保育時間）

保育所における保育時間は、一日につき八時間を原則とし、その地方における乳幼児の保護者の労働時間その他家庭の状況等を考慮して、保育所の長がこれを定める。

第 35 条（保育の内容）

保育所における保育は、養護及び教育を一体的に行うことをその特性とし、その内容については、厚生労働大臣が定める指針に従う。

第 36 条（保護者との連絡）

保育所の長は、常に入所している乳幼児の保護者と密接な連絡をとり、保育の内容等につき、その保護者の理解及び協力を得るよう努めなければならない。

第 36 条の 2（業務の質の評価等）

保育所は、自らその行う法第三十九条に規定する業務の質の評価を行い、常にその改善を図らなければならない。

2 保育所は、定期的に外部の者による評価を受けて、それらの結果を公表し、常にその改善を図るよう努めなければならない。

子ども・子育て支援法（抄）（平成 30 年 3 月 31 日公布《平成 30 年法律第 12 号》改正）

第 1 章 総則

第 1 条（目的）

この法律は、我が国における急速な少子化の進行並びに家庭及び地域を取り巻く環境の変化に鑑み、児童福祉法（昭和二十二年法律第百六十四号）その他の子どもに関する法律による施策と相まって、子ども・子育て支援給付その他の子ども及び子どもを養育している者に必要な支援を行い、もって一人一人の子どもが健やかに成長することができる社会の実現に寄与することを目的とする。

第 2 条（基本理念）

子ども・子育て支援は、父母その他の保護者が子育てについての第一義的責任を有するという基本的認識の下に、家庭、学校、地域、職域その他の社会のあらゆる分野における全ての構成員が、各々の役割を果たすとともに、相互に協力して行われなければならない。

2 子ども・子育て支援給付その他の子ども・子育て支援の内容及び水準は、全ての子どもが健やかに成長するように支援するものであって、良質かつ適切なものでなければならない。

3 子ども・子育て支援給付その他の子ども・子育て支援は、地域の実情に応じて、総合的かつ効率的に提供されるよう配慮して行われなければならない。

第 3 条（市町村等の責務）

市町村（特別区を含む。以下同じ。）は、この法律の実施に関し、次に掲げる責務を有する。

一 子どもの健やかな成長のために適切な環境が等しく確保されるよう、子ども及びその保護者に必要な子ども・子育て支援給付及び地域子ども・子育て支援事業を総合的かつ計画的に行う

こと。

二　子ども及びその保護者が、確実に子ども・子育て支援給付を受け、及び地域子ども・子育て支援事業その他の子ども・子育て支援を円滑に利用するために必要な援助を行うとともに、関係機関との連絡調整その他の便宜の提供を行うこと。

三　子ども及びその保護者が置かれている環境に応じて、子どもの保護者の選択に基づき、多様な施設又は事業者から、良質かつ適切な教育及び保育その他の子ども・子育て支援が総合的かつ効率的に提供されるよう、その提供体制を確保すること。

2　都道府県は、市町村が行う子ども・子育て支援給付及び地域子ども・子育て支援事業が適正かつ円滑に行われるよう、市町村に対する必要な助言及び適切な援助を行うとともに、子ども・子育て支援のうち、特に専門性の高い施策及び各市町村の区域を超えた広域的な対応が必要な施策を講じなければならない。

3　国は、市町村が行う子ども・子育て支援給付及び地域子ども・子育て支援事業その他この法律に基づく業務が適正かつ円滑に行われるよう、市町村及び都道府県と相互に連携を図りながら、子ども・子育て支援の提供体制の確保に関する施策その他の必要な各般の措置を講じなければならない。

第4条（事業主の責務）

事業主は、その雇用する労働者に係る多様な労働条件の整備その他の労働者の職業生活と家庭生活との両立が図られるようにするために必要な雇用環境の整備を行うことにより当該労働者の子育ての支援に努めるとともに、国又は地方公共団体が講ずる子ども・子育て支援に協力しなければならない。

第5条（国民の責務）

国民は、子ども・子育て支援の重要性に対する関心と理解を深めるとともに、国又は地方公共団体が講ずる子ども・子育て支援に協力しなければならない。

第6条（定義）

この法律において「子ども」とは、十八歳に達する日以後の最初の三月三十一日までの間にある者をいい、「小学校就学前子ども」とは、子どものうち小学校就学の始期に達するまでの者をいう。

2　この法律において「保護者」とは、親権を行

う者、未成年後見人その他の者で、子どもを現に監護する者をいう。

第7条　この法律において「子ども・子育て支援」とは、全ての子どもの健やかな成長のために適切な環境が等しく確保されるよう、国若しくは地方公共団体又は地域における子育ての支援を行う者が実施する子ども及び子どもの保護者に対する支援をいう。

2　この法律において「教育」とは、満三歳以上の小学校就学前子どもに対して義務教育及びその後の教育の基礎を培うものとして教育基本法（平成十八年法律第百二十号）第六条第一項に規定する法律に定める学校において行われる教育をいう。

3　この法律において「保育」とは、児童福祉法第六条の三第七項に規定する保育をいう。

4　この法律において「教育・保育施設」とは、就学前の子どもに関する教育、保育等の総合的な提供の推進に関する法律（平成十八年法律第七十七号。以下「認定こども園法」という。）第二条第六項に規定する認定こども園（以下「認定こども園」という。）、学校教育法（昭和二十二年法律第二十六号）第一条に規定する幼稚園（認定こども園法第三条第一項又は第三項の認定を受けたもの及び同条第十一項の規定による公示がされたものを除く。以下「幼稚園」という。）及び児童福祉法第三十九条第一項に規定する保育所（認定こども園法第三条第一項の認定を受けたもの及び同条第十一項の規定による公示がされたものを除く。以下「保育所」という。）をいう。

5　この法律において「地域型保育」とは、家庭的保育、小規模保育、居宅訪問型保育及び事業所内保育をいい、「地域型保育事業」とは、地域型保育を行う事業をいう。

6　この法律において「家庭的保育」とは、児童福祉法第六条の三第九項に規定する家庭的保育事業として行われる保育をいう。

7　この法律において「小規模保育」とは、児童福祉法第六条の三第十項に規定する小規模保育事業として行われる保育をいう。

8　この法律において「居宅訪問型保育」とは、児童福祉法第六条の三第十一項に規定する居宅訪問型保育事業として行われる保育をいう。

9　この法律において「事業所内保育」とは、児

法資料

童福祉法第六条の三第十二項に規定する事業所内保育事業として行われる保育をいう。

第2章　子ども・子育て支援給付

第1節　通則

第8条（子ども・子育て支援給付の種類）

子ども・子育て支援給付は、子どものための現金給付及び子どものための教育・保育給付とする。

第3節　子どものための教育・保育給付

第2款　支給認定等

第19条（支給要件）

子どものための教育・保育給付は、次に掲げる小学校就学前子どもの保護者に対し、その小学校就学前子どもの第二十七条第一項に規定する特定教育・保育、第二十八条第一項第二号に規定する特別利用保育、同項第三号に規定する特別利用教育、第二十九条第一項に規定する特定地域型保育又は第三十条第一項第四号に規定する特例保育の利用について行う。

一　満三歳以上の小学校就学前子ども（次号に掲げる小学校就学前子どもに該当するものを除く。）

二　満三歳以上の小学校就学前子どもであって、保護者の労働又は疾病その他の内閣府令で定める事由により家庭において必要な保育を受けることが困難であるもの

三　満三歳未満の小学校就学前子どもであって、前号の内閣府令で定める事由により家庭において必要な保育を受けることが困難であるもの

2　内閣総理大臣は、前項第二号の内閣府令を定め、又は変更しようとするときは、あらかじめ、厚生労働大臣に協議しなければならない。

子ども・子育て支援法施行規則（抄）（平成30年3月31日公布（平成30年内閣府令第21号）改正）

第1章　子どものための教育・保育給付

第1節　支給認定等

（法第十九条第一項第二号の内閣府令で定める事由）

第一条　子ども・子育て支援法（以下「法」という。）第十九条第一項第二号の内閣府令で定める事由は、小学校就学前子どもの保護者のいずれもが次の各号のいずれかに該当することとする。

一　一月において、四十八時間から六十四時間までの範囲内で月を単位に市町村（特別区を含む。以下同じ。）が定める時間以上労働することを常

態とすること。

二　妊娠中であるか又は出産後間がないこと。

三　疾病にかかり、若しくは負傷し、又は精神若しくは身体に障害を有していること。

四　同居の親族（長期間入院等をしている親族を含む。）を常時介護又は看護していること。

五　震災、風水害、火災その他の災害の復旧に当たっていること。

六　求職活動（起業の準備を含む。）を継続的に行っていること。

七　次のいずれかに該当すること。

イ　学校教育法（昭和二十二年法律第二十六号）第一条に規定する学校、同法第百二十四条に規定する専修学校、同法第百三十四条第一項に規定する各種学校その他これらに準ずる教育施設に在学していること。

ロ　職業能力開発促進法（昭和四十四年法律第六十四号）第十五条の七第三項に規定する公共職業能力開発施設において行う職業訓練若しくは同法第二十七条第一項に規定する職業能力開発総合大学校において行う同項に規定する指導員訓練若しくは職業訓練又は職業訓練の実施等による特定求職者の就職の支援に関する法律（平成二十三年法律第四十七号）第四条第二項に規定する認定職業訓練その他の職業訓練を受けていること。

八　次のいずれかに該当すること。

イ　児童虐待の防止等に関する法律（平成十二年法律第八十二号）第二条に規定する児童虐待を行っている又は再び行われるおそれがあると認められること。

ロ　配偶者からの暴力の防止及び被害者の保護等に関する法律（平成十三年法律第三十一号）第一条に規定する配偶者からの暴力により小学校就学前子どもの保育を行うことが困難であると認められること（イに該当する場合を除く。）。

九　育児休業をする場合であって、当該保護者の当該育児休業に係る子ども以外の小学校就学前子どもが特定教育・保育施設又は特定地域型保育事業（以下この号において「特定教育・保育施設等」という。）を利用しており、当該育児休業の間に当該特定教育・保育施設等を引き続き利用することが必要であると認められること。

十　前各号に掲げるもののほか、前各号に類するものとして市町村が認める事由に該当すること。

子ども・子育て支援法（抄）（第7条9～第19条）／子ども・子育て支援法施行規則（抄）
教育基本法（抄）／学校教育法（抄）／学校保健安全法（抄）

教育基本法（抄）（平成18年12月22日公布・施行）

第1章　教育の目的及び理念

第1条（教育の目的）

教育は、人格の完成を目指し、平和で民主的な国家及び社会の形成者として必要な資質を備えた心身ともに健康な国民の育成を期して行われなければならない。

第2章　教育の実施に関する基本

第5条（義務教育）

国民は、その保護する子に、別に法律で定めるところにより、普通教育を受けさせる義務を負う。

第10条（家庭教育）

父母その他の保護者は、子の教育について第一義的責任を有するものであって、生活のために必要な習慣を身に付けさせるとともに、自立心を育成し、心身の調和のとれた発達を図るよう努めるものとする。

2　国及び地方公共団体は、家庭教育の自主性を尊重しつつ、保護者に対する学習の機会及び情報の提供その他の家庭教育を支援するために必要な施策を講ずるよう努めなければならない。

第11条（幼児期の教育）

幼児期の教育は、生涯にわたる人格形成の基礎を培う重要なものであることにかんがみ、国及び地方公共団体は、幼児の健やかな成長に資する良好な環境の整備その他適当な方法によって、その振興に努めなければならない。

第13条（学校、家庭及び地域住民等の相互の連携協力）

学校、家庭及び地域住民その他の関係者は、教育におけるそれぞれの役割と責任を自覚するとともに、相互の連携及び協力に努めるものとする。

学校教育法（抄）（平成30年6月1日公布《平成30年法律第39号》改正）

第2章　義務教育

第16条　保護者（子に対して親権を行う者（親権を行う者のないときは、未成年後見人）をいう。以下同じ。）は、次条に定めるところにより、子に九年の普通教育を受けさせる義務を負う。

第3章　幼稚園

第22条　幼稚園は、義務教育及びその後の教育の基礎を培うものとして、幼児を保育し、幼児の健やかな成長のために適当な環境を与えて、その心身の発達を助長することを目的とする。

第23条　幼稚園における教育は、前条に規定す

る目的を実現するため、次に掲げる目標を達成するよう行われるものとする。

一　健康、安全で幸福な生活のために必要な基本的な習慣を養い、身体諸機能の調和的発達を図ること。

二　集団生活を通じて、喜んでこれに参加する態度を養うとともに家族や身近な人への信頼感を深め、自主、自律及び協同の精神並びに規範意識の芽生えを養うこと。

三　身近な社会生活、生命及び自然に対する興味を養い、それらに対する正しい理解と態度及び思考力の芽生えを養うこと。

四　日常の会話や、絵本、童話等に親しむことを通じて、言葉の使い方を正しく導くとともに、相手の話を理解しようとする態度を養うこと。

五　音楽、身体による表現、造形等に親しむことを通じて、豊かな感性と表現力の芽生えを養うこと。

第24条　幼稚園においては、第二十二条に規定する目的を実現するための教育を行うほか、幼児期の教育に関する各般の問題につき、保護者及び地域住民その他の関係者からの相談に応じ、必要な情報の提供及び助言を行うなど、家庭及び地域における幼児期の教育の支援に努めるものとする。

第28条　第三十七条第六項、第八項及び第十二項から第十七項まで並びに第四十二条から第四十四条までの規定は、幼稚園に準用する。

第4章　小学校

第42条　小学校は、文部科学大臣の定めるところにより当該小学校の教育活動その他の学校運営の状況について評価を行い、その結果に基づき学校運営の改善を図るため必要な措置を講ずることにより、その教育水準の向上に努めなければならない。

第43条　小学校は、当該小学校に関する保護者及び地域住民その他の関係者の理解を深めるとともに、これらの者との連携及び協力の推進に資するため、当該小学校の教育活動その他の学校運営の状況に関する情報を積極的に提供するものとする。

学校保健安全法（抄）（平成27年6月24日公布《平成27年法律第46号》改正）

第30条　学校においては、児童生徒等の安全の確保を図るため、児童生徒等の保護者との連携を図るとともに、当該学校が所在する地域の実情に応じて、当該地域を管轄する警察署その他の関係機関、

法資料

地域の安全を確保するための活動を行う団体その他の関係団体、当該地域の住民その他の関係者との連携を図るよう努めるものとする。

就学前の子どもに関する教育、保育等の総合的な提供の推進に関する法律（抄）（平成29年4月26日公布《平成29年法律第25号》改正）

第1章　総則
第1条（目的）
　この法律は、幼児期の教育及び保育が生涯にわたる人格形成の基礎を培う重要なものであること並びに我が国における急速な少子化の進行並びに家庭及び地域を取り巻く環境の変化に伴い小学校就学前の子どもの教育及び保育に対する需要が多様なものとなっていることに鑑み、地域における創意工夫を生かしつつ、小学校就学前の子どもに対する教育及び保育並びに保護者に対する子育て支援の総合的な提供を推進するための措置を講じ、もって地域において子どもが健やかに育成される環境の整備に資することを目的とする。

第2条（定義）
　この法律において「子ども」とは、小学校就学の始期に達するまでの者をいう。
2　この法律において「幼稚園」とは、学校教育法（昭和二十二年法律第二十六号）第一条に規定する幼稚園をいう。
3　この法律において「保育所」とは、児童福祉法（昭和二十二年法律第百六十四号）第三十九条第一項に規定する保育所をいう。
4　この法律において「保育機能施設」とは、児童福祉法第五十九条第一項に規定する施設のうち同法第三十九条第一項に規定する業務を目的とするもの（少数の子どもを対象とするものその他の主務省令で定めるものを除く。）をいう。
5　この法律において「保育所等」とは、保育所又は保育機能施設をいう。
6　この法律において「認定こども園」とは、次条第一項又は第三項の認定を受けた施設、同条第十一項の規定による公示がされた施設及び幼保連携型認定こども園をいう。
7　この法律において「幼保連携型認定こども園」とは、義務教育及びその後の教育の基礎を培うものとしての満三歳以上の子どもに対する教育並びに保育を必要とする子どもに対する保育を一体的に行い、これらの子どもの健やかな成長

が図られるよう適当な環境を与えて、その心身の発達を助長するとともに、保護者に対する子育ての支援を行うことを目的として、この法律の定めるところにより設置される施設をいう。
8　この法律において「教育」とは、教育基本法（平成十八年法律第百二十号）第六条第一項に規定する法律に定める学校（第九条において単に「学校」という。）において行われる教育をいう。
9　この法律において「保育」とは、児童福祉法第六条の三第七項に規定する保育をいう。
10　この法律において「保育を必要とする子ども」とは、児童福祉法第六条の三第九項第一号に規定する保育を必要とする乳児・幼児をいう。
11　この法律において「保護者」とは、児童福祉法第六条に規定する保護者をいう。
12　この法律において「子育て支援事業」とは、地域の子どもの養育に関する各般の問題につき保護者からの相談に応じ必要な情報の提供及び助言を行う事業、保護者の疾病その他の理由により家庭において養育を受けることが一時的に困難となった地域の子どもに対する保育を行う事業、地域の子どもの養育に関する援助を受けることを希望する保護者と当該援助を行うことを希望する民間の団体若しくは個人との連絡及び調整を行う事業又は地域の子どもの養育に関する援助を行う民間の団体若しくは個人に対する必要な情報の提供及び助言を行う事業であって主務省令で定めるものをいう。

第3章　幼保連携型認定こども園
第9条（教育及び保育の目標）
　幼保連携型認定こども園においては、第二条第七項に規定する目的を実現するため、子どもに対する学校としての教育及び児童福祉施設（児童福祉法第七条第一項に規定する児童福祉施設をいう。次条第二項において同じ。）としての保育並びにその実施する保護者に対する子育て支援事業の相互の有機的な連携を図りつつ、次に掲げる目標を達成するよう当該教育及び当該保育を行うものとする。
一　健康、安全で幸福な生活のために必要な基本的な習慣を養い、身体諸機能の調和的発達を図ること。
二　集団生活を通じて、喜んでこれに参加する態度を養うとともに家族や身近な人への信頼感を深め、自主、自律及び協同の精神並びに規範意識の芽生えを養うこと。

三　身近な社会生活、生命及び自然に対する興味を養い、それらに対する正しい理解と態度及び思考力の芽生えを養うこと。

四　日常の会話や、絵本、童話等に親しむことを通じて、言葉の使い方を正しく導くとともに、相手の話を理解しようとする態度を養うこと。

五　音楽、身体による表現、造形等に親しむことを通じて、豊かな感性と表現力の芽生えを養うこと。

六　快適な生活環境の実現及び子どもと保育教諭その他の職員との信頼関係の構築を通じて、心身の健康の確保及び増進を図ること。

第10条（教育及び保育の内容）

幼保連携型認定こども園の教育課程その他の教育及び保育の内容に関する事項は、第二条第七項に規定する目的及び前条に規定する目標に従い、主務大臣が定める。

2　主務大臣が前項の規定により幼保連携型認定こども園の教育課程その他の教育及び保育の内容に関する事項を定めるに当たっては、幼稚園教育要領及び児童福祉法第四十五条第二項の規定に基づき児童福祉施設に関して厚生労働省令で定める基準（同項第三号に規定する保育所における保育の内容に係る部分に限る。）との整合性の確保並びに小学校（学校教育法第一条に規定する小学校をいう。）及び義務教育学校（学校教育法第一条に規定する義務教育学校をいう。）における教育との円滑な接続に配慮しなければならない。

3　幼保連携型認定こども園の設置者は、第一項の教育及び保育の内容に関する事項を遵守しなければならない。

第23条（運営の状況に関する評価等）

幼保連携型認定こども園の設置者は、主務省令で定めるところにより当該幼保連携型認定こども園における教育及び保育並びに子育て支援事業(以下「教育及び保育等」という。)の状況その他の運営の状況について評価を行い、その結果に基づき幼保連携型認定こども園の運営の改善を図るため必要な措置を講ずるよう努めなければならない。

第24条（運営の状況に関する情報の提供）

幼保連携型認定こども園の設置者は、当該幼保連携型認定こども園に関する保護者及び地域住民その他の関係者の理解を深めるとともに、これらの者との連携及び協力の推進に資するため、当該幼保連携型認定こども園における教育及び保育等の状況その他の当該幼保連携型認定こども園の運営の状況に関する情報を積極的に提供するものとする。

幼保連携型認定こども園の学級の編制、職員、設備及び運営に関する基準（抄）（平成26年内閣府・文部科学省・厚生労働省令　第1号）

第2条（設備運営基準の目的）

法第十三条第一項の規定により都道府県が条例で定める基準（次条において「設備運営基準」という。）は、都道府県知事の監督に属する幼保連携型認定こども園の園児が、明るくて、衛生的な環境において、素養があり、かつ、適切な養成又は訓練を受けた職員の指導により、心身ともに健やかに育成されることを保障するものとする。

第9条（教育及び保育を行う期間及び時間）　幼保連携型認定こども園における教育及び保育を行う期間及び時間は、次に掲げる要件を満たすものでなければならない。

一　毎学年の教育週数は、特別の事情のある場合を除き、三十九週を下ってはならないこと。

二　教育に係る標準的な一日当たりの時間（次号において「教育時間」という。）は、四時間とし、園児の心身の発達の程度、季節等に適切に配慮すること。

三　保育を必要とする子どもに該当する園児に対する教育及び保育の時間（満三歳以上の保育を必要とする子どもに該当する園児については、教育時間を含む。）は、一日につき八時間を原則とすること。

2　前項第三号の時間については、その地方における園児の保護者の労働時間その他家庭の状況等を考慮して、園長がこれを定めるものとする。

第10条（子育て支援事業の内容）

幼保連携型認定こども園における保護者に対する子育ての支援は、保護者が子育てについての第一義的責任を有するという基本認識の下に、子育てを自ら実践する力の向上を積極的に支援することを旨として、教育及び保育に関する専門性を十分に活用し、子育て支援事業のうち、その所在する地域における教育及び保育に対する需要に照らし当該地域において実施することが必要と認められるものを、保護者の要請に応じ適切に提供し得る体制の下で行うものとする。その際、地域の人材や社会資源の活用を図るよう努めるものとする。

法資料

保育所保育指針（抄）（平成29年3月31日　厚生労働省 告示）

第1章　総則

1 保育所保育に関する基本原則

（1）保育所の役割

ア　保育所は、児童福祉法（昭和22年法律第164号）第39条の規定に基づき、保育を必要とする子どもの保育を行い、その健全な心身の発達を図ることを目的とする児童福祉施設であり、入所する子どもの最善の利益を考慮し、その福祉を積極的に増進することに最もふさわしい生活の場でなければならない。

イ　保育所は、その目的を達成するために、保育に関する専門性を有する職員が、家庭との緊密な連携の下に、子どもの状況や発達過程を踏まえ、保育所における環境を通して、養護及び教育を一体的に行うことを特性としている。

ウ　保育所は、入所する子どもを保育するとともに、家庭や地域の様々な社会資源との連携を図りながら、入所する子どもの保護者に対する支援及び地域の子育て家庭に対する支援等を行う役割を担うものである。

エ　保育所における保育士は、児童福祉法第18条の4の規定を踏まえ、保育所の役割及び機能が適切に発揮されるように、倫理観に裏付けられた専門的知識、技術及び判断をもって、子どもを保育するとともに、子どもの保護者に対する保育に関する指導を行うものであり、その職責を遂行するための専門性の向上に絶えず努めなければならない。

（2）保育の目標

ア　保育所は、子どもが生涯にわたる人間形成にとって極めて重要な時期に、その生活時間の大半を過ごす場である。このため、保育所の保育は、子どもが現在を最も良く生き、望ましい未来をつくり出す力の基礎を培うために、次の目標を目指して行わなければならない。（略）

イ　保育所は、入所する子どもの保護者に対し、その意向を受け止め、子どもと保護者の安定した関係に配慮し、保育所の特性や保育士等の専門性を生かして、その援助に当たらなければならない。

（3）保育の方法

ア　一人一人の子どもの状況や家庭及び地域社会での生活の実態を把握するとともに、子どもが安心感と信頼感をもって活動できるよう、子どもの主体としての思いや願いを受け止めること。

カ　一人一人の保護者の状況やその意向を理解、受容し、それぞれの親子関係や家庭生活等に配慮しながら、様々な機会をとらえ、適切に援助すること。

（5）保育所の社会的責任

ア　保育所は、子どもの人権に十分配慮するとともに、子ども一人一人の人格を尊重して保育を行わなければならない。

イ　保育所は、地域社会との交流や連携を図り、保護者や地域社会に、当該保育所が行う保育の内容を適切に説明するよう努めなければならない。

ウ　保育所は、入所する子ども等の個人情報を適切に取り扱うとともに、保護者の苦情などに対し、その解決を図るよう努めなければならない。

3 保育の計画及び評価

（1）全体的な計画の作成

ア　保育所は、1の(2)に示した保育の目標を達成するために、各保育所の保育の方針や目標に基づき、子どもの発達過程を踏まえて、保育の内容が組織的・計画的に構成され、保育所の生活の全体を通して、総合的に展開されるよう、全体的な計画を作成しなければならない。

イ　全体的な計画は、子どもや家庭の状況、地域の実態、保育時間などを考慮し、子どもの育ちに関する長期的見通しをもって適切に作成されなければならない。

ウ　全体的な計画は、保育所保育の全体像を包括的に示すものとし、これに基づく指導計画、保健計画、食育計画等を通じて、各保育所が創意工夫して保育できるよう、作成されなければならない。

（2）指導計画の作成

カ　長時間にわたる保育については、子どもの発達過程、生活のリズム及び心身の状態に十分配慮して、保育の内容や方法、職員の協力体制、家庭との連携などを指導計画に位置付けること。

第2章　保育の内容

4 保育の実施に関して留意すべき事項

（3）家庭及び地域社会との連携

子どもの生活の連続性を踏まえ、家庭及び地域社会と連携して保育が展開されるよう配慮すること。その際、家庭や地域の機関及び団体の協力を得て、

地域の自然、高齢者や異年齢の子ども等を含む人材、行事、施設等の地域の資源を積極的に活用し、豊かな生活体験をはじめ保育内容の充実が図られるよう配慮すること。

第3章　健康及び安全

1　子どもの健康支援

（1）子どもの健康状態並びに発育及び発達状態の把握

イ　保護者からの情報とともに、登所時及び保育中を通じて子どもの状態を観察し、何らかの疾病が疑われる状態や傷害が認められた場合には、保護者に連絡するとともに、嘱託医と相談するなど適切な対応を図ること。看護師等が配置されている場合には、その専門性を生かした対応を図ること。

ウ　子どもの心身の状態等を観察し、不適切な養育の兆候が見られる場合には、市町村や関係機関と連携し、児童福祉法第25条に基づき、適切な対応を図ること。また、虐待が疑われる場合には、速やかに市町村又は児童相談所に通告し、適切な対応を図ること。

（2）健康増進

イ　子どもの心身の健康状態や疾病等の把握のために、嘱託医等により定期的に健康診断を行い、その結果を記録し、保育に活用するとともに、保護者が子どもの状態を理解し、日常生活に活用できるようにすること。

（3）疾病等への対応

ア　保育中に体調不良や傷害が発生した場合には、その子どもの状態等に応じて、保護者に連絡するとともに、適宜、嘱託医や子どものかかりつけ医等と相談し、適切な処置を行うこと。看護師等が配置されている場合には、その専門性を生かした対応を図ること。

イ　感染症やその他の疾病の発生予防に努め、その発生や疑いがある場合には、必要に応じて嘱託医、市町村、保健所等に連絡し、その指示に従うとともに、保護者や全職員に連絡し、予防等について協力を求めること。また、感染症に関する保育所の対応方法等について、あらかじめ関係機関の協力を得ておくこと。看護師等が配置されている場合には、その専門性を生かした対応を図ること。

ウ　アレルギー疾患を有する子どもの保育については、保護者と連携し、医師の診断及び指示に基づき、適切な対応を行うこと。また、食物アレルギーに関して、関係機関と連携して、当該保育所の体制構築など、安全な環境の整備を行うこと。看護師や栄養士等が配置されている場合には、その専門性を生かした対応を図ること。

（2）食育の環境の整備等

イ　保護者や地域の多様な関係者との連携及び協働の下で、食に関する取組が進められること。また、市町村の支援の下に、地域の関係機関等との日常的な連携を図り、必要な協力が得られるよう努めること。

3　環境及び衛生管理並びに安全管理

（2）事故防止及び安全対策

ア　保育中の事故防止のために、子どもの心身の状態等を踏まえつつ、施設内外の安全点検に努め、安全対策のために全職員の共通理解や体制づくりを図るとともに、家庭や地域の関係機関の協力の下に安全指導を行うこと。

4　災害への備え

（2）災害発生時の対応体制及び避難への備え

ウ　災害の発生時に、保護者等への連絡及び子どもの引渡しを円滑に行うため、日頃から保護者との密接な連携に努め、連絡体制や引渡し方法等について確認をしておくこと。

（3）地域の関係機関等との連携

ア　市町村の支援の下に、地域の関係機関との日常的な連携を図り、必要な協力が得られるよう努めること。

イ　避難訓練については、地域の関係機関や保護者との連携の下に行うなど工夫すること。

第4章　子育て支援

> ※本書法資料：保育所保育指針解説（抄）p.243
> を参照のこと。

第5章　職員の資質向上

1　職員の資質向上に関する基本的事項

（1）保育所職員に求められる専門性

　子どもの最善の利益を考慮し、人権に配慮した保育を行うためには、職員一人一人の倫理観、人間性並びに保育所職員としての職務及び責任の理解と自覚が基盤となる。

　各職員は、自己評価に基づく課題等を踏まえ、保育所内外の研修等を通じて、保育士・看護師・調理員・栄養士等、それぞれの職務内容に応じた専門性を高めるため、必要な知識及び技術の修得、維持及び向上に努めなければならない。

法資料

幼保連携型認定こども園教育・保育要領（抄）

（平成29年3月31日 内閣府 文部科学省 厚生労働省 告示）

第1章 総則

第1 幼保連携型認定こども園における教育及び保育の基本及び目標等

1 幼保連携型認定こども園における教育及び保育の基本

乳幼児期の教育及び保育は、子どもの健全な心身の発達を図りつつ生涯にわたる人格形成の基礎を培う重要なものであり、幼保連携型認定こども園における教育及び保育は、就学前の子どもに関する教育、保育等の総合的な提供の推進に関する法律（平成18年法律第77号。以下「認定こども園法」という。）第2条第7項に規定する目的及び第9条に掲げる目標を達成するため、乳幼児期全体を通して、その特性及び保護者や地域の実態を踏まえ、環境を通して行うものであることを基本とし、家庭や地域での生活を含めた園児の生活全体が豊かなものとなるように努めなければならない。

このため保育教諭等は、園児との信頼関係を十分に築き、園児が自ら安心して身近な環境に主体的に関わり、環境との関わり方や意味に気付き、これらを取り込もうとして、試行錯誤したり、考えたりするようになる幼児期の教育における見方・考え方を生かし、その活動が豊かに展開されるよう環境を整え、園児と共によりよい教育及び保育の環境を創造するように努めるものとする。これらを踏まえ、次に示す事項を重視して教育及び保育を行わなければならない。（略）

2 幼保連携型認定こども園における教育及び保育の目標

幼保連携型認定こども園は、家庭との連携を図りながら、この章の第1の1に示す幼保連携型認定こども園における教育及び保育の基本に基づいて一体的に展開される幼保連携型認定こども園における生活を通して、生きる力の基礎を育成するよう認定こども園法第9条に規定する幼保連携型認定こども園の教育及び保育の目標の達成に努めなければならない。幼保連携型認定こども園は、このことにより、義務教育及びその後の教育の基礎を培うとともに、子どもの最善の利益を考慮しつつ、その生活を保障し、保護者と共に園児を心身ともに健やかに育成するものとする。

なお、認定こども園法第9条に規定する幼保連携

型認定こども園の教育及び保育の目標については、発達や学びの連続性及び生活の連続性の観点から、小学校就学の始期に達するまでの時期を通じ、その達成に向けて努力すべき目当てとなるものであることから、満3歳未満の園児の保育にも当てはまることに留意するものとする。

第2 教育及び保育の内容並びに子育ての支援等に関する全体的な計画等

1 教育及び保育の内容並びに子育ての支援等に関する全体的な計画の作成等

（1）教育及び保育の内容並びに子育ての支援等に関する全体的な計画の役割

各幼保連携型認定こども園においては、教育基本法（平成18年法律第120号）、児童福祉法（昭和22年法律第164号）及び認定こども園法その他の法令並びにこの幼保連携型認定こども園教育・保育要領の示すところに従い、教育と保育を一体的に提供するため、創意工夫を生かし、園児の心身の発達と幼保連携型認定こども園、家庭及び地域の実態に即応した適切な教育及び保育の内容並びに子育ての支援等に関する全体的な計画を作成するものとする。

教育及び保育の内容並びに子育ての支援等に関する全体的な計画とは、教育と保育を一体的に捉え、園児の入園から修了までの在園期間の全体にわたり、幼保連携型認定こども園の目標に向かってどのような過程をたどって教育及び保育を進めていくかを明らかにするものであり、子育ての支援と有機的に連携し、園児の園生活全体を捉え、作成する計画である。

各幼保連携型認定こども園においては、「幼児期の終わりまでに育ってほしい姿」を踏まえ教育及び保育の内容並びに子育ての支援等に関する全体的な計画を作成すること、その実施状況を評価して改善を図っていくこと、また実施に必要な人的又は物的な体制を確保するとともにその改善を図っていくことなどを通して、教育及び保育の内容並びに子育ての支援等に関する全体的な計画に基づき組織的かつ計画的に各幼保連携型認定こども園の教育及び保育活動の質の向上を図っていくこと（以下「カリキュラム・マネジメント」という。）に努めるものとする。

（2）各幼保連携型認定こども園の教育及び保育の目標と教育及び保育の内容並びに子育ての支援等に関する全体的な計画の作成

教育及び保育の内容並びに子育ての支援等に関する全体的な計画の作成に当たっては、幼保連携型認

定こども園の教育及び保育において育みたい資質・能力を踏まえつつ、各幼保連携型認定こども園の教育及び保育の目標を明確にするとともに、教育及び保育の内容並びに子育ての支援等に関する全体的な計画の作成についての基本的な方針が家庭や地域とも共有されるよう努めるものとする。

（3）教育及び保育の内容並びに子育ての支援等に関する全体的な計画の作成上の基本的事項

エ 幼保連携型認定こども園の保育を必要とする子どもに該当する園児に対する教育及び保育の時間（満3歳以上の保育を必要とする子どもに該当する園児については、この章の第2の1の(3)ウに規定する教育時間を含む。）は、一日につき8時間を原則とし、園長がこれを定める。ただし、その地方における園児の保護者の労働時間その他家庭の状況等を考慮するものとする。

2 指導計画の作成と園児の理解に基づいた評価

（3）指導計画の作成上の留意事項

コ 園児の生活は、家庭を基盤として地域社会を通じて次第に広がりをもつものであることに留意し、家庭との連携を十分に図るなど、幼保連携型認定こども園における生活が家庭や地域社会と連続性を保ちつつ展開されるようにするものとする。その際、地域の自然、高齢者や異年齢の子どもなど

を含む人材、行事や公共施設などの地域の資源を積極的に活用し、園児が豊かな生活体験を得られるように工夫するものとする。また、家庭との連携に当たっては、保護者との情報交換の機会を設けたり、保護者と園児との活動の機会を設けたりなどすることを通じて、保護者の乳幼児期の教育及び保育に関する理解が深まるよう配慮するものとする。

第3 幼保連携型認定こども園として特に配慮すべき事項

幼保連携型認定こども園における教育及び保育を行うに当たっては、次の事項について特に配慮しなければならない。

1 当該幼保連携型認定こども園に入園した年齢により集団生活の経験年数が異なる園児がいることに配慮する等、0歳から小学校就学前までの一貫した教育及び保育を園児の発達や学びの連続性を考慮して展開していくこと。特に満3歳以上については入園する園児が多いことや同一学年の園児で編制される学級の中で生活するこ

となどを踏まえ、家庭や他の保育施設等との連携や引継ぎを円滑に行うとともに、環境の工夫をすること。

2 園児の一日の生活の連続性及びリズムの多様性に配慮するとともに、保護者の生活形態を反映した園児の在園時間の長短、入園時期や登園日数の違いを踏まえ、園児一人一人の状況に応じ、教育及び保育の内容やその展開について工夫をすること。特に入園及び年度当初においては、家庭との連携の下、園児一人一人の生活の仕方やリズムに十分に配慮して一日の自然な生活の流れをつくり出していくようにすること。

3 環境を通して行う教育及び保育の活動の充実を図るため、幼保連携型認定こども園における教育及び保育の環境の構成に当たっては、乳幼児期の特性及び保護者や地域の実態を踏まえ、次の事項に留意すること。

（1）0歳から小学校就学前までの様々な年齢の園児の発達の特性を踏まえ、満3歳未満の園児については特に健康、安全や発達の確保を十分に図るとともに、満3歳以上の園児については同一学年の園児で編制される学級による集団活動の中で遊びを中心とする園児の主体的な活動を通して発達や学びを促す経験が得られるよう工夫をすること。特に、満3歳以上の園児同士が共に育ち、学び合いながら、豊かな体験を積み重ねることができるよう工夫をすること。

（2）在園時間が異なる多様な園児がいることを踏まえ、園児の生活が安定するよう、家庭や地域、幼保連携型認定こども園における生活の連続性を確保するとともに、一日の生活のリズムを整えるよう工夫をすること。特に満3歳未満の園児については睡眠時間等の個人差に配慮するとともに、満3歳以上の園児については集中して遊ぶ場と家庭的な雰囲気の中でくつろぐ場との適切な調和等の工夫をすること。

（3）家庭や地域において異年齢の子どもと関わる機会が減少していることを踏まえ、満3歳以上の園児については、学級による集団活動とともに、満3歳未満の園児を含む異年齢の園児による活動を、園児の発達の状況にも配慮しつつ適切に組み合わせて設定するなどの工夫をすること。

（4）満3歳以上の園児については、特に長期的な休業中、園児が過ごす家庭や園などの生活の場が異なることを踏まえ、それぞれの多様な生活経験が長

法資料

期的な休業などの終了後等の園生活に生かされるよう工夫をすること。

4 指導計画を作成する際には、この章に示す指導計画の作成上の留意事項を踏まえるとともに、次の事項にも特に配慮すること。

（1）園児の発達の個人差、入園した年齢の違いなどによる集団生活の経験年数の差、家庭環境等を踏まえ、園児一人一人の発達の特性や課題に十分留意すること。特に満3歳未満の園児については、大人への依存度が極めて高い等の特性があることから、個別的な対応を図ること。また、園児の集団生活への円滑な接続について、家庭等との連携及び協力を図る等十分留意すること。

（5）長時間にわたる教育及び保育については、園児の発達の過程、生活のリズム及び心身の状態に十分配慮して、保育の内容や方法、職員の協力体制、家庭との連携などを指導計画に位置付けること。

5 生命の保持や情緒の安定を図るなど養護の行き届いた環境の下、幼保連携型認定こども園における教育及び保育を展開すること。

（1）園児一人一人が、快適にかつ健康で安全に過ごせるようにするとともに、その生理的欲求が十分に満たされ、健康増進が積極的に図られるようにするため、次の事項に留意すること。

イ 家庭との連携を密にし、学校医等との連携を図りながら、園児の疾病や事故防止に関する認識を深め、保健的で安全な環境の維持及び向上に努めること。

ウ 清潔で安全な環境を整え、適切な援助や応答的な関わりを通して、園児の生理的欲求を満たしていくこと。また、家庭と協力しながら、園児の発達の過程等に応じた適切な生活のリズムがつくられていくようにすること。

7 保護者に対する子育ての支援に当たっては、この章に示す幼保連携型認定こども園における教育及び保育の基本及び目標を踏まえ、子どもに対する学校としての教育及び児童福祉施設としての保育並びに保護者に対する子育ての支援について相互に有機的な連携が図られるようにすること。また、幼保連携型認定こども園の目的の達成に資するため、保護者が子どもの成長に気付き子育ての喜びが感じられるよう、幼保連携型認定こども園の特性を生かした子育ての支援に努めること。

第2章 ねらい及び内容並びに配慮事項

第4 教育及び保育の実施に関する配慮事項

1 満3歳未満の園児の保育の実施については、以下の事項に配慮するものとする。（1）乳児は疾病への抵抗力が弱く、心身の機能の未熟さに伴う疾病の発生が多いことから、一人一人の発育及び発達状態や健康状態についての適切な判断に基づく保健的な対応を行うこと。また、一人一人の園児の生育歴の違いに留意しつつ、欲求を適切に満たし、特定の保育教諭等が応答的に関わるように努めること。更に、乳児期の園児の保育に関わる職員間の連携や学校医との連携を図り、第3章に示す事項を踏まえ、適切に対応すること。栄養士及び看護師等が配置されている場合は、その専門性を生かした対応を図ること。乳児期の園児の保育においては特に、保護者との信頼関係を築きながら保育を進めるとともに、保護者からの相談に応じ支援に努めていくこと。なお、担当の保育教諭等が替わる場合には、園児のそれまでの生育歴や発達の過程に留意し、職員間で協力して対応すること。

第3章 健康及び安全

第1 健康支援

1 健康状態や発育及び発達の状態の把握

（2）保護者からの情報とともに、登園時及び在園時に園児の状態を観察し、何らかの疾病が疑われる状態や傷害が認められた場合には、保護者に連絡するとともに、学校医と相談するなど適切な対応を図ること。

（3）園児の心身の状態等を観察し、不適切な養育の兆候が見られる場合には、市町村（特別区を含む。以下同じ。）や関係機関と連携し、児童福祉法第25条に基づき、適切な対応を図ること。また、虐待が疑われる場合には、速やかに市町村又は児童相談所に通告し、適切な対応を図ること。

2 健康増進

（1）認定こども園法第27条において準用する学校保健安全法（昭和33年法律第56号）第5条の学校保健計画を作成する際は、教育及び保育の内容並びに子育ての支援等に関する全体的な計画に位置づくものとし、全ての職員がそのねらいや内容を踏まえ、園児一人一人の健康の保持及び増進に努めていくこと。

（2）認定こども園法第27条において準用する学校保健安全法第13条第1項の健康診断を行ったときは、認定こども園法第27条において準用する学校保健安全法第14条の措置を行い、教育及び保育

に活用するとともに、保護者が園児の状態を理解し、日常生活に活用できるようにすること。

3 疾病等への対応

（1）在園時に体調不良や傷害が発生した場合には、その園児の状態等に応じて、保護者に連絡するとともに、適宜、学校医やかかりつけ医等と相談し、適切な処置を行うこと。

（2）感染症やその他の疾病の発生予防に努め、その発生や疑いがある場合には必要に応じて学校医、市町村、保健所等に連絡し、その指示に従うとともに、保護者や全ての職員に連絡し、予防等について協力を求めること。また、感染症に関する幼保連携型認定こども園の対応方法等について、あらかじめ関係機関の協力を得ておくこと。

（3）アレルギー疾患を有する園児に関しては、保護者と連携し、医師の診断及び指示に基づき、適切な対応を行うこと。また、食物アレルギーに関して、関係機関と連携して、当該幼保連携型認定こども園の体制構築など、安全な環境の整備を行うこと。

第2 食育の推進

3 乳幼児期にふさわしい食生活が展開され、適切な援助が行われるよう、教育及び保育の内容並びに子育ての支援等に関する全体的な計画に基づき、食事の提供を含む食育の計画を作成し、指導計画に位置付けるとともに、その評価及び改善に努めること。

5 保護者や地域の多様な関係者との連携及び協働の下で、食に関する取組が進められること。また、市町村の支援の下に、地域の関係機関等との日常的な連携を図り、必要な協力が得られるよう努めること。

第3 環境及び衛生管理並びに安全管理

2 事故防止及び安全対策

（1）在園時の事故防止のために、園児の心身の状態等を踏まえつつ、認定こども園法第27条において準用する学校保健安全法第27条の学校安全計画の策定等を通じ、全職員の共通理解や体制づくりを図るとともに、家庭や地域の関係機関の協力の下に安全指導を行うこと。

第4 災害への備え

2 災害発生時の対応体制及び避難への備え

（3）災害の発生時に、保護者等への連絡及び子どもの引渡しを円滑に行うため、日頃から保護者

との密接な連携に努め、連絡体制や引渡し方法等について確認をしておくこと。

第4章 子育ての支援

> ※本書法資料：幼保連携型認定こども園教育・保育要領解説（抄）p.250を参照のこと。

幼稚園教育要領（抄）（平成29年3月31日 文部科学省 告示）

前文

教育は、教育基本法第1条に定めるとおり、人格の完成を目指し、平和で民主的な国家及び社会の形成者として必要な資質を備えた心身ともに健康な国民の育成を期すという目的のもと、同法第2条に掲げる次の目標を達成するよう行われなければならない。

1 幅広い知識と教養を身に付け、真理を求める態度を養い、豊かな情操と道徳心を培うとともに、健やかな身体を養うこと。

2 個人の価値を尊重して、その能力を伸ばし、創造性を培い、自主及び自律の精神を養うとともに、職業及び生活との関連を重視し、勤労を重んずる態度を養うこと。

3 正義と責任、男女の平等、自他の敬愛と協力を重んずるとともに、公共の精神に基づき、主体的に社会の形成に参画し、その発展に寄与する態度を養うこと。

4 生命を尊び、自然を大切にし、環境の保全に寄与する態度を養うこと。

5 伝統と文化を尊重し、それらをはぐくんできた我が国と郷土を愛するとともに、他国を尊重し、国際社会の平和と発展に寄与する態度を養うこと。

また、幼児期の教育については、同法第11条に掲げるとおり、生涯にわたる人格形成の基礎を培う重要なものであることにかんがみ、国及び地方公共団体は、幼児の健やかな成長に資する良好な環境の整備その他適当な方法によって、その振興に努めなければならないこととされている。

これからの幼稚園には、学校教育の始まりとして、こうした教育の目的及び目標の達成を目指しつつ、一人一人の幼児が、将来、自分のよさや可能性を認識するとともに、あらゆる他者を価値のある存在として尊重し、多様な人々と協働しながら様々な社会的変化を乗り越え、豊かな人生を切り拓き、持続可能な社会の創り手となることができるようにするた

法資料

めの基礎を培うことが求められる。このために必要
な教育の在り方を具体化するのが，各幼稚園におい
て教育の内容等を組織的かつ計画的に組み立てた教
育課程である。

　教育課程を通して，これからの時代に求められる
教育を実現していくためには，よりよい学校教育を
通してよりよい社会を創るという理念を学校と社会
とが共有し，それぞれの幼稚園において，幼児期に
ふさわしい生活をどのように展開し，どのような資
質・能力を育むようにするのかを教育課程において
明確にしながら，社会との連携及び協働によりその
実現を図っていくという，社会に開かれた教育課程
の実現が重要となる。

　幼稚園教育要領とは，こうした理念の実現に向け
て必要となる教育課程の基準を大綱的に定めるもの
である。幼稚園教育要領が果たす役割の一つは，公
の性質を有する幼稚園における教育水準を全国的に
確保することである。また，各幼稚園がその特色を
生かして創意工夫を重ね，長年にわたり積み重ねら
れてきた教育実践や学術研究の蓄積を生かしなが
ら，幼児や地域の現状や課題を捉え，家庭や地域社
会と協力して，幼稚園教育要領を踏まえた教育活動
の更なる充実を図っていくことも重要である。

　幼児の自発的な活動としての遊びを生み出すため
に必要な環境を整え，一人一人の資質・能力を育ん
でいくことは，教職員をはじめとする幼稚園関係者
はもとより，家庭や地域の人々も含め，様々な立場
から幼児や幼稚園に関わる全ての大人に期待される
役割である。家庭との緊密な連携の下，小学校以降
の教育や生涯にわたる学習とのつながりを見通しな
がら，幼児の自発的な活動としての遊びを通しての
総合的な指導をする際に広く活用されるものとなる
ことを期待して，ここに幼稚園教育要領を定める。

第1章　総則
第1　幼稚園教育の基本
　幼児期の教育は，生涯にわたる人格形成の基礎を
培う重要なものであり，幼稚園教育は，学校教育法
に規定する目的及び目標を達成するため，幼児期の
特性を踏まえ，環境を通して行うものであることを
基本とする。(略)
第3　教育課程の役割と編成等
2　各幼稚園の教育目標と教育課程の編成
　教育課程の編成に当たっては，幼稚園教育におい
て育みたい資質・能力を踏まえつつ，各幼稚園の教
育目標を明確にするとともに，教育課程の編成につ

いての基本的な方針が家庭や地域とも共有されるよ
う努めるものとする。
4　教育課程の編成上の留意事項
（2）入園当初，特に，3歳児の入園については，
家庭との連携を緊密にし，生活のリズムや安全面に
十分配慮すること。また，満3歳児については，学
年の途中から入園することを考慮し，幼児が安心し
て幼稚園生活を過ごすことができるよう配慮するこ
と。

第5　特別な配慮を必要とする幼児への指導
1　障害のある幼児などへの指導
　障害のある幼児などへの指導に当たっては，集団
の中で生活することを通して全体的な発達を促して
いくことに配慮し，特別支援学校などの助言又は援
助を活用しつつ，個々の幼児の障害の状態などに応
じた指導内容や指導方法の工夫を組織的かつ計画的
に行うものとする。また，家庭，地域及び医療や福
祉，保健等の業務を行う関係機関との連携を図り，
長期的な視点で幼児への教育的支援を行うために，
個別の教育支援計画を作成し活用することに努める
とともに，個々の幼児の実態を的確に把握し，個別
の指導計画を作成し活用することに努めるものとす
る。

第6　幼稚園運営上の留意事項
2　幼児の生活は，家庭を基盤として地域社会を
　通じて次第に広がりをもつものであることに留
　意し，家庭との連携を十分に図るなど，幼稚園
　における生活が家庭や地域社会と連続性を保ち
　つつ展開されるようにするものとする。

　　その際，地域の自然，高齢者や異年齢の子供
　などを含む人材，行事や公共施設などの地域の
　資源を積極的に活用し，幼児が豊かな生活体験
　を得られるように工夫するものとする。また，
　家庭との連携に当たっては，保護者との情報交
　換の機会を設けたり，保護者と幼児との活動の
　機会を設けたりなどすることを通じて，保護者
　の幼児期の教育に関する理解が深まるよう配慮
　するものとする。

3　地域や幼稚園の実態等により，幼稚園間に加
　え，保育所，幼保連携型認定こども園，小学校，
　中学校，高等学校及び特別支援学校などとの間
　の連携や交流を図るものとする。特に，幼稚園
　教育と小学校教育の円滑な接続のため，幼稚園
　の幼児と小学校の児童との交流の機会を積極的
　に設けるようにするものとする。また，障害の

242

ある幼児児童生徒との交流及び共同学習の機会を設け，共に尊重し合いながら協働して生活していく態度を育むよう努めるものとする。

第7 教育課程に係る教育時間終了後等に行う教育活動など

幼稚園は，第3章に示す教育課程に係る教育時間の終了後等に行う教育活動について，学校教育法に規定する目的及び目標並びにこの章の第1に示す幼稚園教育の基本を踏まえ実施するものとする。また，幼稚園の目的の達成に資するため，幼児の生活全体が豊かなものとなるよう家庭や地域における幼児期の教育の支援に努めるものとする。

第3章 教育課程に係る教育時間の終了後等に行う教育活動などの留意事項

1 地域の実態や保護者の要請により，教育課程に係る教育時間の終了後等に希望する者を対象に行う教育活動については，幼児の心身の負担に配慮するものとする。また，次の点にも留意するものとする。

（1）教育課程に基づく活動を考慮し，幼児期にふ

さわしい無理のないものとなるようにすること。その際，教育課程に基づく活動を担当する教師と緊密な連携を図るようにすること。

（2）家庭や地域での幼児の生活も考慮し，教育課程に係る教育時間の終了後等に行う教育活動の計画を作成するようにすること。その際，地域の人々と連携するなど，地域の様々な資源を活用しつつ，多様な体験ができるようにすること。

（3）家庭との緊密な連携を図るようにすること。その際，情報交換の機会を設けたりするなど，保護者が，幼稚園と共に幼児を育てるという意識が高まるようにすること。

（4）地域の実態や保護者の事情とともに幼児の生活のリズムを踏まえつつ，例えば実施日数や時間などについて，弾力的な運用に配慮すること。

（5）適切な責任体制と指導体制を整備した上で行うようにすること。

> ※2については、本書法資料：幼稚園教育要領解説（抄）p.256 を参照のこと。

保育所保育指針解説（抄）(平成 30 年 2 月 厚生労働省)

第4章 子育て支援

> 保育所における保護者に対する子育て支援は、全ての子どもの健やかな育ちを実現することができるよう、第1章及び第2章等の関連する事項を踏まえ、子どもの育ちを家庭と連携して支援していくとともに、保護者及び地域が有する子育てを自ら実践する力の向上に資するよう、次の事項に留意するものとする。

【保育所における保護者に対する子育て支援の原則】

児童福祉法第 18 条の 4 は、「この法律で、保育士とは、第 18 条の 18 第 1 項の登録を受け、保育士の名称を用いて、専門的知識及び技術をもって、児童の保育及び児童の保護者に対する保育に関する指導を行うことを業とする者をいう」と定めている。

子どもの保護者に対する保育に関する指導とは、保護者が支援を求めている子育ての問題や課題に対して、保護者の気持ちを受け止めつつ行われる、子育てに関する相談、助言、行動見本の提示その他の援助業務の総体を指す。子どもの保育に関する専門性を有する保育士が、各家庭において安定した親子関係が築かれ、保護者の養育力の向上につながることを目指して、保育の専門的知識・技術を背景としながら行うものである。

保育所における保護者に対する子育て支援は、子どもの最善の利益を念頭に置きながら、保育と密接に関連して展開されるところに特徴があることを理解して行う必要がある。

【保護者と連携して子どもの育ちを支える視点】

保護者に対する子育て支援に当たっては、保育士等が保護者と連携して子どもの育ちを支える視点をもって、子どもの育ちの姿とその意味を保護者に丁寧に伝え、子どもの育ちを保護者と共に喜び合うことを重視する。保護者の養育する姿勢や力の発揮を支えるためにも、保護者自身の主体性、自己決定を尊重することが基本となる。

そのため、子育て支援を行うに当たっては、子どもと保護者の関係、保護者同士の関係、子どもや保護者

法資料

と地域の関係を把握し、それらの関係性を高めることが保護者の子育てや子どもの成長を支える大きな力になることを念頭に置いて、働きかけることが大切である。

1 保育所における子育て支援に関する基本的事項

（1）保育所の特性を生かした子育て支援

> ア 保護者に対する子育て支援を行う際には、各地域や家庭の実態等を踏まえるとともに、保護者の気持ちを受け止め、相互の信頼関係を基本に、保護者の自己決定を尊重すること。

【保護者に対する基本的態度】

保育所における子育て支援に当たり、保育士等には、一人一人の保護者を尊重しつつ、ありのままを受け止める受容的態度が求められる。受容とは、不適切と思われる行動等を無条件に肯定することではなく、そのような行動も保護者を理解する手がかりとする姿勢を保ち、援助を目的として敬意をもってより深く保護者を理解することである。また、援助の過程においては、保育士等は保護者自らが選択、決定していくことを支援することが大切である。このような援助関係は、安心して話をすることができる状態が保障されていること、プライバシーの保護や守秘義務が前提となる。このように保育士等が守秘義務を前提としつつ保護者を受容し、その自己決定を尊重する過程を通じて両者の間に信頼関係が構築されていく。

また、保育士等が保護者の不安や悩みに寄り添い、子どもへの愛情や成長を喜ぶ気持ちを共感し合うことによって、保護者は子育てへの意欲や自信を膨らませることができる。保護者とのコミュニケーションにおいては、子育てに不安を感じている保護者が子育てに自信をもち、子育てを楽しいと感じることができるよう、保育所や保育士等による働きかけや環境づくりが望まれる。

【保護者とのコミュニケーションの実際】

保育所における保護者とのコミュニケーションは、日常の送迎時における対話や連絡帳、電話又は面談など、様々な機会をとらえて行うことができる。保護者に対して相談や助言を行う保育士等は、保護者の受容、自己決定の尊重、プライバシーの保護や守秘義務などの基本的姿勢を踏まえ、子どもと家庭の実態や保護者の心情を把握し、保護者自身が納得して解決に至ることができるようにする。

その上で、状況に応じて、地域の関係機関等との連携を密にし、それらの専門性の特性と範囲を踏まえた対応を心がけることが必要である。なお、保育所が特に連携や協働を必要とする地域の関係機関や関係者としては、市町村（保健センター等の母子保健部門・子育て支援部門等）、要保護児童対策地域協議会、児童相談所、福祉事務所（家庭児童相談室）、児童発達支援センター、児童発達支援事業所、民生委員、児童委員（主任児童委員）、教育委員会、小学校、中学校、高等学校、地域子育て支援拠点、地域型保育（家庭的保育、小規模保育、居宅訪問型保育、事業所内保育）、市区町村子ども家庭総合支援拠点、子育て世代包括支援センター、ファミリー・サポート・センター事業（子育て援助活動支援事業）、関連 NPO 法人等が挙げられる。

> イ 保育及び子育てに関する知識や技術など、保育士等の専門性や、子どもが常に存在する環境など、保育所の特性を生かし、保護者が子どもの成長に気付き子育ての喜びを感じられるように努めること。

保育所は、日々子どもが通う施設であることから、継続的に子どもの発達の援助及び保護者に対する子育て支援を行うことができる。また、保育士や看護師、栄養士等の専門性を有する職員が配置されているとともに、子育て支援の活動にふさわしい設備を備えている施設である。さらに、地域の公的施設として、様々な社会資源との連携や協力が可能である。こうしたことを踏まえ、保護者に対する子育て支援に当たっては、必要に応じて計画や記録を作成し、改善に向けた振り返りを行いながら、保育所の特性を十分に生かして行われることが望まれる。

また保育所は、地域において子育て支援を行う施設の一つであり、乳児期から就学前に至る一人一人の様々な育ちを理解し支える保育を実践している場でもある。保育士等が、子どもを深く理解する視点を伝えたり、その実践を示したりすることも、保護者にとっては大きな支援になる。

そのため、保護者の養育力の向上につながる取組としては、保育所を利用している保護者に対しては、保育参観や参加などの機会を、また地域の子育て家庭に対しては、行事への親子参加や保育体験への参加などの機会を提供することが考えられる。保護者が、他の子どもと触れ合うことは、自分の子どもの育ちを客観的に捉えることにもつながることから、子育て支援においても、子どもがいるという保育所の特性を活用す

保育所保育指針解説（抄）（第４章１〜２（１）ア）

ることが望ましい。

また、このような取組においては、保護者同士の交流や相互支援又は保護者の自主的活動などを支える視点をももちながら、実施することが大切である。

（２）子育て支援に関して留意すべき事項

ア　保護者に対する子育て支援における地域の関係機関等との連携及び協働を図り、保育所全体の体制構築に努めること。

保護者に対する子育て支援を適切に行うためには、保育所の機能や専門性を十分に生かすことが重要である。その上で、自らの役割や専門性の範囲に加え、関係機関及び関係者の役割や機能をよく理解し、保育所のみで抱え込むことなく、連携や協働を常に意識して、様々な社会資源を活用しながら支援を行うことが求められる。

また、地域における子育て支援に関する情報を把握し、それらを状況に応じて保護者に適切に紹介、提供することも大切である。

子育てに対する不安や地域における孤立感などを背景に、子どもや子育てに関する相談のニーズも増大している。そうした中、市町村や児童相談所等においては、子どもの福祉を図り権利を擁護するために、子育て家庭の相談に応じ、子ども及び子育て家庭の抱える問題やニーズ、置かれている状況等を的確に捉え、個々の子どもや家庭にとって最も効果的な援助を行っていくことが求められている。保育所における子育て家庭への支援は、このような地域において子どもや子育て家庭に関するソーシャルワークの中核を担う機関と、必要に応じて連携をとりながら行われるものである。そのため、ソーシャルワークの基本的な姿勢や知識、技術等についても理解を深めた上で、支援を展開していくことが望ましい。

こうした関係機関との連携・協働や地域の情報の把握及び保護者への情報提供に当たっては、保育所全体での理解の共有や、担当者を中心とした保育士等の連携体制の構築に努め、組織的に取り組むことが重要である。

イ　子どもの利益に反しない限りにおいて、保護者や子どものプライバシーを保護し、知り得た事柄の秘密を保持すること。

保護者に対する子育て支援に当たり、保護者や子どものプライバシーの保護や知り得た事柄の秘密保持は、必ず遵守しなければならない。プライバシーの保護とは、その本人が特定されるような情報や私生活に関わる情報を守ることであり、知り得た事柄の秘密保持とは本人が他言しないでほしいと望む全ての情報を守ることである。設備運営基準第14条の２は、「児童福祉施設の職員は、正当な理由がなく、その業務上知り得た利用者又はその家族の秘密を漏らしてはならない」、「児童福祉施設は、職員であつた者が、正当な理由がなく、その業務上知り得た利用者又はその家族の秘密を漏らすことがないよう、必要な措置を講じなければならない」と定めている。特に保育士については、児童福祉法第18条の22において「保育士は、正当な理由がなく、その業務に関して知り得た人の秘密を漏らしてはならない。保育士でなくなつた後においても、同様とする」とされ、同法第61条の２で、違反した場合の罰則も定めている。

ただし、子どもが虐待を受けている状況など、秘密を保持することが子どもの福祉を侵害するような場合は、児童福祉法第25条及び児童虐待防止法第６条において通告の義務が明示されている通り、守秘義務違反には当たらない。

２　保育所を利用している保護者に対する子育て支援

（１）保護者との相互理解

ア　日常の保育に関連した様々な機会を活用し子どもの日々の様子の伝達や収集、保育所保育の意図の説明などを通じて、保護者との相互理解を図るよう努めること。

家庭と保育所の相互理解は、子どもの家庭での生活と保育所生活の連続性を確保し、育ちを支えるために欠かせないものである。設備運営基準第36条は、「保育所の長は、常に入所している乳幼児の保護者と密接な連絡をとり、保育の内容等につき、その保護者の理解及び協力を得るよう努めなければならない」と定めている。保育所保育が、保護者との緊密な連携の下で行われることは、子どもの最善の利益を考慮し、子どもの福祉を重視した保護者支援を進める上で極めて重要である。

245

法資料

　家庭と保育所が互いに理解し合い、その関係を深めるためには、保育士等が保護者の置かれている状況を把握し、思いを受け止めること、保護者が保育所における保育の意図を理解できるように説明すること、保護者の疑問や要望には対話を通して誠実に対応すること、保育士等と保護者の間で子どもに関する情報の交換を細やかに行うこと、子どもへの愛情や成長を喜ぶ気持ちを伝え合うことなどが必要である。

　そのための手段や機会として、連絡帳、保護者へのお便り、送迎時の対話、保育参観や保育への参加、親子遠足や運動会などの行事、入園前の見学、個人面談、家庭訪問、保護者会などがある。このような手段や機会を子育て支援に活用する際には、保護者の子育てに対する自信や意欲を支えられるように、内容や実施方法を工夫することが望まれる。

> イ　保育の活動に対する保護者の積極的な参加は、保護者の子育てを自ら実践する力の向上に寄与することから、これを促すこと。

　保育所における保育の活動への保護者の参加は、保護者の自ら子育てを実践する力を高める上でも重要な取組であるといえる。例えば、保護者が子どもの遊びに参加することで、子どもの遊びの世界や言動の意味を理解したり、専門性を有する保育士等が子どもの心の揺れ動きに応じてきめ細かに関わる様子を見て、接し方への気付きを得たりする。また、他の子どもを観察したり、自分の子ども以外の子どもと関わったりすることを通じて、子どもの発達についての見通しをもつことができることもある。さらに、保護者が保育士等と共に活動する中で、自分でも気付かなかった子育てに対する有能感を感じることもある。

　ただし、保護者の就労や生活の形態は多様であるため、全ての保護者がいつでも子どもの活動に参加したり、保護者同士が関わる時間を容易につくったりすることができるわけではないことに留意する必要がある。保育所においては、活動の内容を工夫したり、活動の時間や日程に幅をもたせたりするなど、保護者の状況に配慮して機会を提供することが求められる。

（２）保護者の状況に配慮した個別の支援

> ア　保護者の就労と子育ての両立等を支援するため、保護者の多様化した保育の需要に応じ、病児保育事業など多様な事業を実施する場合には、保護者の状況に配慮するとともに、子どもの福祉が尊重されるよう努め、子どもの生活の連続性を考慮すること。

　保護者の仕事と子育ての両立等を支援するため、多様な保育の需要に応じた事業を実施する場合、保護者の状況に配慮するとともに、常に子どもの福祉の尊重を念頭に置き、子どもの生活への配慮がなされるよう、家庭と連携、協力していく必要がある。

　病児保育事業を行う場合は、特に受入れ体制やルールについて、保護者に十分に説明し、体調の急変時における対応の確認等、子どもの負担が少なくなるよう保護者と連携して進めることが大切である。

　延長保育等に当たっては、子どもの発達の状況、健康状態、生活習慣、生活のリズム及び情緒の安定に配慮して保育を行うよう留意する必要がある。夕方の食事又は補食の提供は、子どもの状況や家庭での生活時間を踏まえて適切に行うことが必要である。その際、保育士等間の様々な必要事項の申し送りや保護者への連絡事項についても漏れのないよう注意しなければならない。

　これらの事業においては、子どもにとって通常の保育とは異なる環境や集団の構成となることから、子どもが安定して豊かな時間を過ごすことができるように工夫することが重要である。

> イ　子どもに障害や発達上の課題が見られる場合には、市町村や関係機関と連携及び協力を図りつつ、保護者に対する個別の支援を行うよう努めること。

　障害者の権利に関する条約（平成26年1月批准）第19条は障害者の地域社会への参加・包容（インクルージョン）の促進を定めている。また、子ども・子育て支援法（平成24年法律第65号）第2条第2項において、「子ども・子育て支援の内容及び水準は、全ての子どもが健やかに成長するように支援するものであって、良質かつ適切なものでなければならない」と規定している。こうした法※の趣旨を踏まえ、障害や発達上の課題が見られる子どもの保育に当たっては、第1章の3の（2）のキに規定されている事項を十分に考慮し、家庭との連携を密にするとともに、子どもだけでなく保護者を含む家庭への援助に関する計画や記録を個別に作成するなど、適切な対応を図る必要がある。

　また、かかりつけ医や保健センター等との連携をはじめ、育てにくさを感じている保護者に対しては、子

育てに前向きになれるよう子どもへの理解や対応についてのプログラムを紹介したり、児童発達支援センター等の専門機関からの助言を受けたりするなど、状況に応じて関係機関と協力しながら支援していくことが重要である。就学に際しては、保護者の意向を丁寧に受け止めつつ、小学校や特別支援学校等、就学先との連携を図ることが求められる。

他の子どもや保護者に対しても、保育所としての方針や取組等について丁寧に説明するとともに、必要に応じて障害に対する正しい知識や認識ができるように配慮する。

※他にも、障害を理由とする差別の解消の推進に関する法律（平成25年法律第65号）第5条では、社会的障壁の除去のための合理的配慮について規定している。また、発達障害者支援法（平成16年法律第167号）第7条は、市町村は保育の実施に当たって、「発達障害児の健全な発達が他の児童と共に生活することを通じて図られるよう適切な配慮をするものとする」と規定している。

ウ　外国籍家庭など、特別な配慮を必要とする家庭の場合には、状況等に応じて個別の支援を行うよう努めること。

外国籍家庭や外国にルーツをもつ家庭、ひとり親家庭、貧困家庭等、特別な配慮を必要とする家庭では、社会的困難を抱えている場合も多い。例えば、日本語によるコミュニケーションがとりにくいこと、文化や習慣が異なること、家庭での育児を他に頼ることができないこと、生活が困窮していることなど、その問題も複雑化、多様化している。また、多胎児、低出生体重児、慢性疾患のある子どもの場合、保護者は子育てに困難や不安、負担感を抱きやすい状況にあり、子どもの生育歴や各家庭の状況に応じた支援が必要となる。

こうした様々な問題に不安を感じている保護者は、その悩みを他者に伝えることができず、問題を抱え込む場合もある。保育士等は保護者の不安感に気付くことができるよう、送迎時などにおける丁寧な関わりの中で、家庭の状況や問題を把握する必要がある。子どもの発達や行動の特徴、保育所での生活の様子を伝えるなどして子どもの状況を保護者と共有するとともに、保護者の意向や思いを理解した上で、必要に応じて市町村等の関係機関やかかりつけ医と連携するなど、社会資源を生かしながら個別の支援を行う必要がある。

（3）不適切な養育等が疑われる家庭への支援

ア　保護者に育児不安等が見られる場合には、保護者の希望に応じて個別の支援を行うよう努めること。

少子化や核家族化、地域内におけるつながりの希薄化が進む中で、子育てをする上で孤立感を抱く人や、子どもに関わったり世話をしたりする経験が乏しいまま親になる人も増えている。子どもや子育てについての知識がないために、適切な関わり方や育て方が分からなかったり、身近に相談や助言を求める相手がおらず、子育てに悩みや不安を抱いたり、子どもに身体的・精神的苦痛を与えるような関わりをしたりしてしまう保護者もいる。

こうした保護者に対しては、保育士等が有する専門性を生かした支援が不可欠である。保育士等は、一人一人の子どもの発達及び内面についての理解と保護者の状況に応じた支援を行うことができるよう、援助に関する知識や技術等が求められる。内容によっては、それらの知識や技術に加えて、ソーシャルワークやカウンセリング等の知識や技術を援用することが有効なケースもある。

保育所において実際に個別の支援を行う場合には、必要に応じて市町村など他の機関と連携するとともに、保育所での支援の中心となる保育士等を施設長や主任保育士、他の保育士等と役割分担を行いながら支えるといった体制をつくり、組織的な対応を行う必要がある。

イ　保護者に不適切な養育等が疑われる場合には、市町村や関係機関と連携し、要保護児童対策地域協議会で検討するなど適切な対応を図ること。また、虐待が疑われる場合には、速やかに市町村又は児童相談所に通告し、適切な対応を図ること。

【不適切な養育等が疑われた場合】

保護者に不適切な養育等や虐待が疑われる場合には、保育所と保護者との間で子育てに関する意向や気持ちにずれや対立が生じうる恐れがあることに留意し、日頃から保護者との接触を十分に行い、保護者と子どもの関係に気を配り、市町村をはじめとした関係機関との連携の下に、子どもの最善の利益を重視して支援を行うことが大切である。そうすることで保護者の養育の姿勢に変化をもたらし、虐待の予防や養育の改善に寄与する可能性を広げることになる。

法資料

【関係機関との連携】

　保育所や保育士等による対応では不十分、あるいは限界があると判断される場合には、関係機関との密接な連携がより強く求められる。特に児童虐待防止法が規定する通告義務は保育所や保育士等にも課せられており、虐待が疑われる場合には、市町村又は児童相談所への速やかな通告とともに、これらをはじめとする関係機関との連携、協働が求められる。不適切な養育の兆候が見られたり虐待が疑われたりする場合の対応については、児童福祉法第21条の10の5において、保護者の養育を支援することが特に必要と認められる児童及びその保護者等を把握した場合の市町村への情報提供について、同法第25条において要保護児童を発見した場合の通告義務について規定されている。「子ども虐待対応の手引き（平成25年8月改正版）」（平成25年8月23日付け雇児総発0823第1号厚生労働省雇用均等・児童家庭局総務課長通知）においては、保育所が組織的対応を図ること、虐待に関する事実関係はできるだけ細かく具体的に記録しておくことなどが記載されている。こうしたことや第3章の1の（1）のウの内容を踏まえ、状況の把握や通告に関するマニュアルなどを作成し活用するとともに、要保護児童対策地域協議会（子どもを守る地域ネットワーク）に参画し、地域の専門機関や専門職等との関係を深めることが重要である。特に、具体的な支援策を協議する個別ケース検討会議には積極的に参加し、情報の提供及び共有や連携体制の構築に努める。

　なお、要保護児童対策地域協議会とは、虐待を受けている子どもをはじめとする支援対象児童等の早期発見や適切な保護を図るため、関係機関等が情報や考え方を共有し、適切な連携の下で対応していくためのネットワークをいう。ここで共有された情報については、守秘義務が課せられる。保育所がこの協議会の一員となることによって関係機関との密接な連携を図り、子育て家庭への支援を関係機関と共に担っていくことが重要である。

3 地域の保護者等に対する子育て支援

（1）地域に開かれた子育て支援

> ア　保育所は、児童福祉法第48条の4の規定に基づき、その行う保育に支障がない限りにおいて、地域の実情や当該保育所の体制等を踏まえ、地域の保護者等に対して、保育所保育の専門性を生かした子育て支援を積極的に行うよう努めること。

【保育所の地域における子育て支援の役割】

　保育所における地域の保護者に対する子育て支援については、児童福祉法第48条の4において、保育所における通常業務である保育に支障をきたさない範囲で、情報提供と相談及び助言を行うよう努めることと規定されている。

　近年、地域における子育て支援の役割がより一層重視されている状況を踏まえ、保育所がその意義を認識し、保育の専門的機能を地域の子育て支援において積極的に展開することが望まれる。その際、保育所が所在する地域の実情や、各保育所の特徴を踏まえて行うことが重要である。

　また、子ども・子育て支援法に基づき地域における子育て支援の推進が図られる中、子育て支援を行う団体は多様化及び増加している。こうした地域における様々な団体の活動と連携して、保育所の子育て支援を進めていくことも大切である。

【保育所の特性を生かした地域子育て支援】

　地域における子育て支援に当たっても、保育所の特性を生かして行うことが重要である。

　例えば、食事や排泄せつなどの基本的生活習慣の自立に関することや、遊びや玩具、遊具の使い方、子どもとの適切な関わり方などについて、一人一人の子どもや保護者の状況に応じて、具体的に助言したり、行動見本を実践的に提示したりすることなどが挙げられる。

　また、子どもに対して、体罰や言葉の暴力など身体的・精神的苦痛を与えるような行為が不適切であり、してはならないものであることについても、丁寧に伝えることが必要である。

　さらに、親子遊びや離乳食づくり、食育等に関する様々な育児講座や体験活動、給食の試食会など、保育所の特色、地域のニーズなどに合わせた取組を進めていくことが求められる。

　こうした取組を進める上で、保護者が参加しやすい雰囲気づくりを心がけることが大切である。気軽に訪れ、相談することができる保育所が身近にあることは、家庭で子どもを育てていく上での安心感につながる。

育児不安を和らげ、虐待の防止に資する役割が保育所にも求められていることを踏まえ、地域の子育て家庭を受け入れていくことが重要である。

地域の実情に応じた取組を通して、それぞれの地域が抱える子育ての課題や多様な保護者への理解を積み重ねていくことで、保育所は、更に地域の実態に即した子育て支援を行うことができるようになっていく。こうした経験を通じて得た地域の子育て家庭への理解を、各保育所の体制に応じて支援に生かしていくことが望まれる。

> イ　地域の子どもに対する一時預かり事業などの活動を行う際には、一人一人の子どもの心身の状態などを考慮するとともに、日常の保育との関連に配慮するなど、柔軟に活動を展開できるようにすること。

地域の実情に応じた子育て支援の一環として、一時預かりや休日保育などを実施するに当たっては、一人一人の子どもの家庭での生活と保育所における生活との連続性に配慮する必要がある。家庭での過ごし方などにより、生活のリズムや生活の仕方が異なることに十分配慮して、子どもが無理なく過ごすことができるよう、必要に応じて午睡の時間を設けたり、子どもがくつろぐことのできる場を設けたりするなど、一日の流れや環境を工夫することが大切である。

一時預かり等では、子どもは日頃の生活ではなじみのない大人や他の子どもと過ごしたり、その時々によって構成の異なる集団での生活を経験したりすることになる。そのため、家庭での様子などを踏まえ、一人一人の子どもの心身の状態などを考慮して保育することが求められる。

また、状況に応じて、保育所で行っている活動や行事に参加するなど、日常の保育と関連付けながら、柔軟な保育を行うことが大切である。

なお、こうした事業等を行う際に、保育中の怪我や事故の防止に十分配慮するとともに、事故発生時の対応や連絡方法等を明確にしておくことが必要である。

（2）地域の関係機関等との連携

> ア　市町村の支援を得て、地域の関係機関等との積極的な連携及び協働を図るとともに、子育て支援に関する地域の人材と積極的に連携を図るよう努めること。

子ども・子育て支援法第59条において、市町村が行う地域子ども・子育て支援事業として13の事業が示されている。各保育所においては、一時預かり事業や延長保育事業等の保育所が中心となって取り組むことが想定される事業と、乳児家庭全戸訪問事業等の主に他の組織で取り組むことが適当である事業について、認識を整理した上で、自治体と連携し、地域全体の状況を把握して必要な事業を実施することが大切である。地域の実情を踏まえて、また関係機関、関係者の状況などを視野に入れて、地域に応じた子育て支援を実施することが望まれる。

保育所が地域に開かれた子育て支援に関する活動をすることは、地域におけるより広い年代の子どもの健全育成にも有効である。小学校、中学校、高等学校が実施する乳幼児とのふれあい交流や保育体験に保育所が協力するなど、次世代育成支援の観点から、将来に向けて地域の子育て力の向上につながるような支援を展開していくことが求められている。

保育所の地域における子育て支援に関わる活動が、関係機関との連携や協働、子育て支援に関する地域の様々な人材の積極的な活用の下で展開されることで、子どもの健全育成や子育て家庭の養育力の向上、親子をはじめとする様々な人間関係づくりに寄与し、地域社会の活性化へとつながっていくことが期待される。保護者や地域の人々と子育ての喜びを分かち合い、子育てなどに関する知恵や知識を交換し、子育ての文化や子どもを大切にする価値観等を共に紡ぎ出していくことも保育所の大切な役割である。

> イ　地域の要保護児童への対応など、地域の子どもを巡る諸課題に対し、要保護児童対策地域協議会など関係機関等と連携及び協力して取り組むよう努めること。

地域において、子育て家庭は周囲との関係が希薄になりがちな状況にあることも少なくない。保育所による地域の保護者等に対する子育て支援を通して、地域の子どもや子育て家庭を巡る諸問題の発生を予防又は早期に察知し、その解決に寄与することは重要である。特に、保護を必要とする子どもへの対応に関しては、極めて重大な役割を担っている。虐待の防止や必要な対応を積極的に進めるとともに、要保護児童対策地域

法資料

協議会での情報の共有や関係機関等との連携及び協力を図っていくことが求められる。

幼保連携型認定こども園教育・保育要領解説（抄）（平成 30 年 3 月　内閣府 文部科学省 厚生労働省）

第4章　子育ての支援

第1節　子育ての支援の取組

> 幼保連携型認定こども園における保護者に対する子育ての支援は、子どもの利益を最優先して行うものとし、第1章及び第2章等の関連する事項を踏まえ、子どもの育ちを家庭と連携して支援していくとともに、保護者及び地域が有する子育てを自ら実践する力の向上に資するよう、次の事項に留意するものとする。

保護者に対する子育ての支援に当たっては、教育・保育要領第1章の第1に示す教育及び保育の基本及び目標を踏まえることとなっており、教育及び保育の目標に示されている「子どもの最善の利益」を踏まえなければならないことはいうまでもない。一人一人の子どもの存在そのものを尊重し、子どもの立場に立った子育ての支援を行う必要がある。

保護者に対する子育ての支援は、それぞれの保護者や子どもの状況を踏まえて、保護者と子どもとの安定した関係や保護者の養育力の向上に寄与するためにも行われるものであることを常に留意する必要があり、そのためには、子どもと保護者との関係、保護者同士の関係、地域と子どもや保護者との関係を把握し、それらの関係性を高めることが、保護者の子育てや子どもの成長を支える大きな力になることを念頭に置いて働き掛けることが大切である。幼保連携型認定こども園における子育ての支援は、教育及び保育の内容と有機的な連携を図りながら取り組むことが重要である。

第2節 子育ての支援全般に関わる事項

1 保護者の自己決定の尊重

> 1　保護者に対する子育ての支援を行う際には、各地域や家庭の実態等を踏まえるとともに、保護者の気持ちを受け止め、相互の信頼関係を基本に、保護者の自己決定を尊重すること。

（略）

【保護者とのコミュニケーションの実際】

幼保連携型認定こども園における保護者とのコミュニケーションは、在園している園児の保護者とは、日常の送迎時における対話や連絡帳、電話又は面談などの機会を捉えて、また、地域の子育て家庭の保護者とは、子育て支援事業として園が行う様々な機会や、相談会等、改めて企画する機会を通してなど、様々な機会を捉えて行うことができる。（略）

第3節 幼保連携型認定こども園の園児の保護者に対する子育ての支援

2 教育及び保育における活動に対する保護者の積極的な参加

> 2　教育及び保育の活動に対する保護者の積極的な参加は、保護者の子育てを自ら実践する力の向上に寄与するだけでなく、地域社会における家庭や住民の子育てを自ら実践する力の向上及び子育ての経験の継承につながるきっかけとなる。これらのことから、保護者の参加を促すとともに、参加しやすいよう工夫すること。

幼保連携型認定こども園の教育及び保育の活動に保護者が参加することは、保護者自らが子育てを実践する力の向上にとって大変意義深いものがある。保護者の就労の有無に関係なく、保護者が園の行事や係活動等に参加しやすく、子どもと関わる楽しさを感じられるような配慮が求められる。

特に保育参加では、保護者が園児の遊びや活動に参加することで、園児の遊びの世界や言動の意味、友達と関わる過程にはいざこざや気持ちの折り合いなどがあることを理解したり、保育教諭等が園児の心の揺れ動きに応じてきめ細やかに関わる様子を見て、信頼感を抱いたりし、自分の子どもへの関わりを見直すきっかけとなることもある。また、保護者が保育教諭等と共に活動する中で、自分でも気付かなかった子どもの新たな一面を知り、子どもの世界へ関心を寄せることもある。例えば、絵本の読み聞かせの活動に初めて参加した保護者が、園児が読み聞かせに聞き入ったり反応したりする姿に感動し、その後の活動への参加に意欲的になることもある。あるいは、我が子以外の園児と触れ合ったり、その要求に応じたりすることにより、

幼保連携型認定こども園教育・保育要領解説（抄）（第4章第1節〜第3節5）

園児一人一人の気持ちの表し方や育ちの姿の違いに気付き、保護者自身の子育てに広がりとゆとりをもたらすきっかけとなることもある。

　さらに、活動への参加を通して他の保護者と関わり、園児の発達への見通しをもつことができるような情報交換をすることで、園児の成長を長い目で見ていこうとするようになる。こうした保護者が増えてくると、園内外に子育てについて気軽に話すことのできる人間関係や雰囲気が醸成され、子育て仲間や子育てサークルなどの形成へとつながっていくことが期待できる。また、園で子育ての支援を受けた保護者がいずれ地域の子育て家庭への支援の担い手として活躍したり、就学後の生活で時間の使い方を助言したりする、いわば子育ての支援の循環を生み出していくことも期待できる。

　また、園は保護者の生活形態が異なることに配慮し、保護者参加の意義や目的についての理解を高めるための努力を行いながら、年度当初にあらかじめ保護者に参加してほしい年間の行事予定を配布したり、保護者が参加できる時間や日程を長く設定して選択しやすくしたり、また、保護者以外の家族も参加できる仕方を工夫したりして参加しやすい方法を考える必要がある。一方、保護者同士が気軽に話し交流することのできる場を提供したり、保育教諭等がその専門性を生かして子育てに関する相談・援助を行ったり、情報を提供したりするなど、園の保護者の実態に合わせた子育ての支援を行うことが大切である。保護者一人一人が園の関係者のみならず、園を拠点としながら広く地域の家庭や住民と温かなつながりを深めつつ、自ら子育てを実践する力の向上に結び付け、そのことが子育ての経験の継承につながるようにすることが重要である。

3 保護者の生活形態が異なることへの配慮や工夫

　3　保護者の生活形態が異なることを踏まえ、全ての保護者の相互理解が深まるように配慮すること。その際、保護者同士が子育てに対する新たな考えに出会い気付き合えるよう工夫すること。

　幼保連携型認定こども園は、保護者の生活形態がそれぞれ異なるという大きな特徴があることから、全ての保護者がいつでも同じように園児の活動に参加したり、保護者同士が関わる時間を容易につくったりすることができるわけではない。毎日の送迎時間等も異なるため、全ての保護者同士が互いに顔を見合わせる機会は少ない。交流する機会が少なく互いをよく知らないための保護者同士の誤解やトラブル等が起こらないよう、保護者同士の相互理解を深めるような配慮や工夫が必要である。

　例えば、前項で述べた保護者が園の行事等へ参加しやすくなるような配慮や工夫に加え、年度当初などの早い段階で互いの子どもやその保護者が分かるような機会を設けるなどの工夫も大切である。それとともに、日々の園生活の様子や教育及び保育の意図を便りや掲示、電子メディア等、情報手段を駆使して、対象の保護者に一律に伝わるような工夫をし、園と保護者との相互理解を高め、その結果、同じ園に通う保護者同士の一体感が育まれていくよう努めることが大切である。併せて、園児から保護者へ自分のしている遊びについて生き生きと語られることで、保護者も園の活動に自然に興味や関心をもつきっかけとなり、園からの情報と結び付けて理解を深めるようになる。

　以上のように、日々の教育及び保育の実践の様子や園としての思いをいかに伝えるかという地道な積み重ねを通じて、保護者同士の直接的な関わり合いを日常的に十分に確保することが困難であっても、顔を合わせたときには安心して話ができる関係を構築することが可能となる。共通の話題がもち上がり、互いに子育てに関する意見や感想を伝え合う関係、あるいは、そうした関係が可能となる集団を形成することが重要である。保護者の生活形態が多様であれば、子育てについての考え方や姿勢も多様である。多様さを保護者同士が互いに認め合い、保護者自身の新たな気付きや学びにつながっていくよう配慮していくことが、豊かな園生活につながっていく。

5 在園している園児を対象に行う一時預かり事業

　5　地域の実態や保護者の要請により、教育を行う標準的な時間の終了後等に希望する園児を対象に一時預かり事業などとして行う活動については、保育教諭間及び家庭との連携を密にし、園児の心身の負担に配慮すること。その際、地域の実態や保護者の事情とともに園児の生活のリズムを踏まえつつ、必要に応じて、弾力的な運用を行うこと。

　幼保連携型認定こども園における地域の実態や保護者の要請により、教育を行う標準的な時間の終了後等に希望する園児を対象に一時預かり事業などとして行う活動（以下「一時預かり事業などの活動」という。）

法資料

とは、その実施要項によれば、教育時間の前後又は、長期休業日等に、一時的に保護を行うものであり、満３歳以上の園児の保護者が、日常生活上の突発的な事情や社会参加などにより、一時的に家庭での保育が困難となる場合や、核家族化の進行や地域のつながりの希薄化などにより、育児疲れによる保護者の心理的・身体的負担を軽減するための支援として園児を一時的に預かることで、安心して子育てができる環境を整備し、必要な保護を行うものである、とされている。

　一時預かり事業などの活動を行うに当たっては、認定こども園法第２条第７項、第９条及び教育・保育要領第１章の第１の１、２に示す幼保連携型認定こども園における教育及び保育の目的及び目標、基本を踏まえた活動とする必要がある。また、教育・保育要領第１章の第２にあるとおり、「幼児期の終わりまでに育ってほしい姿」を踏まえ、「全体的な計画」の下に、長期的な視野をもって充実した生活が展開できるよう配慮することが大切である。

　そのために留意すべきこととして以下の４点を挙げる。まず第一に、園児の健康と安全についてであり、それが十分確保されるような環境を構成することが重要である。園児によって園での生活時間が多様となることから、個々の園児の健康状態を細やかに把握し、心身の負担が少なく、無理なく過ごすことができるように、一日の流れや集団の規模、環境の工夫が課題となる。例えば、必要に応じて長時間在園する園児と一緒の午睡時間や、一時預かりの園児同士での休息の時間を設けたり、あるいは、個々の園児が自分のペースでいつでも身体を休ませることができるようにくつろぐことができる場を設けたりすることなどである。特に、入園や移行、進級当初においては、園生活に対して不安や緊張が高い園児もいることから、家庭的な温かい雰囲気の物的・空間的環境が果たす役割は大きく、また、教育及び保育の内容に沿って進められる時間帯との関連において、園庭の遊具・用具の設定等をこまめに調整するなどの配慮は、安全管理や事故防止にもつながる。

　第二に、一時預かり事業などの活動内容の工夫である。一時預かり事業などの活動を行うに当たっては、園児にとって、教育及び保育を行う活動の内容との連続性が求められるが、そのためには、園児自身の視点に立ってその生活の連続性を保障できるよう考慮しなければならない。

　例えば、教育を行う標準的な時間中に、室内での遊びを中心に活動を行った場合には、一時預かり事業などの活動において、戸外で自然に触れたり、体を動かして遊んだりすることを積極的に取り入れることも必要となろう。また、夢中になって取り組んだ遊びについては、一時預かり事業などの活動においても園児は同じ活動をやってみたいと思うであろう。あるいは、一時預かり事業などの活動において、より小さな集団の規模の中で異年齢同士がゆったりと関わり合って過ごすことも、園児の生活の流れや遊びに配慮した活動といえるだろう。いずれにしても、園での生活時間が多様な個々の園児にとって無理のない一日の流れをつくり出すことが重要である。

　第三に、教育を行う標準的な時間の活動を担当する保育教諭等と一時預かり事業などの活動を担当する保育教諭等の配置や担当を工夫したり、相互に緊密な連携に基づく協力体制を築くことである。幼保連携型認定こども園においては、朝の一時預かり保育事業の活動時間帯から、教育を行う標準的な時間を経て、午後の一時預かり事業などの活動の時間並びに保育を必要とする園児の教育及び保育時間と延長保育が終了するまで一日の生活の流れに沿って、保育教諭等のシフトや配置を細かく考慮しながら行っている。長時間在園する園児と短時間の園児の人数割合にもよるが、園児一人一人が安定して園での時間を過ごせるように、時間帯を工夫して設定したり、保育教諭等をシフトさせずに固定配置したりするなど、実態に合わせた工夫が望ましい。そして、それぞれの時間帯を担当する両者が、園児の活動内容や園児の心身の健康状態などについて丁寧に引継ぎを行い、緊密な連携を図るようにすることが大切である。また、両者が連携し、互いの活動について理解した上で、一時預かり事業などの活動を展開することにより、園児の生活がこの時期にふさわしい無理のないものとなっていく。また、日々の活動について連携するのみではなく、例えば、指導計画の作成や一時預かり事業などの活動の計画の作成などにおいて連携することも大切である。さらに、それぞれを担当する保育教諭等が日頃から合同で園内研修を行う時間を工夫するなど、緊密な連携を図るとともに、それぞれの担当者がそれぞれの活動を等しく担っているという共通理解をもち、園全体の保育教諭等間の協力体制を整備することなども大切である。

そして、最後に、留意すべきこととしては、地域の実態や個々の家庭の事情を踏まえた家庭との連携を図り、園での活動と家庭生活との連続性を考えることである。一時預かり事業などの活動については、この活動を毎日希望する場合又は週の何日かを希望する場合、あるいは、幼保連携型認定こども園の設定した終了時間よりも早く帰ることを希望する場合など様々なケースが考えられるが、可能な限りそれぞれの要請に応えるよう弾力的な運用を図ることが大切である。弾力的な運用に当たり、地域の実態や保護者の事情とともに大切なことは、園児の健康な心と体を育てる観点から園児の生活のリズムに配慮することである。このため、例えば、家庭での夕食や就寝時刻が遅くなることのないように一時預かりの時間帯を設定するなどの配慮が必要である。また、家庭や地域における園児の生活を考慮しながら、一時預かり事業などの活動を行うためには、地域の育児経験者の協力を得たり、公園や図書館などの施設を活用したりするなど、様々な地域資源を活用することも考えられる。一時預かり事業などの活動の対象となる園児については、園で過ごす時間が比較的長時間となるため、家庭における教育が充実するよう家庭への働き掛けを十分に行うことも大切である。例えば、保護者が参加できる機会を提供するなど、一時預かり事業などの活動の様子を知ったり、保護者が園児との関わり方について理解を深めたりすることを通じて、家庭の教育の充実につながっていくことが期待される。一時預かり事業などの活動は、家庭の教育力を損なうものであってはならない。そのため、保護者と情報交換などを通じて緊密に連携し、一時預かり事業などの活動の趣旨や家庭における教育の重要性について保護者の理解を十分に図り、保護者が、地域の中で、幼保連携型認定こども園と共に園児を育てているという意識が高まるようにすることが大切である。

第4節　地域における子育て家庭の保護者等に対する支援

1　子育て支援事業

　1　幼保連携型認定こども園において、認定こども園法第2条第12項に規定する子育て支援事業を実施する際には、当該幼保連携型認定こども園がもつ地域性や専門性などを十分に考慮して当該地域において必要と認められるものを適切に実施すること。また、地域の子どもに対する一時預かり事業などの活動を行う際には、一人一人の子どもの心身の状態などを考慮するとともに、教育及び保育との関連に配慮するなど、柔軟に活動を展開できるようにすること。

　幼保連携型認定こども園の地域における子育て家庭の保護者に対する支援は、当該幼保連携型認定こども園がもつ地域性、例えば、子育て世代の家族の転出・転入が多かったり、子育てを支援する施設が園の周りになかったり、0歳から2歳までの期間を家庭で子育てを行う保護者の割合が多かったりなどといったことや、園自体がもっている特徴、特に園の保育教諭等の職員がもつ教育及び保育の専門性と、養護教諭、栄養教諭等がもつそれぞれの専門領域からの支援が一体となって行われることなど、幼保連携型認定こども園の特性を十分考慮して、当該地域において必要と認められるものを適切に行う必要がある。そして、地域における子育て家庭の保護者等に対する支援においては、子どもの最善の利益を考慮し、保護者等の受容、自己決定の尊重、個人情報の保護など対人援助職としての基本についても考慮していくことが必要である。

　認定こども園法第2条第12項に定義されている「子育て支援事業」の具体的な事業内容は、認定こども園法施行規則第2条に以下の5事業が挙げられている。

　・親子が相互の交流を行う場所を開設する等により、子育てに関する保護者からの相談に応じ、必要な情報の提供等の援助を行う事業
　・家庭に職員を派遣し、子育てに関する保護者からの相談に応じ、必要な情報の提供等の援助を行う事業
　・保護者の短時間の就労、育児のためのリフレッシュ、疾病等の理由により、家庭において保育されることが一時的に困難となった子どもにつき、認定こども園又はその居宅において保護を行う事業
　・子育て支援を希望する保護者と、子育て支援を実施する者との間の連絡及び調整を行う事業
　・地域の子育て支援を行う者に対する必要な情報の提供及び助言を行う事業

　ここに挙げられている事業のうち、地域の乳幼児に対する一時預かり事業については、さらにその実施要項において、認定こども園、幼稚園、保育所、地域子育て支援拠点又は駅周辺等利便性の高い場所において、それらの園等に通っていない、又は在籍していない乳幼児を対象として実施することとされている。個々の

法資料

子どもの心身の状態をよく見ながら、在園している園児に対して行っている教育及び保育の内容と関連させて、例えば、在園している園児と触れ合う機会や場面を工夫したり、場合によっては、部分的に親子で行事に参加できるよう配慮したりなど、柔軟に無理なく活動内容の充実を図るようにしていく必要がある。それとともに、保護者が安心して利用できるよう活動の内容について丁寧に説明し、そのねらいや意図を理解してもらえるように配慮することも大切である。

　幼保連携型認定こども園の地域における子育て家庭の保護者等に対する支援を有効に進めるためには親子が安心して利用できる環境が整っていることが重要である。それには、幼保連携型認定こども園の保育教諭等の職員が子育ての支援の重要性を認識し、幼保連携型認定こども園に在園している園児の保護者に対する支援と一体的な取組を心掛けることが求められる。その際、地域の子育て支援を担当する職員は、教育及び保育の内容等に係る保育教諭等と連携・協力しながら、教育及び保育の専門性を発揮し、地域の親子が安心して過ごせる空間と時間を保障するための物的・人的環境を構成することが必要である。また、子育ての日常において保護者が抱える具体的な困りごとや悩みに対して、例えば、言葉の発達や食事に関することなどについて、発達に関する専門的知識を基に子どもの育ちを見通して、個々の子どもの発達を援助する技術や、子どもの発達の過程や意欲を尊重しながら子ども自らが生活していく力を細やかに助ける技術を用いて、丁寧かつ具体的に相談に応じ、助言を行うことが必要である。あるいは、保育教諭等の職員が、保護者とのやり取りや会話の中から悩み等に気付いて声を掛けたり、そうした悩み等を打ち明けやすい雰囲気をつくったりするなど、園によるきめ細やかな子育ての支援が保護者の安心感につながるようにすることが望ましい。さらに、例えば、乳幼児期の発達の特性を考慮した環境を通して遊びを展開する技術として、子どもが喜ぶ遊びや遊具といった物理的環境を提供するだけではなく、親子の様子を慎重に見極めながら、子どもに直接声を掛けたり、遊びに導いたりする姿を保護者に示すことによって、子どもと関わる喜びや楽しさを共有し、保護者の自ら子育てを実践する力の向上に寄与することも大切である。そして、子どもと保護者の関わりや子ども同士の関わりを見守り、また、地域と親子との関係を把握し、親子の気持ちに寄り添いながら、保護者の様々な思いに親しみをもって対応し、細やかな心配りの下に、それらの関係性を高めていくことも保護者の子育てや子どもの成長を支える上では欠かせない。

　以上のように、幼保連携型認定こども園が、地域に開かれた場として、子育て家庭にとって気軽に訪れ、相談することができる心強い身近な施設になるには、子どもと保護者双方にとって居心地のよい環境の構成を工夫し、子どもの様子や親子の関係性に配慮し、その関係を調整したり、個別の相談に応じたりしながら、地域で子育ての支援を行っている人々（地域の子育てサークルや子育てボランティアなど）との連絡・調整を積極的に図っていくことが必要である。

2　地域における関係機関等との連携

> 2　市町村の支援を得て、地域の関係機関等との積極的な連携及び協働を図るとともに、子育ての支援に関する地域の人材の積極的な活用を図るよう努めること。また、地域の要保護児童への対応など、地域の子どもを巡る諸課題に対し、要保護児童対策地域協議会など関係機関等と連携及び協力して取り組むよう努めること。

　地域における子育て家庭の保護者等に対する支援は、幼保連携型認定こども園単独で行うもののほか、幼保連携型認定こども園が市町村、教育及び保育や子育ての支援に関する関係機関等や関係者と連携して行うもの、それらの関係機関等や関係者が単独で実施するものなどがある。保護者の支援を適切に行うためには、幼保連携型認定こども園の役割や専門性を十分に生かすとともに、その役割や専門性の範囲を熟知していることが求められる。このため、関係機関等の役割や機能をよく理解し、それらとの連携や協力を常に考慮して支援を行う必要がある。

　子ども・子育て支援法第59条で示されている市町村が行う地域子ども・子育て支援事業には、利用者支援事業、地域子育て支援拠点事業、妊婦健康診査、乳児家庭全戸訪問事業、子育て援助活動支援事業（ファミリー・サポート・センター事業）、一時預かり事業、延長保育事業、病児保育事業、放課後児童健全育成事業（放課後児童クラブ）など13事業がある。各幼保連携型認定こども園においては、地域で実施されているこれらの事業の実施状況や実施計画を把握し、幼保連携型認定こども園が中心となって取り組むことが

幼保連携型認定こども園教育・保育要領解説（抄）（第4章第4節1～3）

適当である事業や活動と、他の組織・機関で取り組むことが適当である事業や活動について、市町村を通じて情報を整理した上で、地域の実情や地域の保護者の需要に応じた支援を実施することが大切である。

地域の子育ての支援を支える関係機関や専門機関、関係者としては、児童相談所、福祉事務所、保健センター、保健福祉センター、児童発達支援センターや療育センターなどの障害児支援関係機関、幼稚園、保育所、小学校、中学校、高等学校、大学、地域子育て支援拠点（地域子育て支援センター、児童館・公民館・商店街の空き店舗等）、地域型保育（家庭的保育、小規模保育、居宅訪問型保育、事業所内保育）、ファミリー・サポート・センター社会福祉法人や株式会社等の民間事業者、特定非営利活動法人（NPO）、社会福祉協議会やボランティア協会、児童委員・主任児童委員、民生委員、自治会役員など、多種多様な例を挙げることができる。幼保連携型認定こども園が、地域の子育ての支援を行う園として、こうした関係機関、専門機関、関係者と積極的に連携・協働して、地域性に応じた子育ての支援を実施することが望まれる。そのためにも、園がその教育及び保育のために日々行っている地域の多様な人や機関、組織等との交流や連携・協力を通じて、地域の子育て家庭や親子の状況を知るとともに、子育ての支援に関わる地域の貴重な人材を互いに積極的に活用することである。

例えば、園児の祖父母が所属するボランティアグループに、園での絵本の読み聞かせを依頼したところ、そのグループが活動している児童館の地域の親子を対象としたプログラムに、年長児が参加することにつながり、その姿を見た親子が園で開設している子育てひろばに足を運ぶきっかけとなったり、また、運動会や夏祭りなど園の行事に近隣の子育て家庭の親子を招いたところ、園児が土のある園庭で伸び伸びと活動する様子を見ていた来賓を通じて、行事に協力していた地域の農家の畑に、園児と一緒に、子育て家庭の親子も参加する計画が生まれたりすることもある。市町村が主宰する地域の子育ての支援のための関連組織や市民団体等との連携会議や、地方版子ども・子育て会議等において、地域の子育ての実情が関係者間で共有される。こうした中で、地域を愛し、地域のために特に尽力している人やグループなどが把握されていく。そして、そのような活動・交流並びに連携・協力の過程において、発達の課題や親子関係の問題、あるいは虐待が心配されるケースや経済上の困難のある家庭の存在など、地域の子どもを巡る諸課題に向き合うことも出てくる。特に、保護を必要とする子どもへの対応に関しては、極めて重要な役割を担っており、要保護児童対策地域協議会（子どもを守る地域ネットワーク）との連携を図っていくことが期待される。

一方、子育ての支援は、乳幼児とその保護者ばかりでなく、地域の子どもの健全育成のためにも有効である。小学校・中学校や高等学校が実施する乳幼児との触れ合いや交流に幼保連携型認定こども園が協力するなど、次世代育成支援の観点から、将来に向けて地域の子育て力の向上につながるような支援を展開していくことが求められている。

また、幼保連携型認定こども園においては、乳幼児、小学生、中学生、高校生、大学生、そして地域社会を支える様々な職業に携わる人々や高齢者を含む多様な年齢層を視野に入れ、世代間の交流を図りながら、子育ての知識・技術や、子育て文化あるいは地域の伝統文化を伝え合うなど、人と人との緩やかなつながりを大切にしていくことが望まれる。そして、地域の人がもっている様々な力を引き出し、発揮されるよう後押ししていくことや、地域に存在する様々な人を結び付けていくといったことなどが幼保連携型認定こども園に期待されている。つまり、子育ての支援に関わる活動を展開していく中で、人と人との関わりを通して、地域社会の活性化に寄与していくことが求められているのである。

3 幼保連携型認定こども園の地域における役割

> 3 幼保連携型認定こども園は、地域の子どもが健やかに育成される環境を提供し、保護者に対する総合的な子育ての支援を推進するため、地域における乳幼児期の教育及び保育の中心的な役割を果たすよう努めること。

幼保連携型認定こども園は、地域の家庭や住民の教育力及び保育力の向上に資するという側面があることから、園児に限らず地域の乳幼児の健やかな成長を支えていくことが大切である。つまり、幼保連携型認定こども園には、地域の子どもの健全育成や子育て家庭の養育力の向上、そして、親子をはじめ、様々な人との関係づくりに寄与する役割が期待されている。保護者や地域の人々と子育ての喜びを分かち合い、子育てなどに関する知恵や知識を交換し、子育ての文化や子どもを大切にする価値観等を共に紡ぎ出していくこと

法資料

は、幼保連携型認定こども園の大切な役割である。

　そのためには、地域に開かれた場として、その施設や環境、専門性を備えた人材等を広く社会に提供できるよう、子育て中の地域の親子が気軽に足を運べるような工夫が必要となる。あるいは、他の子育ての支援のための施設や機関・団体や、地域のために労を惜しまず活動している人材等といった地域資源と連携・協力して、園外においても園がもつ資源を積極的に提供する姿勢もまた必要となる。市町村の窓口での紹介や、様々な媒体を駆使した広報活動ばかりでなく、園が地域の中での実践を積み重ねていくことによって、その地域や人々の間に身近な存在として根付いていくことが期待される。いつでも気軽に訪れることができ、親子同士が心地よく過ごせる時間と空間を保障することに努めることにより、子育てを行う上での保護者の心配や不安を和らげ、虐待等を予防する機能も求められている。それが、満3歳以上の園児に対する教育と、保育を必要とする子どもに該当する園児に対する保育を一体的に行うとともに、保護者に対する総合的な子育ての支援を目的として、全ての子育て家庭を対象とする幼保連携型認定こども園の使命であるといえる。

　そして、幼保連携型認定こども園は、地域における乳幼児期の教育及び保育の中心的な役割を果たすため、様々な関係諸機関と日常的なネットワークを形成し、子育てを巡る諸課題の発見を通じて、地域における子育ての支援が、保健・医療・福祉を包括した総合的な支援につながっていくこともその役割として期待されている。

幼稚園教育要領解説（抄）（平成30年2月　文部科学省）

第3章 教育課程に係る教育時間の終了後等に行う教育活動などの留意事項

2 子育ての支援

　2　幼稚園の運営に当たっては，子育ての支援のために保護者や地域の人々に機能や施設を開放して，園内体制の整備や関係機関との連携及び協力に配慮しつつ，幼児期の教育に関する相談に応じたり，情報を提供したり，幼児と保護者との登園を受け入れたり，保護者同士の交流の機会を提供したりするなど，幼稚園と家庭が一体となって幼児と関わる取組を進め，地域における幼児期の教育のセンターとしての役割を果たすよう努めるものとする。その際，心理や保健の専門家，地域の子育て経験者等と連携・協働しながら取り組むよう配慮するものとする。

　幼児の家庭や地域での生活を含め、生活全体を豊かにし、健やかな成長を確保していくためには、幼稚園が家庭や地域社会との連携を深め、地域の実態や保護者及び地域の人々の要請などを踏まえ、地域における幼児期の教育のセンターとしてその施設や機能を開放し、積極的に子育てを支援していく必要がある。

　このような子育ての支援の観点から、幼稚園には多様な役割を果たすことが期待されている。その例として、地域の子供の成長、発達を促進する場としての役割、遊びを伝え、広げる場としての役割、保護者が子育ての喜びを共感する場としての役割、子育ての本来の在り方を啓発する場としての役割、子育ての悩みや経験を交流する場としての役割、地域の子育てネットワークづくりをする場としての役割などが挙げられるが、このほかにも、各幼稚園を取り巻く状況に応じて、様々な役割が求められる。

　このような役割を踏まえ、現在、全国の幼稚園において実際に行われている子育ての支援活動の具体例としては、子育て相談の実施（現職教員、教職経験者、大学教員、カウンセラーなどによるもの）、子育てに関する情報の提供（園だよりでの子育ての情報など）、親子登園などの未就園児の保育活動、絵本クラブなどの保護者同士の交流の機会の企画などがある。これらの事例のほかにも、園庭・園舎の開放、子育て公開講座の開催、高齢者、ボランティア団体、子育てサークルなどとの交流など、様々な活動が行われている。各幼稚園においては、地域の実態や保護者の要請に応じて創意工夫し、子育ての支援活動をできるところから着実に進めることが重要である。

　各幼稚園において、このような子育ての支援活動を行う際には、地域の様々な人々が気軽に利用できるような雰囲気をつくり、自然に足が向くような憩いの場を提供するよう配慮することが大切である。例えば、子育ての支援活動の一環として園庭・園舎を開放している場合には利用している地域の人々に幼稚園の教師が気軽に話しかけ、地域の人々の子育ての相談に応じたりするようになることなど、日々の生活の中で取り組めることから取り組んでいくことである。そして、参加者同士が親しくなり、考えていることや思っていることを話し合うようになったときに、幼稚園が子育てサークルをつくることに協力したり、子育て相談や

256

子育てに関する情報の提供など，保護者や地域の実態に合わせた子育ての支援を行うことが大切である。

さらに，子供への関わり方や自分の子育てについて悩みや不安を感じている保護者に対しては，その思いを十分に受け止めながら，保護者自身が自分の子育てを振り返るきっかけをつくったり，子育てについて学ぶ場面をつくったりするなどして，家庭の教育力の向上につなげていくことが大切である。

このような子育ての支援は，幼稚園の園児の関係者に限らず，広く地域の人々を対象として行うことが大切である。例えば，子育て相談や未就園児の親子登園などを通じて，未就園児と保護者との温かなつながりがより深まることは，幼稚園入園後の生活をより豊かなものとしていく。さらに，未就園児の親子登園は，幼稚園への円滑な接続に資するという側面もある。教師にとっても，未就園児の姿に触れることで，入園前の子供の人やものとの関わりから幼児理解を深めることに役立つ面がある。このような意義も踏まえ，幼稚園は，園児に限らず地域の幼児の健やかな成長を支えていくことが大切である。

また，子育ての支援活動は多様であるが，幼稚園の実態に応じ，できることから着実に実施していくことが必要である。その際，教育課程に基づく活動の支障となることのないように配慮する必要がある。幼稚園の子育ての支援活動の実施に当たっては，園内研修や幼稚園全体の教師間の協力体制の整備などの園内の体制整備を整えるとともに，他の幼稚園・小学校や保育所・児童相談所などの教育・児童福祉機関，子育ての支援に取り組んでいるNPO法人，地域のボランティア団体，カウンセラーや保健師等の専門家，地域の子育て経験者等との連携及び協力も大切である。例えば，複数の幼稚園が共同で子育ての支援講座を開催したり，NPO法人や地域のボランティア団体の協力を得ながら子育ての支援活動を展開したりすることなどがある。

なお，保護者の養育が不適切である場合や家庭での育ちの状況が気になる子供がいた場合の保護者支援については，子供の最善の利益を重視しつつ，幼稚園のみで抱え込むことなく，カウンセラーや保健師等の専門家や，市町村などの関係機関と連携して，適切な支援を行っていくことも大切である。

特に，保護者による児童虐待のケースについては，児童相談所などの関係機関との連携が必要となる。児童虐待の防止等に関する法律では，児童虐待を受けたと思われる子供を発見した場合には，市町村又は児童相談所などに通告しなければならないとしている。この場合において，守秘義務は通告義務の遵守を妨げるものではない。

また，この法律では，国や地方公共団体は，児童虐待の予防や虐待を受けた子供の保護などをするため，関係機関の連携体制を整備する責務を負うとともに，幼稚園や教師も国や地方公共団体の施策への協力に努めることとしている。このような関係機関の連携のための仕組みとしては，児童福祉法の規定に基づき，各市町村などにおける要保護児童対策地域協議会（子どもを守る地域ネットワーク）の整備が進んでおり，幼稚園においても日頃からこの協議会を通じて連携体制を構築し，個別の虐待ケースへの対応についてもこの協議会における連携の下，進めていくことが求められる。

索　引

【あ】

預かり保育……………………… 79,115,139
アセスメント…………… 86,90,102,178
遊びを保障………………………………… 55
アレルギーのある子ども………………171
一時預かり事業………………………115
１８９いちはやく………………………119
意図的な感情表出………………… 67,81
医療的ケア………………………………209
インクルーシブ………………………163
インターベンション……………… 86,90
インテーク………………… 86,90,151
ウェルビーイング………………………… 78
運動会…………………………… 54,141
栄養士……………………… 116,148,210
エコマップ………………………………103
エバリュエーション……………… 86,90
絵本……………… 54,105,146,156,174
園環境…………………………………148
延長保育………………… 109,115,143
園内研修………………………………106
思いの共有………………………………… 63
親子関係再構築…………………………202

【か】

外国籍の子ども………………………172
家族関係図………………………………102
家庭支援専門相談員……………………206
環境の構成……………… 53,91,95,150
関係の構築や調整………………………… 57
看護師……………… 70,113,116,148,209
感情労働者………………………………215
カンファレンス…………… 89,104,106,150
機能主義アプローチ……………………… 80
虐待予防………………… 86,90,163,191
切れ目のない支援システム……………111
記録……………… 39,98,100,131,178
近代技術…………………………………… 46
グループワーク………………… 79,83,149
経済的問題………………………………175
傾聴……………… 29,60,82,95,143
ケースの発見……………………… 86,90

【さ】

ケースワーク…………… 67,77,80,90,160,200
現在を最も良く生きる……………… 16,18
現場……………… 29,36,43,80,128,181,210
権利……………………… 8,10,15,115
拘禁………………………………………197
合理的（な）配慮………………… 170,192
子育て支援…1,8,18,42,61,77,85,91,100,104,110,
　120,128,149,198
子育ての喜び……………… 19,21,61,148
子どもと家族の交流……………………200
子どもの権利条約………………………… 9
子どもの最善の利益…… 1,6,13,50,77,84,106,170
子どもの貧困……………………………176
子どもの『みかた』になる力…… 107,109
個別化…………………………… 67,81,83
個別対応職員……………………………208
コミュニティワーク……………… 79,83
こんにちは赤ちゃん事業……… 112,113

【さ】

里親…………… 113,118,198,199,206,209,213
里親支援専門相談員……………………209
ジェノグラム………………………………102
支援計画の立案…………………… 86,90
支援ニーズ………………… 70,151,176
支援の実施………………………… 86,90
視覚障害…………………………………195
色素性乾皮症……………………………195
資源……………………………… 77,93
自己決定……………… 29,31,60,67,81,95,170
事後評価…………………………… 86,90
自助……………………… 120,149,162
施設運営管理論…………………… 79,84
事前評価…………………………… 86,90
市町村保健センター……………………117
実践……………… 43,77,98,106,128,200,210
児童委員………………………… 112,122
児童家庭支援センター…………………118
児童虐待の防止等に関する法律………178
児童虐待防止法………………… 119,179
児童自立支援施設……………… 198,210
児童心理治療施設……………… 198,211

児童相談所………118,119,122,167,188,203,206
児童相談所全国共通ダイヤル………………119
児童の権利に関する条約…………………9,14
児童発達支援センター……………………117,166
児童福祉司………………………122,166,203
児童養護施設………118,119,198,200,210,213
社会資源…31,60,77,83,95,110,111,125,163,188,203
社会資源の図式………………………96
社会的養護………………198,205,209,210
社会福祉運営管理………………………83
社会福祉士…………………………122
社会福祉調査……………………79,84
主体的な遊び…………………55,107
守秘義務………………31,35,119,132
受容………………29,67,81,95,143
受理面接…………………………86,90
障害がある子ども……………164,168,213
障害児入所施設…………………212
小学校教育の接続………………125
情緒障害児短期治療施設………198,211
職員間の連携・協働………………110
身体的虐待………………119,179
心理的虐待………………119,180
心理療法担当職員………………208
生活援助………………………52
性的虐待………………119,179
全国保育士会倫理綱領………………33
全米乳幼児教育協会………………34
専門職………………32,121,198,206
専門職との連携………………206
専門性…………6,33,50,109,124,148,178,213
専門的知識、技術………………50
相互理解と信頼関係の形成………68,162
ソーシャルアクション………………79,80,85
ソーシャルアドミニストレーション…………83
ソーシャルリサーチ…………………84
ソーシャルワーク……60,77,79,85,89,96,104,149
ソーシャルワークの定義………………77,78

【た】

第一反抗期……………………153
対人関係の希薄化…………………72
第二反抗期……………………153

代理ミュンヒハウゼン症候群……………183,190
他者との多様な関わり……………………76
立ち話………………32,43,58,195
多様な関係者との開かれた関係性……………163
地域子育て支援拠点……………………120
地域の子育て家庭に対する支援………150,162
聴覚障害……………………194
調理員……………………210
通告義務……………………119
DV………………181,185,188,212
DV防止法……………………185
統制された情緒的関与……………………67,81
到達目標……………………16
特別支援学校……………………117
特別支援学校教諭……………………123
特別支援教育……………………123
ドメスティック・バイオレンス………185,212

【な】

NAEYCの倫理綱領 ………………34,36
難病……………………195
二次障害……………………124
日常性……………………43,44
日常保育業務……………………79
入園式……………………132
入園内定……………………130
入園前………………130,151
乳児院………116,119,198,200,209,210,213
乳児家庭全戸訪問事業………112,113,122
乳幼児健康診査……………………113,181
妊婦健康診査……………………113,181
ネグレクト………………119,138,180
ネットワークを構築……………………111

【は】

配偶者からの暴力の防止及び被害者の保護等に関する法律 ………………185
バイステックの7原則………67,81,170
発達の援助……………………51
発熱………………137,139
非審判的態度……………………67,81
秘密保持………………31,67,81
評価………………90,104
病児・病後児保育事業……………………116
ファミリー・サポート・センター事業…………121

259

ファミリーソーシャルワーカー……………………206		民生委員………………………………… 112,122	
福祉事務所………………………………… 112,188		面前 DV ………………………………………188	
プランニング………………………………… 86,90		メンバーの相互作用………………………………154	
保育技術………………………………… 45,47,51,129		モンスターペアレント………………………… 30	

保育者……1,20,31,44,50,73,80,91,106,128,148,
　178,200,215

保育者の発達段階………………………………48,49

保育の味………………………………………… 78

方向目標………………………………………… 16

保健師………… 86,96,112,116,122,149

保健所………………………………… 116,149

保護者… 4,8,18,61,79,81,104,120,129,149,198,
　200,203

保護者支援………… 4,18,21,26,31,61,77,129,200

保護者面談…………………………………………106

母子健康手帳………………………………… 131,181

母子生活支援施設…………… 189,192,198,211

母子密室化………………………………………73,76

【ま】

眼差しの向き ……………………………… 73

ミュンヒハウゼン症候群………………………190

【や】

養育支援訪問事業……………………… 112,113

養育力………………………………… 21,26

養護と教育………………………………… 6,33,36

幼児期の終わりまでに育ってほしい姿………… 16

要保護児童………………………………… 118,198

要保護児童対策地域協議会…………………………118

与薬の依頼書………………………………137

【ら】

ラポール………………………………… 82,184

リソース………………………………… 77,93

リソースマップ………………………… 96

良好な状態………………………………… 78

倫理観………………………………… 50

倫理綱領………………………………33,36

連絡帳………………………………… 78,100,128

おわりに

　この本をまとめながら、事例4-3「東日本大震災からの避難、津波、余震の恐怖と寒さに耐えて」を読んでいるうちに涙が止まらなくなりました。保育者が、自分の全てをかけて子どもの命を護ったことと、子どもたちが保育者に絶対的信頼をもって従ったこと、小学生・中学生はとても残念なことに多くの犠牲者が出てしまったことなどが頭をよぎりました。保育者は自分の命をかけ、大切な子どもの命を護ってくれました。315保育所から3人の犠牲者が出ましたが、それでも、あの状況下では奇跡に近いものだったと思われます。住民6000人のうち753人が亡くなった名取市の保育所でも全員無事避難することができました。同じ保育者の仲間として「子どもの命を護ってくれて、本当にありがとう」と心から御礼を述べたいと思いました。そして、この事例の中から保育者をめざすみなさんに、多くを学んでほしいと思いました。自分自身がもっているリソースを豊かにし（第4章2リソースの項参照）、子どもや親との深い信頼関係を育てていくことにより、子どもの命を護ることは、達成されるのだと思います。日本は地震大国ですので、いつ同じような状況をくぐり抜けなければならなくなるかもしれません。その時に、この事例のように保育者が勇気をもって、冷静に、しかも優しく、賢く行動できるよう、みんなで切磋琢磨し合いながら保育者としての力量をつけていきたいものです。そしてこの本で学ぶみなさんも、事例のように、子どもの大切な命を護り通せる保育者になって頂きたいと切に願ってやみません。

　子どもを完全に近く護れたのは奇跡ではなく、保育者の力量によるものだと思います。私たち保育者は、常日頃から「朝お預かりした状態でお返しする」を大切に日々の保育をしています。その中には、この事例のような最悪の状態から命を護ることも含まれています。このような極限状態のときには最後には自分で決めるしかありませんが、そこでは判断のためのリソースを保育者がいかに豊富にもっているかが問われます。保育者は保育の知識とともに、生活を送っていくための知識や地域に対する知識を豊富にリソースとしてもってもらいたいと思います。東日本大震災津波岩手県保育所避難状況記録によりますと、保育所と地域は互いに助け合いながら困難な状況を乗り切っています。地域との連携の大切さも理解してください。

　この書籍を未来の子どもたちの生命を護り、子どもの最善の利益を護ろうと考えている学生さんや保育者、保護者などすべての人に贈りたいと思います。

　最後に、萌文書林の服部直人氏にお世話になりましたことを心より御礼申し上げます。

2018年9月　長島 和代

著者紹介

長島 和代　ながしま　かずよ

【執筆担当】 第1章1、2　第3章2、3　第4章1　第5章2、3（1）（3）（4）、4（3）、5、6

【略　歴】

大正大学文学部社会学科社会事業専攻卒業、明治学院大学大学院文学研究科社会福祉学専攻修了（社会学修士）。大正大学助手、なごみ保育園園長、横浜国際福祉専門学校児童福祉学科長、野川南台保育園園長、小田原女子短期大学教授・学科長、児童発達支援センター（含む：特定相談支援）ほうあんふじ施設長を経て、現在、時宗真光寺勤務、学校法人報徳学園通信教育部非常勤講師兼務。

【主　著】

『保育者のための社会福祉援助技術』（共著、萌文書林）、『幼稚園 保育所 施設 実習ワーク』（共著、萌文書林）『保育の基本用語』（共著、わかば社）『保育のマナーと言葉』（共著、わかば社）

【一言メッセージ】

ＩＴ社会の中で、人の生活は大きく変化しています。私たち保育者は、変化する社会の中で生き抜いていく力量をもった子どもを保護者とともに育てていかねばなりません。今までの保育の中で培ってきた保育のあり方を土台にして、生き生きと人生を謳歌できる子どもを保護者とともに育てていく子育て支援とは何かをみなで考えたいです。

石丸 るみ　いしまる　るみ

【執筆担当】 第1章3　第3章1（2）（3）　第5章1、3（2）、4（2）（4）

【略　歴】

白梅学園大学大学院子ども学研究科修士課程修了、子ども学（修士）。東京都公立保育所、私立認可保育所保育士、東京都認証保育所、私立認可保育所園長を歴任。近畿大学九州短期大学、豊岡短期大学、十文字学園女子大学非常勤講師等を経て、現在、大阪総合保育大学准教授、大阪城南女子短大大学非常勤講師、小田原短期大学通信教育課程非常勤講師。

【主　著】

『先生ママみたい』（共著、萌文書林）、「指導計画と指導の実際」『保育専科』（フレーベル館）、「ワンダー通信」『ワンダーえほん』（世界文化社）、『わかる・書ける・使える 保育の基本用語』（共著、わかば社）『わかる・話せる・使える 保育のマナーと言葉』（共著、わかば社）、『事例と演習でよくわかる保育内容「環境」』（共著、中央法規出版）

【一言メッセージ】

保育者は子どもの言葉を一生懸命に聞こうとし、その見つめる先に何があるのかを探すでしょう。何かに困る姿と出会えば共に悩み、考えるでしょう。悲しむ子どもを静かに抱きしめ、答えを見つけられない出来事の中に自分も置いてそばに居続けることでしょう。このような、すでに保育の中で行っている保育者による保育する心こそ、実は子どもにとっても、保護者にとっても最も重要で必要な子育てを支える心です。この保育する心は、子どものためにできることを学ぼうと努力している学生のみなさんの心にすでに宿っているのです。私はそのような保育する心を応援しています。

著者紹介

前原　寛　　まえはら　ひろし

【執筆担当】 第2章　第3章1（1）、4　第4章2　第5章4（1）

【略　歴】
　東京大学文学部心理学専修課程卒業、筑波大学大学院文芸言語研究科応用言語学専攻修士課程修了（文学修士）。現在、社会福祉法人至宝福祉会理事長、光明寺住職。そのほか，鹿児島国際大学，第一幼児教育短期大学等で非常勤講師を勤める。法人理事長として2か所の保育園の経営および実践に関わっている。

【主　著】
　『子どもの「今」を護れるか―待機児童問題から見える社会の姿―』（創成社）、『保育学講座3 保育のいとなみ：子ども理解と内容・方法』（共著、東京大学出版会）、『保育者論』（共著、萌文書林）、ほか

【一言メッセージ】
　子どもの育ちを支えるために保育者にできることは何か、そう自分に問うことを忘れてはいけません。そのためには、狭い範囲で学びを終わらせるのではなく、広く社会全体まで見渡して学ぶ気概が必要です。一見関係なさそうに思えることが、保育や子育てにつながっていきます。そのための起点として、本書が役立つことを願っています。

鈴木　彬子　　すずき　あきこ

【執筆担当】 第4章3、4、5、6

【略　歴】
　東京家政大学家政学部児童学科育児支援専攻卒業、同大学大学院家政学研究科児童学専攻修士課程修了（修士 家政学）。東京家政大学期限付助教、松山東雲短期大学期限付講師を経て、現在は東京家政大学児童学科期限付講師。『子育て支援』の他、『保育実習指導』を担当し、保育者養成に携わる。

【主　著】
　『Workで学ぶ保育原理』（共著、わかば社）

【一言メッセージ】
　乳幼児期の教育・保育を重視する世界的潮流の中で、保育者の役割が問われています。人生100年時代を生き、新しい時代を創造する子どもたちに対して、幼児教育・保育が果たす役割とは何でしょうか。子ども一人ひとりが生きる喜びを感じ、これから先の未来が明るく拓かれたものとなるように、子どもの幸せを願う保育者が果たすべき役割について、子育て支援の観点から考えてみましょう。

山内　陽子　　やまうち　ようこ

【執筆担当】 第5章7

【略　歴】
　東京家政大学文学部心理教育学科卒業、駒澤大学大学院人文科学研究科修士課程修了（修士 社会学）後、都内の児童養護施設、神奈川県内の児童養護施設に勤務。横浜国際福祉専門学校児童福祉学科専任教員、横浜保育福祉専門学校専任教員を経て、現在、横浜こども専門学校専任教員、青山学院大学人間教育科学部非常勤講師、青山学院女子短期大学現代教養学科非常勤講師。

【主　著】
　『社会的養護シリーズ2　施設養護とその内容』（共著、福村出版）『新しい社会的養護とその内容』（共著、青踏社）

【一言メッセージ】
　"子どもの成長を支える"保育者の仕事は、あなたが考えている以上に大変なこともやりがいも楽しみにもあふれています。
「あなたに出会えてよかった」と子どもたち、保護者が思える保育者になれるように、まずは、あなたや私たち子どもに関わるすべてのおとなが毎日、幸せな日々を重ね、理想に向かって学びを続けることが大切だと思っています。

日常の保育を基盤とした子育て支援
―― 子どもの最善の利益を護るために

2018 年 10 月 31 日　初版第 1 刷発行
2022 年 4 月 1 日　初版第 2 刷発行

© 著　　　者　長島和代、石丸るみ、前原寛、鈴木彬子、山内陽子
　発 行 者　服部直人
　発 行 所　株式会社萌文書林
　　　　　　〒 113-0021　東京都文京区本駒込 6-15-11
　　　　　　Tel：03-3943-0576　Fax：03-3943-0567
　　　　　　URL：https://houbun.com　E-mail：info@houbun.com
　印刷・製本　中央精版印刷株式会社

乱丁・落丁本はお取替えいたします。
定価はカバーに表示してあります。
本書の内容の一部または全部を無断で複写・複製・転記・転載することは、著作権法上
での例外を除き、禁止されています。
ISBN 978-4-89347-316-5

●ブックデザイン・大村はるき